에고라는 적

사람들은 흔히 성공하려면 자신감을 가져야 한다고 말한다. 라이언 홀리데이는 참신한 발상으로 이런 논리에 반기를 들고, 성공보다 더 큰 가치를 추구함으로써 자신감을 획득하는 방식에 초점을 맞춘다.

—애덤 그랜드, 『오리지널스』 『기브 앤 테이크』 저자

나는 삶의 규칙을 그다지 많이 정해놓고 있지 않지만 라이언 홀리데이가 책을 내면 가능한 한 빨리 구해서 읽는 것만큼은 절대로 어기지 않는다.

—브라이언 코플먼, 〈오션스 13〉〈일루셔니스트〉 영화감독

인생에서 진정한 성공을 거두는 데 방해가 되는 것은 바로 만족할 줄 모르는 우리의 에고이다. 라이언 홀리데이는 우리 마음속의 에고를 통제하고 길들이는 방법을 고무적이면서도 실천적인 방식으로 가르쳐준다.

—로버트 그린, 『마스터리의 법칙』 『유혹의 기술』 저자

인상적인 이야기와 전략과 교훈을 가득 담고 있는 이 책은 목표를 달성하고자 애쓰는 모든 사람들에게 완벽한 길잡이가 될 것이다. 이 책을 다 읽고 나면 당신은 이 책을 읽기 전의 당신과 완전히 달라져 있을 것이다.

— **지미 소니**, 〈허핑턴포스트〉 전 편집장

어떤 일을 책임지는 자리에 있는 사람들에게 정말 소중한 책이다. 이 책 덕분에 나는 더 나은 판결을 내릴 수 있게 되었다.

— **프레데릭 블록**, 미국 지방법원 판사, 『디스로브드』 저자

에고의 해로운 허영심이 날마다 작동하는 것을 목격한다. 에고가 창의적인 노력을 물거품으로 만들어버리는 일이 얼마나 자주 일어나는지 잘 알고 있다. 에고가 당신 자신과 일 그리고 사랑하는 사람을 망쳐놓기 전에 이 책을 읽어라. 라이언의 통찰은 값으로 따질 수 없을 만큼 소중하다.

— **마크 엑코**, '엑코 언리미티드'의 창업자

라이언 홀리데이는 자기 세대의 가장 세련된 사상가들 가운데 한 명이며
이 책은 지금까지 나온 그의 책 가운데서 최고이다.

—**스티븐 프레스필드**, 『최고의 나를 꺼내라』 저자

이 책은 독자가 독선과 아집에서 벗어나는 데 도움이 될 수많은 이야기들
과 인용들을 담고 있다. 일이나 사업을 처음 시작하는 사람이든 혹은 성
공이나 실패를 경험한 뒤에 새로 시작하는 사람이든 간에 모두 소중한 교
훈을 얻을 것이다.

—**오스틴 클레온**, 『훔쳐라, 아티스트처럼』 저자

진정한 성공은 성공을 추구하는 여정 그 자체에, 즉 그 과정을 배우는 데
있다는 라이언 홀리데이의 말은 정곡을 찌른다. 내가 현역 선수로 뛸 때 이
런 깨우침을 얻었더라면 얼마나 좋았을까?

—**로리 린지**, 전 미국 여자축구 대표팀 선수

누구든 역사와 성서와 철학에서 얻는 통찰력으로 무장하지 않을 경우 그 사람의 에고는 그의 적이 될 수 있다. 이 책을 읽은 사람은 누구나 자기 삶에 딱 들어맞는 진리를 발견할 것이다.

ー**드류 핀스키**, 미국 HLN 방송 앵커, 〈닥터 드루 온 콜〉 〈러브라인〉 진행자

라이언 홀리데이는 성공으로 가는 길의 가장 큰 장애물이 우리 안에 있다는 것을 상기시켜준다. 이 책 속에서 언급한 사상가들과 명사들의 이야기는 그 길을 걸어갈 당신에게 힘을 줄 것이고, 무한 경쟁 사회에서 지쳤을 때 멈춰 설 수 있는 용기를 줄 것이다.

ー**에디스 샤핀**, 〈NPR 뉴스〉 편집주간

운동선수, 야망을 가진 리더, 사상가, 실천가라면 꼭 읽으면 좋을 책이다.

ー**조지 라벨링**, 나이키의 국제 농구 디렉터

인생의 전환점에서 버려야 할 한 가지

에고라는 적

라이언 홀리데이 지음 | **이경식** 옮김

흐름출판

당신에게 위안을 주려는 사람이라고 해서
그가 하는 말처럼 소박하고 평온하게 산다고 생각지 마라.
그 역시 어려움과 슬픔 속에서 살고 있으며
당신보다 훨씬 더 뒤처져 있을 수 있다.
그렇지 않다면 그 좋은 말들을 결코 찾아낼 수 없었을 것이다.

—라이너 마리아 릴케 Rainer Maria Rilke

**차
례**

I. **열망**, 타오르기 시작하는 불꽃

II. 성공, 지속되지 않는 환상

III. 실패, 또 다른 시작

프롤로그

이 책은 나에 관한 책이 아니라 에고에 관한 책이다. 또한 내가 말하고자 하는 에고는 프로이트적인 의미의 에고The Ego가 아니다. 훨씬 포괄적이고 보편적인 개념으로서의 에고Ego다. 이런 이야기를 책으로 쓰려고 하는 나는 누구일까? 그리고 나는 왜 이 이야기를 하려고 하는가? 그리고 도대체 이 에고라는 것은 무엇인가?

내 이야기는 앞으로 이어질 여러 가르침에 비춰볼 때 특별히 중요하지는 않겠지만 당신이 이 책의 맥락을 이해하는 데 조금은 도움이 될 것이라는 생각에 간략하게나마 말해두려고 한다. 나는 지금까지 내 삶의 단계 — 열망, 성공 그리고 실패의 단계 — 마다 번번이 나를 뒤흔드는 에고를 경험했다.

나는 열아홉 살 때 내 인생을 완전히 바꾸어놓을 기회가 왔음을 깨닫고 대학교를 박차고 나왔다. 나의 수많은 멘토들은 나를 온전히 자기만의 멘티로 삼고 싶어했고 서로 내 관심을 끌려고 안달했다. 싹수를 봤을 때 나는 '될 놈'이었고 실제로 성공은 나에게 빠르게 다가왔다.

비버리힐스의 한 연예기획사의 최연소 이사가 되어 수많은 록 밴드들과 계약을 하고 함께 일했고 수백만 부가 팔린 베스트셀러에 조언을 하기도 했다. 스물한 살 무렵에는 당시 세계에서 핫한 브랜드 중 하나였던 아메리칸어패럴의 전략가로 활동했고, 얼마 뒤에는 마케팅 책임자가 되었다. 스물다섯 살에는 내 생애 첫 책을 출간했는데, 이 책은 곧바로 베스트셀러가 되어 사람들을 놀라게 했다. 어떤 방송 기획사는 내 인생을 다루는 TV 프로그램 제작 판권을 비싸게 구입하기도 했다.

그 뒤 몇 년 동안 나는 영향력, 인맥, 언론을 포함한 다양한 분야에서 약간의 악명을 얻을 정도로 성공을 거두었다. 이후에 이런 자산들을 기반으로 회사를 설립했고, 유명하고 보수도 좋은 고객들과 일한 덕분에 승승장구했다. 그러다보니 이런저런 곳에 초대를 받아 연설하는 일도 생겼다.

사람이 성공하면 남들에게 그 이야기를 좀 더 멋지게 들려주고 싶은 유혹에 빠지게 된다. 이야기의 모난 부분은 깎아내고 신화적인 요소는 더하고 싶어진다. 그리스신화 속 영웅 헤라클레스 이야기만 해도 다르지 않다. 그는 딱딱한 마룻바닥에서 잠을 자야했고 부모로부터 버림받았으며 가슴에 품은 야망 때문에 고통스러워했지만, 온갖 장애물을 딛고 위대한 인물로 우뚝 선다. 이런 류의 이야기에서 주인공의 재능은 그의 정체성이 되고 그가 이룬 업적이 그의 존재 가치가 된다. 그가 겪은 실패나 고통은 성공을 위한 요소로 그려질 뿐이다.

하지만 이런 이야기는 정직하지도 않을뿐더러 실제로 도움이 되지도 않는다. 나 역시 방금 내 인생에 대해서 많은 것들을 빼고 말하지 않았다. 속이 뒤집힐 만큼 화가 나고 힘들었던 일들이나 수많은 실수들은 이런 식으로 손쉽고도 간편하게 잘려나가 버려지는 것이다.

한번은 내가 존경하던 사람이 공개적으로 나를 공격하고 내가 있던 자리에서 나를 밀어내려고 한 적이 있었다. 이 일로 나는 응급실에 실려 가야 했을 만큼 큰 충격을 받았다. 그날 완전히 기가 꺾여버린 나는 결국 상사의 사무실을 찾아가서 말했다. '나는 일을 제대로 잘 하지 못하는 게 분명하니 차라리 학교로 돌아가서 공부를 계속하겠다'고 말이다. 그건 진심이었다. 앞서 말한 베스트셀러라는 것이 얼마나 덧없고 허망한 것인지 모른다. 실제로 내 책이 베스트셀러 순위에 올라가 있던 기간은 겨우 한 주였을 뿐이다. 그 책은 그저 어떤 사람이 세상에 나타났다는 사실을 알리는 것 이상의 의미는 없어 보였다. 내가 세운 회사는 갈기갈기 찢어지고 있었으므로 다시 일으켜 세워야 했고, 그런 상황을 두 번이나 맞닥뜨려야 했다. 그러나 이런 일들, 혹은 좌절의 순간들은 성공으로 가는 이야기에서 모두 깔끔하게 편집되거나 삭제되고 만다.

나는 예수가 자신을 동방 박사 앞에 공적으로 드러내는 '예수 공현'과 같은 극적인 순간을 믿는 사람이 아니다. 오히려 어떤 사람의 인생을 바꾸어놓는 한 순간이라는 것은 없다고 생각한다. 인생에서 극적인 순간은 수도 없이 많고, 나 역시 2014년의 약 여섯 달 동안 그런 순간들을 연달아 만났다.

우선 어떤 일보다 많은 노력과 정성을 쏟았음에도 불구하고 아메리칸어패럴은 수백만 달러의 빚더미에 떠밀려 파산의 절벽 끝으로 내몰렸다. 내가 어릴 때부터 깊이 존경했던 이 회사의 설립자는 본인이 직접 선임했던 이사들의 결정으로 무자비하게 쫓겨났고, 친구의 집 소파에서 잠을 청해야 하는 신세가 되었다. 내가 많은 것을 이루고 배웠던 연예기획사는 막대한 빚을 지고 고객들로부터 소송을 당해서 아메리칸어패럴과 비슷한 처지가 되었다. 비슷한 시기에 나는 내 멘토 가운데 한 사람과 사이가 매우 나빠졌다.

이들은 모두 내 인생의 방향과 꼴을 잡아주었던 사람들이었다. 내가 진심으로 존경했으며 나를 진지하게 훈련시켰던 사람들이다. 그래서 나는 너무도 당연하게 이들이 재정적으로나 심리적으로 영원히 안정적일 거라고 믿었다. 그 사실은 내 존재와 자존감을 유지하는 데 가장 중요한 부분이기도 했다. 그런데 그 모든 사람들이 내

앞에서 하나씩 차례대로 무너지고 있었다. 내게 이보다 더 큰 충격은 없었다.

나는 마치 내가 탄 자동차에서 바퀴가 빠져 달아나고 있는 것처럼 느꼈다. 인생에서 특별한 사람이 되고 싶었지만 결코 그런 사람이 될 수 없다는 사실을 깨달았다. 그 깨달음은, 내가 아무리 노력해도 인생에서 부딪치게 될 문제들에 대비할 수 없을 거라는 채찍질과 같았다. 나 또한 내 주변 사람들이 그랬던 것처럼 몰락을 피할 수는 없었다. 최소한의 준비도 되어 있지 않은 상태에서, 내 인생에는 절대 일어나지 않을 것이라고 장담했던 온갖 문제들이 하나 둘씩 내 앞에 모습을 드러내기 시작했다.

그동안에 이루었던 많은 성공들이 신기루처럼 사라지고 난 후, 어느 새 나는 내가 처음 시작할 때처럼 아무것도 없는 그 지점으로 되돌아와 있었다. 지난 시간 힘들게 얻은 자유의 많은 부분을 포기한 채로, 또 과로와 온갖 스트레스에 치인 초라한 모습으로 말이다. 내가 이렇게 된 건, 어떤 위기 속에서 더 큰 성공의 가능성을 발견할 때 찾아오는 흥분과 그걸 성공시켰을 때 얻게 될 돈에 "싫어!"라고 말하지 못했기 때문이었다. 어쨌든 나는 실패했다. 조금이라도 삐끗하는 순간 깊은 슬픔으로 인한 분노가 펑 하고 폭발할 것 같은 날들이 이어졌다. 성공했을 때는 쉬웠던 일들이 어느 순간부터 힘들어졌고 나 자신과 다른 사람들에 대한 믿음도 무너져버렸다. 내 삶은 엉망진창으로 헝클어지고 말았다.

이런 적도 있다. 몇 주 동안 밖에서 지내다 집으로 돌아왔는데 와이파이가 작동하지 않았다. 사실상 별것 아닌 일이었지만 나는 극심한 공황 상태에 빠져들었다. **이메일을 보내야 하는데 못 보내면 어떡하지? 이메일을 못 보내면 어떡하지? 이메일을 못 보내면 어떡하지? 이메일을 못 보내면 어떡하지……**.

사람들은 보통 해야 한다고 여기는 것들을 하고 나면 사회가 그에 대해 보상해주리라고 생각한다. 그러나 어느 순간 그 생각이 잘못되었다는 것을 깨닫는다. 가령 당신이 더는 예전의 당신이 아니라는 이유만으로 아내가 결별을 고하고 떠나버리고, 당신은 그 모습을 하릴없이 바라볼 수밖에 없는 상황에 처할 수도 있다는 말이다.

어떻게 이럴 수가 있을까? 방금 전까지만 해도 거인의 어깨 위에 올라서서 의기양양하게 세상을 내려다보고 있는 것 같았는데, 그 다음 순간에 자신 안의 많은 것들이 모두 무너져버린 것이다. 게다가 그 폐허 속에서 스스로를 추스르기 위해서 부서진 조각들을 애써 주워올리는 일을 해야 한다면, 당신은 이런 상황이 상상이 되는가?

실제로 나는 거인의 어깨에서 순식간에 저 밑바닥까지 추락했다. 그나마 다행인 것은 이로써 한 가지는 깨달을 수 있었다는 것이다. 내가 일 중독자라는 사실이었는데 그것은 단순히 '이 사람은 일을 너무 많이 해' 정도의 차원이 아니라 '당장 청소든 뭐든 하지 않으면 일하다 오늘밤 죽을지도 몰라'와 같은 심각한 상태였다. 어린 나이에 성공할 수 있게 했던 끝없는 충동과 강박이 나를 그런 상태로 몰아넣고 있었다. 나는 내 머릿속에 끔찍하게 갇혀버렸고, 그 안에서 고통과 좌절이 끝없이 단조롭게 반복되었다. 그런 상태에 놓여 있다는 것을 깨달았을 때 나는 다른 사람들과 같은 비극적 결말을 맞이하고 싶지 않았다. 어떻게든 해법을 찾아야 했다.

오랫동안 역사와 경영학을 공부해오면서 또 하나 알게 된 것은 사람과 관련된 일들이 다 그렇듯 충분히 긴 시간을 놓고 보면 보편적인 논쟁거리들이 하나둘 드러난다는 것이다. 이런 것들이야말로 오랜 세월 나를 사로잡았던 매력적인 주제들인데, 그중에서도 내가 특히 이끌렸던 것이 바로 에고다.

사실 지금까지 얘기했던 일들이 일어나기 1년전 쯤, 나는 이미 에고와 관련된 책을 쓰겠다는 생각을 하고 있었다. 하지만 에고에 대한 개념이나 그 영향력에 대해 확실하게 맥을 잡고 있지 못했다. 그러던 중에 수많은 시련들을 경험하게 됐고, 이 경험을 통해 그때까지의 생각들을 그전에는 결코 이해할 수 없었던 방식으로 바라볼 수 있었다.

또한 이를 통해 나는 내 자신뿐만 아니라 역사적으로 유명한 사람들, 친구들과 고객들, 그리고 동료들 속에서도 드러난 에고의 부작용을 제대로 볼 수 있었다. 이들 가운데에는 자기 분야에서 최고의 수준에 오른 사람들도 여럿이었다. 내가 존경하는 사람들을 비롯해 사회적으로 성공한 많은 이들이 에고 때문에 수백만 달러나 되는 비용을 써야만 했다. 그리스신화 속 시시포스가 끊임없이 굴러떨어지는 바위를 밀어 올리는 벌을 받았듯이, 에고는 사람들이 목표를 달성하면 이들을 다시 절벽 아래로 굴려버렸다. 다행히 나는 에고에 대해 공부한 덕분에 그 절벽을 내 눈으로 바라볼 수는 있게 되었다.

이런 깨달음을 얻은 후 나는 '에고는 적이다EGO IS THE ENEMY'라는 문구를 오른팔에 문신으로 새겼다. 아마도 오래 전에 읽었던 책에서 본 글귀였을 것이다. 이 말은 내게 큰 위안이 되었고 나에게 어떤 방향을 제시해주는 것 같았다. 내 왼팔에는 '장애물이 바로 길이다 THE OBSTACLE IS THE WAY'라는 말을 새겨 넣었다. 나는 날마다 이 두 개의 구절을 보면서 인생의 중요한 결정의 지침으로 삼았다. 수영을 할 때, 명상을 할 때, 글을 쓸 때, 그리고 내가 올바른 선택을 해야 할 때마다 이 두 문장은 나를 타이르며 올바른 방향으로 인도한다.

또한 내가 이 책을 쓰는 이유는 내가 남에게 가르침을 줄 만큼의 어떤 지혜를 얻었기 때문이 아니라, 내가 인생의 결정적인 전환점에 설 때마다 이런 책이 내 곁에 있었으면 얼마나 좋았을까 하고 생각했기 때문이다. 나는 늘 그 지점에서 다음과 같은 질문과 마주쳤다.

"내가 되고자 하는 사람은 어떤 사람일까?
그리고 그런 사람이 되려면 나는 어떤 길을 가야 할까?"

이 물음은 시대나 인종을 초월한 보편적인 질문이자 아마도 사람이 살면서 스스로에게 물어야 할 가장 중요한 질문일 것이다. 그래서 나는 내 개인적인 삶이 아니라 철학과 역사라는 인류의 오랜 경험에 기대 이 책을 쓰려고 노력했다.

역사에 등장하는 인물들은 자기 힘으로 세상을 바꿔보려는, 다분히 집요하고도 몽상적인 천재들뿐인 것 같지만, 조금만 주의를 기울여 살펴보면 인생의 전환점을 만날 때마다 자신의 에고와 싸우며 스포트라이트를 피했던 개인들, 그리고 타인에게 인정받고 싶다는 욕망보다 더 높은 가치에 자기 목표를 두었던 이들에 의해서 역사는 이루어져왔다. 나로서는 이 이야기들을 붙잡고 씨름하고 또 재구성하면서 그들이 주는 교훈을 흡수해왔다.

이 책이 스토아 철학과 고대 그리스 로마의 위대한 사상가들로부터 깊은 영향을 받은 것도 같은 맥락이다. 나는 그들로부터 많은 것을 배웠고 그들에게서 많은 것을 빌려다 이 책에 썼다. 만약 독자들이 이 책의 무언가가 도움이 되었다면 그것은 위대한 철학자와 사상가들 덕이지 내 덕은 아닐 것이다.

기원전 4세기에 살았던 고대 그리스의 웅변가 데모스테네스는 미덕은 이해(인식)에서 시작해서 용기로 완성된다고 말했다. 우리는 우선 자신과 세상을 지금까지와는 전혀 다른 방식으로 바라보는 것에서부터 시작해야 한다. 그런 다음에 다른 존재가 되고자 싸워야 하고 또 여전히 다른 존재로 남고자 싸워야 한다.

아리스토텔레스는 『윤리학』에서 인간의 성정을 묘사하면서 휘어진 목재라는 비유를 들었다. 솜씨가 좋은 세공인이라면 이 휘어진 목재를 바로잡기 위해서 구부러진 부분에 반대 방향으로 천천히, 반복적으로 압력을 가해서 결국 바르게 만든다는 내용이다. 그런데 그로부터 2천 년 가까운 세월이 지난 뒤에 철학자 칸트는 인간의 본성은 뒤틀린 목재와 같은데, 이것으로는 똑바른 것을 절대로 만들어낼 수 없다고 했다. 칸트의 말처럼, 어쩌면 우리는 결코 곧게 바로 선 존재가 될 수 없을지도 모른다. 그러나 **적어도 지금보다 더 바르게 되려는 노력은 얼마든지 할 수 있다.**

자신이 특별하다고 느끼거나 무언가를 할 수 있는 힘이 생기고 정신적으로 고무되는 것은 기분 좋은 일이다. 하지만 이 책의 목적은 그것이 아니다. 저자로서 나는 당신이 이 책을 다 읽은 뒤에 내가 이 책을 완성했을 때와 같은 기분을 느끼기를 바란다. 그 기분이란 다름이 아니라 자기 자신에 대해 예전보다 덜 생각하게 되는, 에고에 덜 휘둘리는 마음 상태이다. 부디 이 책을 다 읽고 난 후에는 가능한 한 스스로가 생각하는 자기만의 특별함에 매몰되지 않고 자유로운 마음으로 당신이 이루고자 하는 바를 이루어나갈 수 있기를 바란다.

인생의 전환점에서
당신이 버려야 할 한 가지

우리는 누구나 인생의 세 단계를 거친다. 첫 번째로 무언가 이루기를 열망한다. 몸무게를 감량하거나 원하는 대학에 합격하는 것, 담당 프로젝트의 성공과 승진, 개인의 회사 설립과 성장, 사회 정의의 실현 등 저마다 크고 작은 목표가 있고 어떤 식으로든 크고 작은 성공을 이룬다. 그러나 그 성공은 쉽게 유지되지 않고 누구든 실패를 경험한다. 반대로 연이은 실패 끝에 성공에 다다르지만 이 열망과 성공, 실패라는 세 단계는 인생에서 끊임없이 반복된다. 실제로 당신 역시 지금 무언가를 열망하고 있거나 성공에 다다르거나 혹은 실패를 경험하고 있는 중일 것이다. 그런데 이 단계마다, 하나에서 다른 하나로 넘어가는 전환점마다 당신 안에서 솟아나는 질문이 하나 있지 않은가?
"도대체 무엇이 문제인 걸까?"

당신이 가장 중요하고 대단한 존재라고 믿는 잘못된 믿음.
바로 당신의 에고다.

서문

첫 번째 원칙은 절대로 자기 자신을 속이지 않는 것이다.
자기 자신은 속여먹기 가장 쉬운 상대이다.
—리처드 파인만 RICHARD FEYNMAN

어쩌면 당신은 젊고 야심에 찬 사람일지 모른다. 젊고 분투하는 나날을 보내고 있을지도 모른다. 난생처음으로 몇백만 달러를 벌었거나, 첫 계약을 성사시켰을 수도 있고, 대단한 엘리트 조직의 구성원으로 선발되었을 수도 있다. 혹은 평생 여유롭게 살 수 있을 정도로 이미 많은 것을 이루었을 수도 있다.

어쩌면 당신은 이미 정상의 자리가 너무도 공허하다는 사실에 놀라고 실망했을지도 모른다. 한 조직을 이끄는 리더로서 눈앞에 닥친 위기를 돌파해야 할 수도 있다. 또 당신은 방금 해고 통보를 받았을 수도 있고 혹은 완전히 실패해서 바닥까지 추락해 있을지도 모른다.

하지만 지금 당신이 어떤 상황에 처해 있든 지금 무엇을 하고 있든 간에 당신의 최악의 적은 이미 당신 안에 살고 있다. 그 적은 바로 당신의 에고다. 자신은 에고에 휘둘리지 않는다고 생각하는 사람은 나는 그런 사람이 아니라고, 그 누구도 나를 지독한 자기중심주의자라고 말하지 않는다고 항변할지도 모른다. 하지만 분명한 것은 당신의 에고가 당신의 가장 큰 방해자라는 사실이다.

아마도 당신은 스스로가 상당히 균형 잡힌 사고를 한다고 믿겠지만 야망이나 재능, 충동 그리고 어떤 가능성을 가진 사람들에게 에고는 좋든 싫든 늘 따라다닌다. 좀 더 정확하게 말하면 이렇다. 어떤 사람을 사상가나 실천가로 이끌거나 창의적인 사람 혹은 기업가로서 유망한 인물로 만들어주는 것, 또 누군가를 한 분야의 일인자 자리에 올라서게 하기 위해서는 내면의 힘이 반드시 필요하다. 그런데 그 힘이 다른 한편으로는 그 사람을 정신적으로 쉽게 무너지도록 만든다.

이 책은 앞서 말했듯이 프로이트적인 의미의 에고를 다루지 않는다. 프로이트는 비유를 들어서 에고를 설명하길 좋아했는데, 그는 인간의 에고는 말을 타고 있는 사람과 같다고 했다. 여기에서 말은 인간의 무의식적인 충동을 뜻하고 이 충동을 제어하려고 애쓰는 것이 바로 에고라고 설명한다. 하지만 현대의 심리학자들은 '에고티스트egotist(자기중심주의자)'라는 단어를 다른 사람은 안중에도 없이 위험할 만큼 자기 자신에게만 초점을 맞추는 사람을 이르는 용어로 사용한다. (에고티즘egotism과 에고이즘egoism은 거의 동일한 의미로 쓰이지만, 에고티즘은 욕망이나 이익보다는 자아 그 자체를 염두에 두는 태도이다. 에고티스트는 자존심을 위해서 자신의 욕망이나 이익을 희생하는 경우도 있는데 이런 점이 에고이스트(이기주의자)와 구별된다. 〈종교학대사전〉—

옮긴이) 이런 정의는 다 맞는 말이긴 하지만 임상 현장을 벗어나면 거의 아무런 의미가 없다.

그렇다면 내가 말하고자 하는 에고는 무엇일까? '자기 자신이 가장 중요한 존재라고 믿는 건강하지 못한 믿음', 이 책에서는 이것을 에고의 정의로 사용할 것이다. 거만함이 그렇고 자기중심적인 야망이 그렇다. 이것은 모든 사람의 내면에 자리 잡고 있는 성마른 어린아이와 같고 어떤 것보다 자기 생각을 우선하는 특성을 가진다. 합리적인 효용을 훌쩍 뛰어넘어 **그 누구(무엇)보다 더 잘해야 하고 보다 더 많아야 하고 또 보다 많이 인정받아야만 하는 것, 이것이 바로 에고이다.** 이런 측면에서 볼 때 자신감이나 재능의 범주를 초월하는 우월감이나 확신이기도 하다.

자기 자신이나 세상에 대한 인식이 너무 부풀려질 때 에고는 스스로를 둘러싸고 있는 현실을 왜곡하기 시작한다. 전설적인 미식축구 감독 빌 월쉬는 그런 순간을 '자신감이 거만함으로 바뀌고 단호함이 완고함으로 바뀌고, 또 자기 자신을 과신한 나머지 완전히 제멋대로 굴 때'라는 말로 설명했다. 1930년대의 비평가 시릴 코널리도 '에고는 중력 법칙처럼 우리를 휘감아 침몰시킨다'라는 말로 에고의 위험성을 경고했다.

이처럼 에고는 당신이 원하는 것, 당신이 가지고 있는 것을 방해하는 적이다. 에고는 기술의 온전한 습득이나 창의적인 통찰의 소유, 다른 사람과의 협력, 소중한 것들을 유지하는 일, 성공의 지속 등을 방해한다. 에고는 강점과 기회를 쫓아내고 온갖 적들과 실수들을 불러들이며 우리를 진퇴양난의 수렁으로 인도한다.

우리는 왜 승리하지 못하는 걸까? 우리는 왜 누군가를 희생해서라도 승리하기를 원하는 걸까? 우리는 왜 우리가 원하는 것을 가질 수 없는 걸까? 우리가 그토록 원하는 것을 가지고 있음에도 왜 행복하지 않은 걸까? A에서 Z까지 우리가 상상할 수 있는 거의 모든 문제와 장애의 밑바닥에는 에고가 도사리고 있다.

우리는 보통 어떤 문제가 있을 때 문제의 원인을 에고가 아닌 다른 부분에서 찾거나 다른 사람들 탓으로 돌린다. 수천 년 전의 고대 로마 시인 루크레티우스가 표현했듯이 우리는 '자기 병의 원인이 무엇인지 모르는 환자'와 같다. 특히 성공을 하긴 했지만 자기의 에고가 무엇을 하지 못하도록 가로막고 있는지 모르는 사람이 이런 환자라고 할 수 있다. 왜냐하면 이런 사람들은 자기가 경험했던 측면에서만 문제의 원인을 찾기 때문이다.

우리는 모두 크든 작든 간에 야망과 목표를 가지고 있고 자기의 모든 것을 쏟아서 그 야망과 목표를 추구한다. 에고는 이 여정을 함께하면서 우리를 갉아먹는다. 이것이 에고가 위험한 이유다.

선구적인 CEO 해럴드 제닌은 에고티즘을 알코올 중독에 비유하기를, "자기중심주의자는 무엇에든 망설임이 없으며 무엇이든 뚝딱 해치워버립니다. 말을 더듬거나 침을 흘리지도 않죠. 점점 더 거만해지고, 어떤 사람은 자기의 그런 태도 아래에 무엇이 깔려 있는지 알지 못한 채 자기의 거만함을 자신감이나 강력함의 표현이라고 착각합니다"라고 했다. 이 말처럼 자기중심주의자들은 자기 자신에 대해서 착각하고 자기들이 앓고 있는 질병이 무엇인지 알지 못한다. 자기 손으로 스스로를 죽이고 있는 것이다.

만일 어떤 사람의 에고가 스스로에게 자기가 실제보다 더 잘났다는 믿음을 심어준다면, 에고는 그와 세상을 단절시킴으로써 그 사람이 진정으로 성공하지 못하도록 방해한다고 할 수 있다. 알코올 중독자 재활협회인 '익명의 알코올 중독자Alcoholics Anonymous'의 초기 회원이었던 누군가는 에고를 '**어떤 것으로부터의 의식적인 분리**'라고 정의했다. 여기에서 '어떤 것'은 '모든 것'을 가리킨다.

이 분리가 스스로를 부정적으로 드러내는 방식은 방대할 정도로 많다. 예를 들어 어떤 사람이 자기 주변에 벽을 쌓는다면 다른 사람과 협력할 수 없다. 주변 세상과 자기 자신을 이해하지 않는 한 그 세상을 보다 나은 방향으로 바꿀 수 없다. 외부의 다른 목소리를 들을 능력이 없거나 타인의 조언에 관심조차 없다면 건설적인 피드백을 받을 수도 없다. 실제 현실이 아닌 자기만의 환상 속에서만 산다면 성장이나 개선의 기회를 가질 수 없고, 설령 기회가 찾아오더라도 알아보지 못한다. 다른 사람과의 비교를 통해 자기의 능력을 정확하게 파악하려는 노력을 하지 않으면 우리가 가지고 있는 것은 자신감이 아니라 환상일 뿐이다.

오로지 단 하나 '위안'만이 에고를 지지한다. 스포츠든 예술이든 혹은 경영이든 간에 위대한 업적을 추구한다는 것은 대개 가혹할 정도로 힘든 과정이기 때문이다. 에고는 그 끔찍함에 대한 공포를 달래주고 불안을 위로해준다. 에고는 건강한 정신의 합리적이고 의식적인 부분들을 허세와 자아도취로 대체함으로써 우리가 듣고 싶은 말을 듣고 싶어 하는 순간에 들려준다. 그러나 이것은 심각한 후유증을 남기는 단기적인 처방일 뿐이다.

에고는 언제나 거기에 있었고, 지금은 한층 더 대담해졌다.

지금 우리 사회는 과거 그 어느 때보다도 에고의 불길에 사납게 부채질을 해댄다. 역사를 되짚어볼 때 지금처럼 자기 스스로를 자랑하고 부풀려서 말하기 좋은 때가 없었다. 과거와 달리 자기의 목표를 인터넷상에 올려 수백만 명의 팬이나 팔로어follower에게 떠벌릴 수 있다. 우상으로 생각하는 사람들과 트위터에서 친구가 되고 교류할 수도 있다. 책이나 웹사이트에 게재된 글을 읽을 수 있으며 테드TED 강연을 볼 수 있고, 또 자신이 올리는 정보가 옳은 것인지 다양하고도 섬세한 방법으로 확인받을 수 있다. 누구든 자기 스스로를 CEO라고 부를 수도 있다. 서류상으로만 존재하는 회사는 누구나 쉽게 만들 수 있기 때문이다. 누군가는 한층 더 적극적이고 누군가는 덜하겠지만 그래봐야 정도의 차이일 뿐이다.

또한 우리는 자기만의 독특함을 믿어야 한다는 말을 끊임없이 듣는다. 부모와 교사, 사회적 명사들, 주위 사람들 모두 크게 생각하고 크게 살라고, 기억에 남을 만한 사람이 되고 위대하게 도전하라고 말한다. 언론에는 역경을 딛고 끝내 성공한 사람들이 자주 등장한다. 대중은 그들을 보면서 나도 성공하고 싶다는 간절한 열망을 갖게 되고, 그들처럼 성공하기 위해 올바른 태도와 자세를 가지려고 애쓰기 시작한다. 또한 그들만큼 우리도 대담한 비전이나 결정적인 계획이 필요하다고 생각한다. 성공한 사람들, 내로라하는 기업의 설립자나 스포츠팀의 지도자는 다 그랬다고 믿기 때문이다. 그런데 정말 그럴까? 그들이 성공한 데에는 저마다의 이야기가 있다. 하지만 거기에 어떤 공식이란 존재하지 않는다. 그럼에도 불구하고 우리는 있지도 않은 우연적인 관계를 미루어 짐작하면서 성공의 몇몇 징후와 성공 그 자체를 동일한 것이라고 착각하는 것이다.

이때 우리가 그렇게 생각하게끔 속삭이는 것이 바로 에고다.

물론 에고가 어떤 부분에서 긍정적인 효과를 내기도 한다. 역사적으로 저명한 인물들 중에는 많은 사람들이 악명 높은 자기중심주의자였다. 에고는 그들이 원하는 바를 향해 나아가도록 추동해왔고, 그들은 그 힘을 바탕으로 역사에 성공적으로 이름을 남겼다. 그러나 위대한 실패자들 가운데 많은 사람들 역시 자기중심주의자였다. 실제로는 오히려 성공한 사람보다 실패한 사람이 더 많았다. 그러니 확률상으로 보면 에고에 휘둘려 실패할 가능성이 더 많다고 할 수 있겠다. 그럼에도 지금 이 사회는 사람들에게 성공을 위한 주사위를 던지라고 끊임없이 재촉하고 등을 떠민다. 확률을 무시한 채, 도박을 하라고 부추기는 것이다.

당신이 어디에 있든 간에 에고는 늘 당신과 함께 있다.

전체 삶에서 어떤 시기를 살고 있든, 사람은 누구나 인생의 세 단계 가운데 하나에 서게 된다. 첫째, 우리는 누구나 무언가를 열망한다. 우주에 어떤 흔적 하나를 남기려고 노력한다는 말이다. 두 번째로 누구나 어떤 식으로든 성공을 이룬다. 누군가는 많은 성공을 거두겠지만 또 누군가는 그렇지 않다. 그리고 마지막 단계로 누구든 실패를 경험한다. 사람은 대부분 이 셋 중 하나에 놓여 있다. 성공할 때까지 열망하고 실패하거나 혹은 더 많은 것을 바랄 때까지 성공하며, 또 실패한 뒤에는 다시 새로운 것을 열망할 수도 있고 다시 한 번 더 성공할 수도 있다.

에고는 이 모든 단계에서 우리와 함께하는 적이다. 또한 무언가를 만들고 유지하고 회복하는 일의 적이기도 하다. 일이 빠르고 쉽게 풀릴 때는 에고의 영향이 크지 않을 수도 있지만 변화의 시기나 어려운 시기에도 과연 그럴까?

그래서 이 책은 열망과 성공과 실패라는 세 개의 장으로 나뉘어져 있다. 나쁜 습관이 붙어버리기 전에 에고를 억누르는 데 도움이 되도록 하기 위해서이고, 성공했을 때 에고의 여러 유혹을 겸손과 규율로 대체하기 위해서이다. 그리고 운명이 불행으로 기울 때 실패라는 암초에 좌초되지 않도록 다시 일어날 수 있는 힘과 불굴의 인내심을 기르기 위해서이다. 요컨대 이 세 개의 장은 우리가 다음과 같이 되도록 도와줄 것이다.

- 열망하지만 겸손하다.
- 성공을 해도 자비롭다.
- 실패를 해도 끈기가 있다.

물론 당신은 여전히 독특한 존재이고 세상에 기여할 수 있는 가능성과 창의력을 지니고 있다. 우리가 우리를 부추기는 에고를 제어하고 앞서 말한 태도를 취하고자 하는 것은 당신의 그 특별함을 부인하기 위함이 아니다. 당신 안에 잠재되어 있는 그 모든 것들을 헛되이 공중에 날려버리지 않고 적절하게 잘 쓰도록 하기 위함이며, 당신이 위기에 봉착했을 때 균형을 잃지 않도록 하기 위함이다. 퀘이커교도인 윌리엄 펜은 거친 기후에 노출되는 건물은 기초공사가 튼튼해야 한다고 지적했다. 에고를 다스리는 일은 인생을 위한 기초공사와도 같다.

그렇다면 지금 무엇을 해야 할까?

지금 당신이 들고 있는 이 책은, 에고는 얼마든지 관리할 수 있으며 또 에고의 방향 역시 얼마든지 바꿀 수 있다는 가정을 전제로 한다.

우리는 남북전쟁 당시 업적을 세웠던 윌리엄 테쿰세 셔먼William Tecumseh Sherman 장군, 〈워싱턴포스트〉와 〈뉴스위크〉의 발행인 캐서린 그레이엄Katharine Graham, 메이저리그 최초의 흑인 야구 선수 재키 로빈슨Jackie Robinson, 미국의 여성 사회운동가이자 정치가였던 엘리노어 루스벨트Eleanor Roosevelt, 미국의 유명한 미식축구 감독 빌 월쉬Bill Walsh, 정치가 벤자민 프랭클린Benjamin Franklin, 동로마 제국의 장군 벨리사리우스Belisarius, 독일 총리 앙겔라 메르켈Angela Merkel 그리고 마셜플랜의 제창자였던 조지 마셜George C. Marshall 등과 같은 인물들을 살펴볼 것이다. 이들이 만약 에고 때문에 근거 없이 우쭐했고 자아도취에 빠져 있었더라면 이들은 역사에 길이 남는 업적들 — 예컨대 휘청거리던 회사를 살려낸 일, 허를 찌르는 전술로 적을 무찌른 일, 야구계의 인종 화합을 이루어낸 일, 미식축구의 공격 전술을 혁명적으로 바꾼 일, 독재에 맞선 일 등 — 을 성취할 수 없었을 것이다.

이들은 철저하게 현실에 뿌리를 내리고 있었으며 용의주도했고 또 거침없을 정도로 현실적이었다. 이들은 위대했지만 겸손했다. 물론 모두가 다 에고에서 완전히 해방되어 있던 것은 아니지만 이들은 에고를 억누르는 방법과 에고의 물꼬를 돌리는 방법, 그리고 필요한 경우에는 에고를 포섭하는 방법까지 잘 알고 있었다.

물론 스티브 잡스나 카니예 웨스트처럼 엄청나게 거대한 에고를 가지고 있으면서도 성공한 사람도 있다. 우리는 이런 예외적인 인물들을 이야기함으로써 최악의 행동을 합리화할 수도 있지만 이들은 에고에 의해 주변 사람들과 단절되어 있었고, 그 사실만으로도 진정 성공했다고 하기는 어렵다. 널리 알려진 몇몇 인물들이 그들과 비슷한 특성을 보인다고 하더라도 에고로 인해 드러나는 많은 부정적인 성격들, 중독이나 우울증, 자기 학대와 같은 성향은 더욱 긍정적으로 보기 어렵다. 실제로 이런 사람들을 연구해보면 이들은 이런 충동이나 질병에 맞서서 싸울 때 최고의 성과를 올렸다. 누구든 에고와 케케묵은 생각에서 해방될 때에야 비로소 최고의 성과를 거둘 수 있다는 사실은 부인할 수 없다.

이런 이유로 하워드 휴즈Howard Hughes, 페르시아의 왕 크세르크세스Xerxes, 드로리언 모터 컴퍼니의 설립자 존 드로리언John DeLorean, 알렉산더 대제Alexandros the Great 등을 살펴보려고 한다. 또한 현실 감각을 상실한 채 요행을 바라는 에고에 자신을 맡겨버릴 때 어떻게 되는지 생생하게 보여준 사람들과 관련한 이야기도 함께 볼 것이다. 그들이 겪은 불행과 자기파괴 속에서 치른 막대한 대가와 이를 통해 얻은 교훈들, 그리고 성공한 사람들조차도 에고로 인해 얼마나 자주 흔들렸는지, 이로써 어떤 문제들이 발생했는지 역시 들여다보려고 한다.

에고를 대체하는 덕목은 바위처럼 단단한 겸손함과 자신감이다. 에고가 인위적인 것이라면 이런 자신감과 겸손함은 아무리 무거운 것이라도 튼튼하게 지탱할 수 있을 정도로 실제적인 것이며 노력을 통해 얻는 것이다. 에고는 자기 스스로를 추켜세우고 대단한 존재로 만들지만 그래봐야 그럴 듯한 허울에 지나지 않는다. 자신감이 당신을 바른 길로 인도하는 태양과 같다면 에고는 그저 희미한 가스등에 불과하다.

이 자신감은 미국의 남북전쟁 때 과소평가된 겸손한 장군을 미국 최고의 전사이자 전략가로 바꾸어놓았다. 반면 에고는 같은 시기 최고의 반열에 올랐던 다른 장군을 궁핍과 불명예의 나락으로 이끌었다. 자신감은 차분하고 소박하던 독일의 여성 과학자를 새로운 유형의 지도자이자 평화를 지지하는 강력한 지도자로 만들었지만, 에고는 두 명의 탁월한 엔지니어를 연이은 실패와 파산과 스캔들, 광기로 밀어 넣었다. 또 자신감은 NFL 역사상 최악의 팀을 맡은 감독으로 하여금 불과 세 시즌 만에 슈퍼볼을 차지하도록 하고 명예의 전당에 이름을 올릴 수 있게 했지만, 수없이 많은 다른 감독들과 정치인들, 기업가들과 작가들은 비슷한 난관을 극복하고 최고의 자리에 오르고도 에고 때문에 곧바로 그 자리를 다른 사람에게 넘겨주고야 말았다.

같은 시련을 겪고도 어떤 사람들은 겸손함을 배우고 어떤 사람들은 에고를 선택한다. 또 어떤 사람들은 운명의 장난에 준비를 하지만 어떤 사람들은 그렇게 하지 않는다.

자, 당신은 어느 쪽을 선택하겠는가? 어떤 사람이 되겠는가?

당신이 이 책을 선택한 것은 지금 당장은 아니라고 하더라도, 의식하든 아니든 간에 궁극적으로 이 질문에 대답할 필요가 있다고 느꼈기 때문이다.

자, 그럼 이제 본격적으로 시작해보자.

EGO
IS THE
ENEMY

I

열망,
타오르기 시작하는 불꽃

우리는 목표와 소명을 가지고 새로운 출발을 준비한다. 모든 위대한 여행은 바로 이 지점에서 시작된다. 많은 사람들이 이렇게 출발하지만 대다수가 애초에 설정했던 목적지까지 도달하지 못한다. 이 여정에서 발생한 수많은 문제들이 우리가 가는 길을 막아서기 때문이다. 이때 맞닥뜨리는 문제의 대부분은 에고로부터 생겨난다. 에고의 달콤한 목소리가 우리로 하여금 그럴 듯한 이야기로 스스로를 꾸며대게 하고, 세상만사를 다 알고 있는 듯 착각하게 만든다. 그렇게 우리가 가진 재능은 제대로 타오르기도 전에 흐지부지 빛을 잃어버리고 우리는 길을 잃고 마는 것이다. 그럼에도 불구하고 일이 왜 이렇게 되어버렸는지 그 이유를 알지 못한다. 에고가 우리에게 무슨 짓을 하는지 그 징후들은 나타나게 마련이지만 그것을 눈치채는 일은 쉽지 않다. 그렇기 때문에 우리는 늘 절제와 겸손함을 유지하고 현실 감각을 일깨워 에고를 경계해야 한다.

사람들에 의하면 그는 담대한 의사이고, 수술할 때 절대로 손을 떠는 일이 없다.
또한 자신의 행동에서 보이는 결함을 회피하거나 감추지 않고
망설임 없이 똑바로 바라본다.

——**아담 스미스** ADAM SMITH

기원전 374년경 아테네에서 소문난 교사이자 수사학자인 이소크라테스는 데모니쿠스라는 청년에게 편지를 한 통 썼다. 그 청년의 아버지는 얼마 전에 세상을 떠났고, 이소크라테스는 고인과 친구 사이였다. 그 나이의 젊은이들이 그러하듯 데모니쿠스는 야심만만한 청년이었다. 이소크라테스는 그에게 아버지가 보여준 선례와 관련해 몇 가지 조언을 해주고 싶었다. 야심을 좇는 길은 언제나 위험하기 짝이 없기 때문이다. 청년에 대한 애정과 염려가 담긴 이소크라테스의 편지에는 실천적인 것에서부터 도덕적인 내용까지 모두 망라되어 있었다. 그는 이 모든 것을 스스로 '우아한 격언 noble maxims'이라고 불렀던 것을 통해 전달했는데, 그의 표현을 빌리자면 '앞으로 다가올 세월에 대비하는 계율'이었다. 이소크라테스는 청년에게 다음의 사실을 알리는 것부터 시작했다.

"자네에게 소박함과 정의로움, 자제력보다 더 좋은 것은 없네. 왜냐하면 모든 사람이 다 동의하듯이 이런 덕목들이 청년들의 야심이나 불같은 성정을 제어하기 때문이지."

이어서 그 청년에게 순간의 기분과 쾌락, 고통에 따라서 흔들리지 않도록 자제력을 훈련하라고 당부했다. 또한 사기꾼을 멀리하듯이 아첨꾼을 멀리하라고 경고했다. 사기꾼이나 아첨꾼은 둘 다 가까이 하는 사람에게 해를 입히기 때문이라는 것이다. 그리고 그는 데모니쿠스에게 바라는 마음을 다음과 같이 썼다.

"자네에게 다가오는 사람들을 상냥하고 친절하게 대하게. 절대로 오만하게 굴지 말게나. 오만한 사람의 콧대 높은 자만심은 심지어 노예라고 하더라도 참고 견디기 힘드니까 말이야. 생각은 깊게, 천천히 하되 한 번 결심한 것은 즉각 실천하게. 사람이 가지고 있는 덕목 가운데 가장 좋은 것은 올바른 판단이야. 쉬지 않고 지성을 갈고닦아야 해. 가장 작은 것 속에 담겨 있는 가장 위대한 것은 바로 인간 신체에 깃들어 있는 건전한 생각이기 때문이지."

이런 조언들 가운데 몇몇은 그 뒤 2천 년 동안 이어져 윌리엄 셰익스피어에게까지 전해졌다. 셰익스피어는 『햄릿』에서 이소크라테스가 썼던 바로 이 구절을 폴로니우스가 자기 아들 레어티스에게 말하는 데에 인용했다.

무엇보다도, 너 자신에 참되어라,

그렇게 하면 마치 밤이 낮을 뒤따르듯,

너는 다른 누구에게도 거짓되지 않게 될 수 있다.

작별이구나, 내 축복의 말이 네 안에서 단단히 여물기를!

이 대사는 미국의 청년 장교였던 윌리엄 테쿰세 셔먼에게 전해졌고, 그는 나중에 미국의 가장 위대한 장군이자 전략사상가가 된다. 그가 이소크라테스의 편지를 읽었을 것 같지는 않지만 『햄릿』을 무척 좋아했으며 이 대사를 자주 인용하곤 했던 것은 사실이다.

데모니쿠스와 마찬가지로 셔먼도 아버지를 일찍 여의었고 운 좋게도 지혜로운 사람의 보호를 받았는데, 그 사람은 바로 토머스 어윙이었다. 셔먼 아버지의 친구이자 훗날 미국 상원의원이 되는 그는 셔먼을 양자로 거두어서 친아들처럼 키웠다.

그런데 흥미로운 점은 셔먼이 위대한 인물이 될 것이라고 내다본 사람은 거의 아무도 없었다는 사실이다. 그가 나중에 **미국의 대통령직을 사양하는 유례없는 행동**을 할 것임은 물론이고 지역 차원에서라도 어떤 업적을 쌓을 수 있을 것이라고는 그 누구도 생각하지 않았다. 역사의 무대에 갑자기 주인공으로 등장했다가 실패를 겪고 빠르게 사라져버린 나폴레옹과 같은 사람들과 셔먼은 확실히 달랐다. 그는 대기만성형의 인물이었다.

그는 미국 육군사관학교인 웨스트포인트에서 초년 시절을 보냈으며 그 뒤에는 육군의 군인으로 살았다. 셔먼은 초임장교 시절 몇 년 동안 미국 구석구석을 다니면서 각 근무지의 주변 상황과 여건을 천천히 익혔고, 남북전쟁이 일어나자 자원해서 동부로 갔으며 북군이 대패한 불런 전투에 참여하기도 했다. 그 후 고위급 지휘관이 부족했던 덕분에 셔먼은 준장으로 승진했다.

그는 링컨 대통령과 수석 군사고문을 만나 여러 가지 군사 전략과 계획을 놓고 자유롭게 이야기를 나누기도 했는데, 말미에 대통령에게 이상한 부탁을 했다. 부대의 지휘권을 맡기지 않겠다고 약속해주는 조건으로 승진을 받아들이겠다는 것이었다. 다른 장군들은 가능한 높은 계급과 많은 지휘권을 요구하고 있던 터였기에 링컨으로서는 셔먼의 제안을 거절할 이유가 없었다.

사실 셔먼이 그런 선택을 한 데에는 그럴 만한 이유가 있었다. 그는 자기 역량을 인정받은 것이 진정으로 고마우면서도 2인자 역할이 자기에게 가장 잘 맞는다고 느꼈기 때문이었다. 그가 전쟁 초기에 부족한 병력으로 켄터키 주를 방어하라는 명령을 받았을 때 그의 조급한 성질과 자기 스스로를 의심하는 경향이 이상한 방식으로 결합해 문제를 일으켰던 적이 있었다. 충분히 보급 지원을 받지 못한 상태에서 남군의 움직임에 지나치게 초조해하던 나머지 관례를 깨고 하지 말았어야 할 이야기를 여러 신문기자들에게 마구 했던 것이다. 계속된 논란 속에서 일시적으로 지휘권을 놓고 자리에서 물러나 있기도 했는데 몇 주 동안 휴식을 취한 뒤에야 정상으로 회복되었다. 이때의 일들은 꾸준하게 상승곡선을 그려왔던 그의 경력에서 예외적인 일이었다.

셔먼은 이 경험에서 교훈을 얻었고 이 짧은 과오 직후 자기의 진정한 가치를 세상에 알렸다. 예를 들어 북군이 남군의 도넬슨 요새를 포위하여 공격할 때는 그랜트 장군 휘하에서 임무를 성공적으로 수행했다. 다른 장군들이 개인적인 지휘 권한을 확대하고 또 공을 인정받으려고 서로 싸울 때조차도 그는 자기 지위를 포기하면서까지 그랜트 장군을 지원하고 군사력을 강화하는 방향으로 명령을 내리고 작전을 펼쳤다. 이렇게 해서 두 사람은 북군이 거둔 최초의 승리를 함께 만들어냈다.

또한 그는 전투에서 승리를 이어나가면서 그 유명한 '바다로의 행군'을 주장했는데 이것은 전략적으로 대담하면서도 위험한 북군의 대공세 작전이었다. 특히 이 전략은 창의적인 천재의 머리에서 나온 것이라기보다는 그가 청년 장교 시절에 수집하고 공부했던 지형학에 근거한 것이었다. 그 시절에 그가 벽지의 전초기지를 별 생각 없이 전전하는 것 같았지만 그게 아니었던 것이다.

셔먼은 채터누가에서 애틀랜타로 진격했고 이어서 다시 바다로 나아가면서 줄곧 전통적인 방식의 전투를 피했다. 그의 현실적이고 냉철한 판단력이 다른 사람들이 불가능하다고 여겼던 남군으로의 진격 경로를 간파할 수 있게 했다. 셔먼은 타인의 평가나 근거 없는 조언들이 아니라 자신이 목적하는 바에 충실했고, 자기가 세운 전략과 계획을 믿고 밀고 나갔다. 전사戰史를 연구한 사람이라면 셔먼이 펼쳤던 것과 같은 작전을 펼치고도 에고에 휘둘려서 전혀 다른 결말을 맞은 사례들을 많이 보았을 것이다.

전쟁이 끝났을 때 셔먼은 미국에서 가장 유명한 사람들 중 한 사람이 되었으나 정계로 진출하려 하지 않았고, 군인 신분으로 자기 직분을 다한 뒤에 은퇴하기만을 바랐다. 커다란 성공에 대한 찬사와 관심이 쏟아졌지만 그는 이 모든 것을 무심히 여겼다. 그랜트 장군에게도 이렇게 써 보냈다.

"그저 자연스럽게 장군님 본성에 충실하시기 바랍니다. 반짝거리며 듣기 좋은 모든 말들도 결국은 여름 한철에 부는 바람처럼 덧없이 지나가는 것일 뿐이니까요."

셔먼의 전기를 쓴 작가들이 많은데 그중 한 사람은 셔먼과 그가 거둔 성과를 이렇게 요약했다.

명예와 리더십을 인정받은 사람들을 두 가지 유형으로 분류할 수 있다. 한 유형은 자기 자신에 대한 확실한 믿음을 천성적으로 가지고 있는 사람이고, 또 하나의 유형은 자기가 실제로 이룩한 성취에 따라서 그 믿음이 천천히 커지는 사람이다. 후자에 속한 사람들은 자기가 거둔 성공에 끊임없이 놀라고, 이 성공의 열매가 달콤하면 달콤할수록 과연 그게 꿈이 아닐까 하는 의심을 하면서 조심스럽게 검증해나간다. 이런 의심에는 진정한 겸손이 깃들어 있다. 이것은 위선적인 자기비하가 아니라 '절제'에 담긴 겸손함이다.

당신은 앞서 말한 두 가지 유형 가운데서 어느 쪽에 속할 것인가? 만약 당신 자신에 대한 믿음이 실제로 당신이 이룩한 성취로부터 비롯된 것이 아니라면 그 믿음에는 아무런 근거가 없다. 그 밑바닥에 깔려 있는 것은 다름 아닌 에고다. 이 에고야말로 느닷없는 성공에 이어서 갑작스러운 몰락을 가져다주는 가장 큰 요인이다.

어쩌면 이런 얘기들이 모두 이상하게 들릴지도 모른다. 대부분의 사람들이 이소크라테스와 셰익스피어의 바람과는 달리 세상으로부터 좋은 평판을 받고 보다 많은 권한을 가지기를 추구해왔다. 어떤 세대에서는 부모와 교사가 아이를 교육하는 데 있어 자만으로 쉽게 바뀔 수 있는 자부심을 기르는 데 초점을 맞추기도 했고, 마음만 먹으면 무엇이든 다 할 수 있다는 생각을 장려하고 가르쳐 왔다.

그러나 실제로는 이런 발상이 우리를 허약하게 만든다. 아무리 탁월한 재능을 가진 사람이라도 피해갈 수 없다. 우리는 자기가 그런 사람이라는 걸 당연하게 받아들인다. 지금 내가 일류로 손꼽히는 대학교에 다니고 있는 것, 내가 추진하는 사업의 투자자, 성공적인 취업과 승진, 눈앞에 다가온 기회도 다 이런 까닭에서 그렇다고 생각한다. 하지만 작곡가 어빙 벌린이 말했듯이 재능은 단지 출발점일 뿐이다. 문제는 당신이 그 재능을 최대한 발휘할 수 있는가이다. 자칫 잘못하면 당신 안에서 타오르기 시작한 불을 꺼뜨리는 사람이 바로 당신 자신이 될 수도 있다.

우리는 셔먼에게서 현실과 깊이 연결되어 있고 또 단단하게 묶여 있는 한 사람을 볼 수 있다. 그는 무無에서 출발해서 놀라운 업적을 이룬 사람이며, 또 **자기가 누린 그 영광을 당연하게 여기지 않은 사람이다.** 실제로 그는 늘 다른 사람들에게 공적을 넘겼으며, 개인의 명예나 신용 면에서 조금은 손해를 본다 하더라도 팀이 승리를 거두도록 기여하는 데서 더 많은 보람과 행복을 느꼈다. 여러 세대에 걸쳐서 청년들이 남군의 장군이었던 조지 에드워드 피켓이 게티스버그 전투에서 보였던 영광의 기병 공격이나 참담하게 패배했던 남부 연합의 습격에 대해서 배우지만, 조용하고 소박했던 현실주의자 셔먼의 모습은 잊히고 폄하되고 비난받는다는 사실은 참담할 정도로 슬픈 일이다.

자신의 재능을 정확히 평가할 줄 아는 능력은 무엇보다도 중요하다. 그런 능력이 없으면 개선은 애초부터 불가능하고 그 능력을 온전히 유지하는 일도 쉽지 않다. 에고는 자기가 가진 재능이나 힘에 초점을 맞추고 그것을 부풀리면서 즐겁고 만족스러워 하기 때문이다. 그러나 그런 만족감은 곧 오만과 자아도취가 되어 진실한 성장을 가로막는다.

이 국면에서는 스스로를 냉정하게 바라보고 평가하는 연습이 필요하다. 일종의 자기 머리에서 빠져나오는 능력을 기르는 셈인데, 이런 훈련은 에고를 해독하는 일이다. **에고에 휘둘려 자기가 하는 일에 감정적으로 몰입하면 이성적인 분별력을 잃어버리기가 무척 쉽다.** 자아도취에 빠진 사람이라면 누구나 그렇게 될 수 있다. 타고난 재능이나 드높은 자신감보다 겸손함과 부지런함, 냉철한 자기인식을 갖추기가 더 어렵고 드물다. 당신이 잠깐 반짝하고 사라지는 것이 아니라 그 이상의 존재가 되고 싶다면 좀 더 장기적인 차원에 초점을 맞추고 준비를 해야 한다.

자기가 추구하는 것을 이루려면 생각은 크게 할지라도 행동은 작게 해야 하고, 또 그런 태도로 삶을 살아야 한다. 타인으로부터 받는 인정이나 어떤 지위에 신경을 쓰는 대신 무엇을 실천하고 공부할 것인지를 고민해야 한다. 그때 우리가 품는 꿈은 거대한 야망이 아니라 구체적인 형태를 갖추게 될 것이다.

소위 천재라 불리는 사람들 중 몇몇은 그들의 재능을 근거로 밑도 끝도 없는 자기 확신에 사로잡히고, 그것을 너무도 당연하게 여긴다. 어떤 예술가들은 지금 당장의 삶이 고통스럽더라도 작품을 위해서는 모든 것을 희생해야 한다고 착각하기도 한다. 이것은 일종의 헛된 신화이며 에고의 속삭임이다. 이 실속 없는 말들에 휘둘린 사람들은 실제 현실과 분리되어 망상 속에서 살아간다. 우리는 모두 위대함을 꿈꾸고 그것을 향해 나아가기를 추구하지만 그것을 향해 가는 실제 경로는 제각기 다르다. 다만 그 길에서 누구나 마주치는 에고는 우리의 발걸음을 막아서는 '적'이다.

처칠도 말했지만 그럴 듯해 보이는 꿈보다 객관적인 사실이 더 낫다. 우리는 누군가 꿈속에서 헤매고 있을 때 현실에 눈을 돌리고 스스로에 대해 명확히 인식하여 그 모든 것으로부터 깨달아가야 한다. 우리가 가야 할 길은 거기가 아닌 지금 여기에 있다.

자칫 잘못하면 당신 안에서
타오르기 시작한 불을 꺼뜨리는 사람이
바로 당신 자신이 될 수도 있다.

말의
음흉함

아는 자는 말하지 않고 말하는 자는 알지 못한다.
—**노자** 老子

미국의 소설가이자 사회비평가인 업튼 싱클레어는 1934년의 캘리포니아 주지사 선거에 입후보했다. 그는 선거유세에서 특이한 행보를 보였는데, 선거 전에 『캘리포니아 주지사인 나는 빈곤 문제를 어떻게 종식시켰나?』라는 특이한 제목의 책을 출간한 것이다. 싱클레어는 선거에서 승리했다는 가정 하에 자기가 주지사로 재직하면서 입법한 탁월한 정책들을 과거형으로 서술했다. 하지만 실제로는 선거에 이기지 못했고 주지사가 되지 못했다.

이 책의 출간은 작가로서 자기가 가진 최대의 자산을 지렛대로 삼겠다는 의도에서 비롯된 것이지만 전통적인 선거유세 형식에서는 벗어난 매우 특이한 시도였다. 싱클레어는 본인이 작가로서 다른 후보들이 할 수 없는 특별한 방식으로 대중과 소통할 수 있음을 알았다. 그러나 그의 유세는 승산이 없었으며 그 책은 선거에 아무런 도움이 되지 못했다. 다만 이 책은 유권자가 아닌 싱클레어 본인에게 영향을 미쳤다. 그의 친구였던 캐리 맥윌리엄스가 이에 대해 말하기를 "업튼은 『캘리포니아 주지사인 나는 빈곤 문제를 어떻게 종식시켰나?』의 내용을 자신의 생생한 상상 속에서 이미 실현했으므로 (…) 굳이 번거롭게 현실에서 그 법안을 만들 필요가 없었다"라고 했다.

그 책은 베스트셀러가 되었지만 싱클레어는 무려 25만 표 차이로, 득표율 10퍼센트 포인트 이상의 차이로 낙선했다. 그는 어쩌면 최초의 현대적인 선거라고 할 수도 있는 그 선거에서 철저하게 패배했고 선거유세에서 무슨 일이 일어났었는지는 분명했다. 그의 책이 현실인 선거유세를 앞질렀으며 책으로 이상과 현실 사이의 간극을 넘으려던 그의 의지는 무너진 것이다. 정치인은 대부분 '말'로써 싱클레어와 마찬가지로 자기 자신을 앞질러버린다. 말과 선전으로 행동을 대신하려는 것, 이것은 누구나 경험하게 되는 유혹이다.

페이스북의 빈 글 박스는 "무슨 생각을 하고 계신가요?"라고 묻고 트위터는 "무슨 일이 일어나고 있나요?"라며 손짓한다. 텀블러 Tumblr가 또 링크드인 linked in이 속삭인다. 받은 편지함이, 스마트폰이 그리고 당신이 방금 읽은 기사 하단의 댓글 란이 뭐라도 한 마디 해달라고 당신을 부른다. 비어 있는 공간들은 우리의 생각과 사진으로, 또 이런저런 이야기들로 채워지기를 원한다. 우리가 지금 막 하려고 하는 것, 해야 하거나 할 수 있는 것, 일어나기를 바라는 것들로 가득해지기를 열망한다. 과거 그 어느 때보다도 발전한 기술이 당신더러 말을 하라고 요구하고, 옆구리를 찌르고 또 졸라댄다.

우리는 그 어느 때보다 소셜미디어에 **적극적**이다. SNS 상에는 각자 자기의 일이 얼마나 잘 돌아가고 있는지, 자신이 얼마나 괜찮은 사람인지 드러내는 말들이 가득하다. 하지만 거기에서 보이는 말들이 진실인 경우는 드물다. 눈에 보이는 활자 뒤에는 '나도 현실과 싸우고 있고, 지금 너무 힘들어. 나도 모르겠다고'와 같은 속내가 숨어 있다.

사람들은 어떤 출발점에 서 있을 때 긴장하고 흥분하며, 위로와 격려를 필요로 한다. 내가 나 스스로를 다독여보지만 여기에는 한계가 있고 그것으로 충족되지 않는다. '안'이 아니라 '밖'에서 위안을 구하려고 한다. 타인의 믿음과 확신의 말들을 듣고 싶어 한다. 누구나 가지고 있는 약한 측면이다. 결국 최소한의 것을 하면서 가능한 한 밖으로부터 많은 관심과 신뢰를 받으려고 하는데, 나는 바로 이런 측면을 에고라고 부른다.

작가이자 가십 전문 사이트인 고커닷컴Gawker.com의 블로거이기도 했던 에밀리 굴드는 2년 동안 소설을 내기 위해 애를 쓰면서 이런 사실을 깨달았다. 비록 그녀는 엄청난 돈을 벌고 성공하긴 했지만 거기에서 더 앞으로 나아가진 못했다. 왜 그랬을까? '인터넷에 많은 시간을 소비하느라' 너무 바빴기 때문이다. 그게 이유였다.

사실 나는 2010년에 했던 것 말고는 그 어떤 것도 기억할 수 없다. 텀블러를 했고 트위터를 했으며 또 끊임없이 스크롤을 내렸다. 이렇게 한다고 해서 돈 한 푼 버는 것도 아니었지만 나는 마치 일을 하는 것처럼 느꼈다. 이런 습관을 다양한 방식으로 나 자신에게 합리화했다. 블로그를 운영하면서 내 브랜드 가치를 높이는 중이라고 합리화했고, 또 블로그를 운영하는 것이 창의적인 행동이라고 합리화했다. 누군가 올린 게시물에 댓글을 다는 일을 '큐레이팅'하는 것이며 창의적인 행동이라고 합리화했다.

즉, 그녀는 소설 쓰기에 집중하는 것을 제외한 모든 것을 했다. 많은 사람들이 어떤 사업이나 프로젝트 때문에 겁에 질리거나 압도되었을 때 습관적으로 하는 행동을 했던 것이다. 자기가 열심히 매달려서 작업한다고 생각했던 소설은 실제로는 완전히 중단된 상태였다. 그것도 꼬박 1년 동안이나 말이다.

실제로 글을 쓰는 것보다 거기에 대해서 이야기를 하고 예술과 문학 등에 관련된 흥미로운 일들을 하는 것이 훨씬 쉽다. 최근에 어떤 사람은 『소설 쓰기』라는 책을 펴냈는데, 이 책은 실제로는 소설을 쓰지 않는 것이 분명한 작가들의 SNS 게시물들로 가득 채워져 있다.

집필은 다른 많은 창의적인 행위와 마찬가지로 결코 쉬운 작업이 아니다. 가만히 자기 자신에, 사물에 몰입해야 하는 일이다. 사실 우리가 수행하는 많은 가치로운 일들은 그것이 새로운 회사를 세우는 것이든 혹은 어떤 기술을 숙달하는 것이든 간에 고통스러울 정도로 까다롭고 어렵다. 그러나 그에 대해서 말하는 것은 언제나 쉽다.

우리는 무시당하는 것을 죽음으로 생각하고 침묵을 약함을 드러내는 기호로 인식하는 듯하다. 그래서 마치 자기 목숨이 달려 있기라도 한 것처럼 필사적으로 말하고 말하고 또 말한다. 하지만 침묵은 사실 힘이 세다. 특히 어떤 여정이든 간에 처음 시작하는 단계에서는 더욱 그렇다. 침묵에 대해 이야기했던 철학자 키에르케고르는이렇게 경고했다. "단순한 잡담은 실질적인 대화를 앞지르며, 생각중인 것을 입 밖으로 드러내는 일은 실제 행동을 선수 침으로써 그행위를 약화시킨다."

바로 이것이 말에 내포되어 있는 음흉함이다. 심지어 어린아이조차도 의미 없는 잡담을 할 줄 안다. 대부분의 사람들은 자기를 선전하고 무언가를 남에게 파는 데 나름대로 훌륭한 솜씨를 가지고 있다, 하지만 지금 우리에게 결핍되어 있는 것은 침묵이다. 스스로를의도적으로 의미 없는 대화로부터 떨어져 있도록 하는 능력, 남들의 인정 없이 존재할 수 있도록 하는 능력이다. 자신감이 넘치는 사람과 강인한 사람은 침묵을 통해 휴식한다.

셔먼은 어떤 일을 실제로 해야 하거나 생각해야 하는 순간이 오기 전까지는 절대로 그 일에 대해 언급하지 않았다. 미국 자동차 브랜드였던 오번Auburn의 위대한 야구 선수이자 미식축구 선수 보 잭슨은 NFL 드래프트에서 1순위로 지목되고 싶었고 또 MLB에서도뛰고 싶었다. 그는 이 두 가지를 동시에 추구하기로 마음먹었다. 그리고 이 이야기를 자기 여자 친구 딱 한 사람에게만 했다. 고대 그리스의 시인 헤시오도스 역시 '사람이 가지고 있는 가장 큰 보물은 말을 아끼는 혀'라고 말했다.

말은 사람을 고갈시킨다. 말과 행동은 한정된 자원을 놓고 경쟁을 벌인다. 어떤 일을 하는 동안 그에 대해 말을 하는 것만으로도 그 일과 관련된 통찰력은 상당한 수준으로 줄어든다. 그 일에 대해서 생각하고 설명하는 데에 많은 시간을 보내고 나면 마치 그 일을 거의 다 이룬 것처럼 느끼기 시작한다. 게다가 주어진 일이 어려우면 어려울수록 결과는 그만큼 더 불확실해서 자꾸 얘기를 하게 되고, 또 그만큼 실제 행동에서는 점점 더 멀어진다. 심지어 그 일을 보류하는 게 더 나은 선택인 것처럼 느낄 수도 있다. 실제로 실행해보지 않았음에도 불구하고 그 일에 최선을 다했다고 생각하기 때문이다. 이 과정은 소설가 스티븐 프레스필드가 '저항'이라고 불렀던 것, 일을 해나가는 중에 부딪치는 장애물을 극복하는 데 꼭 필요한 에너지를 빼앗아간다. 어떤 일을 온전하게 달성하려면 1백 퍼센트의 노력이 필요한데, 말을 함으로써 이 노력의 상당 부분이 일찌감치 소모되어 버린다는 말이다.

영화배우 말론 브란도는 대부분의 사람들에게 공허함은 끔찍한 경험이라고 말했다. 우리는 일을 하면서 느끼는 두려움, 결과에 대한 불확실성을 몰아내기 위해 끊임없이 말한다. 그 속에서 마주치는 공허를 피하기 위해서도 말을 하고, 침묵이 필요한 상황에서조차 그 고요함을 적대적으로 느끼고 말을 한다. 특히 일을 해나가면서 스스로와 일에 대한 불안이 커지면 에고는 거짓말을 해서라도 내면의 흔들림을 잠재우려고 애쓴다. 하지만 에고에 대한 이런 허용은 누구보다 자기 자신에 지독하게 해롭다. 당신이 이루고자 하는 업적이나 예술적 성과는 그런 말들과 분주함 속에서 만들어지는 것이 아니라 그토록 피하고 싶었던 공허나 불안을 정면으로 맞서는 데에서 탄생하기 때문이다.

무슨 일을 하든 어떤 문제에 부딪치든 당신은 선택해야 한다. 어느 쪽을 선택할 것인가? 말함으로써 얻는 평온한 휴식과 유예를 선택할 것인가, 아니면 정면으로 맞서는 투쟁을 선택할 것인가?

투쟁하기로 선택한 이들은 말하는 대신 구석에서 조용하게 일할 것이다. 내면의 소용돌이를 원료로 삼아서 실질적인 결과를 만들어낼 것이다. 그리고 궁극적으로는 평온함으로 향할 것이다. 그들은 행동하기 전에 남들에게 먼저 인정받으려는 충동을 무시한다. 혹은 남의 시선을 즐기는 사람들이 결국 자기보다 더 나은 결과를 얻지 않을까 하는 마음에 초조해지지도 않는다. 사실 진짜 일을 하느라 바빠서 다른 것은 하지도 못한다. 그들이 입을 열 때는 애초에 의도했던 목적을 이미 달성한 때이다.

일과 잡담 사이의 유일한 진실은 하나가 다른 하나를 죽인다는 사실이다. 그러니 다른 사람들이 서로 칭찬하면서 희희낙락하든 말든 내버려둬라. 잡담을 통해서 당신의 에너지가 조금씩 새어나갈 수 있는 구멍을 아예 막아버려라. 그리고 무슨 일이 일어나는지 살펴봐라. 그것만으로도 당신은 예전에 비해서 훨씬 나아질 수 있다.

지금 우리에게 결핍되어 있는 것은 침묵이다.
자신감이 넘치는 사람과
강인한 사람은 침묵을 통해 휴식한다.

존재할 것인가
행동할 것인가

형성기의 영혼은 아직 세상과 치르는 전쟁에 때 묻지 않았다.
그 영혼은 하나의 순수한 덩어리일 뿐이고 마치 재단되지 않은 원석 상태의 대리석처럼
무엇인가가 되기 위해서 놓여 있다. ─그것은 과연 무엇이 될까?
──**오리슨 스웨트 마든** ORISON SWETT MARDEN

　　현대 전쟁사에서 가장 영향력이 있는 전략가이자 실천가들 가운데 한 명으로 꼽을 수 있는 존 보이드는 진정으로 위대한 전투기 조종사였지만 사실 훌륭한 교사이자 사상가로서의 위상이 더 큰 인물이다. 그는 한국전쟁에 전투기 조종사로 참전한 뒤에 넬리스 공군기지에 있는 전투기 조종사 훈련학교의 수석교관이 되었다. 그는 '40초의 보이드'라는 별명으로 불렸는데, 이것은 어떤 전투기가 어떤 방향에서 나타나든지 40초 안에 격추한다는 뜻이었다. 그가 예편한 뒤에는 국방부장관이 그를 다시 펜타곤으로 불렀고, 거기에서 그의 진정한 인생의 과제가 시작되었다.

　　보통 사람이라면 존 보이드라는 이름을 들어보지도 못했을 가능성이 높다. 그는 자기 이름으로 딱 한 편의 학술 논문만 남겼을 뿐이고, 그의 모습을 담은 몇 편의 동영상 자료만 남아 있으며 언론에

서도 그를 다룬 적이 별로 없었다. 보이드는 30년 가까운 세월 동안 자기에게 주어진 직무를 누구보다 훌륭하게 수행했지만 그가 마지막에 달았던 계급은 대령이었다. 장성 진급도 하지 못했던 것이다. 1975년에 대령으로 예편한 뒤에 그는 완전히 잊힌 것처럼 보였다. 그에게 남은 것이라고는 작은 아파트 한 채와 연금뿐이었다. 아닌 게 아니라 그에게는 친구보다도 적이 더 많았다.

그러나 그가 제시한 이론들은 그가 살았던 당대뿐만 아니라 그 이후까지 군사 분야의 거의 모든 영역에서 기동전機動戰의 개념을 바꾸어놓았다. 하지만 그가 끼친 영향 가운데서 가장 기본적으로 꼽을 수 있는 것은 자문위원으로서 했던 일이다. 그는 1991년 걸프전 당시 바그다드에 대한 연합군의 공습 작전이었던 '사막의 방패 작전'의 전쟁 계획을 수립하는 데 비공식적으로 참여했다. 그리고 그가 변화를 주도하는 데 기본적으로 썼던 방법은 자신이 가르치고 이끌었던 제자들을 통해서 이루어졌다.

또한 보이드는 자기 휘하의 촉망받는 젊은 제자들에게 가르치고자 했던 교훈을 스스로 정확히 실천하며 살았다. 보이드가 1973년에 한 장교에게 했던 말을 보면 그런 사실이 분명하게 드러난다. 그는 자기가 알고 있는 것이 그 젊은 장교의 삶에서 결정적으로 중요한 변곡점이 될 것임을 알았다. 우등생들이 대개 그렇듯이 그 장교는 불안정하고 감수성이 예민했다. 빨리 승진하고 싶었고 또 자기에게 주어진 일이 무엇이든지 잘하고 싶었다. 바람이 불면 어느 방향으로든 휙 날아갈 수 있는 가벼운 낙엽과도 같았다. 보이드는 이 모든 사실을 잘 알고 있었고 그 장교에게 이야기를 하나 해주었다.

"언젠가 자네는 갈림길 앞에 설 것이고 거기에서 가고 싶은 방향이 어느 쪽인지 결정하게 될 거야."

보이드는 두 손으로 양 방향을 가리켰고 한 손을 흔들며 말했다.

"이쪽으로 가면 자네는 중요한 사람이 될 수 있네. 그런데 타협해야 할 것이고 또 친구들에게 등을 돌려야 할지도 몰라. 하지만 출세한 사람들이 모인 클럽의 회원이 될 것이고 승진에 승진을 거듭할 거야. 또 좋은 임무를 맡게 될 걸세."

여기까지 말한 보이드는 잠시 말을 끊었다가 아까와는 다른 손을 흔들었다.

"그런데 이 길로도 갈 수 있네. 이 길로 가면 자네는 중요한 일을 할 수 있지. 조국과 우리 공군 그리고 자네 자신을 위한 일이야. 만일 자네가 그 일을 하고 싶다고 마음을 먹는다면, 승진을 못할 수도 있고 좋은 임무를 맡지 못할 수도 있어. 또한 분명히 말하지만 자네는 상관의 마음에 쏙 드는 부하는 되지 못할 걸세. 그러나 이 길을 가면 자기 자신과 타협하지 않아도 된다네. 친구들이나 자기 자신을 배반하지 않아도 될 거야. 그러면 자네가 하는 일도 소중한 성과를 낼 걸세. 중요한 사람이 될 것인가, 아니면 중요한 일을 할 것인가. 인생을 살다보면 분명히 이 갈림길에 서게 될 텐데, 바로 그때가 자네가 결정을 내려야 할 순간이라네."

이렇게 말한 다음에 그 젊은 장교와 그의 동료들이 평생 가슴에 새기고 살아갈 말로 이야기를 마무리했다.

"존재할 것이냐 행동할 것이냐, 자네는 둘 중 어느 쪽을 선택하겠는가?"

우리가 인생을 살면서 무엇을 추구하든 간에 현실의 냉혹한 실체는 젊은 시절에 품었던 이상을 침해한다. 이 현실이라는 것은 인센티브, 남들에게서 받는 인정 그리고 정치와 권모술수 등 여러 가지 이름과 방식으로 나타나며 우리가 나아가는 방향을 **행동**doing에서 **존재**being로, 그리고 **실제적인 획득**earning에서 **겉치레**pretending로 신속하게 교정한다. 그리고 이 속임수의 과정에 에고가 적극적으로 개입해서 돕는다. 누구든 조심하지 않으면 자기가 하고자 하는 바로 그 일에 의해서 쉽게 타락하고 만다. 보이드가 젊은 장교들이 이 사실을 깨닫기를 바랐던 이유도 바로 여기에 있다.

보이드가 살았던 군대라는 세상에서는 군인의 계급이나 해야 하는 일의 특성 혹은 근무지의 위치 등이 진정한 성취를 대표하는 것으로 쉽게 혼동될 수 있었다. 다른 사람들에게는 직위, 자신이 졸업한 학교의 이름, 부하직원의 수, 주차장의 위치, 보조금, 연봉, CEO와의 접촉 기회, 팔로어의 수 등이 그런 기준이 될 수 있다.

겉으로 보이는 조건들은 늘 사람을 현혹시킨다. **권위를 가진다는 것과 권위 있는 자리에 앉아 있다는 것은 같지 않다. 어떤 것을 할 권리를 가진다는 것과 올바른 존재라는 것 역시 동일하지 않다.** 어떤 사람이 승진한다고 해서 반드시 그 사람이 일을 잘한다는 뜻은 아니며, 또한 그 사람이 가치가 있는 존재라는 뜻도 아니다. **사람들에게 감동을 준다는 것은 감동적인 존재라는 것과는 완전히 다른 문제다.**

자, 그렇다면 당신은 어느 편에 서겠는가? 당신은 어느 쪽을 선택하겠는가? 바로 이것이 인생이 우리 앞에 던져놓은 갈림길이다.

보이드에게는 또 다른 훈련 방법이 있었다. 공군 장교들에게 연설을 할 때면 으레 칠판에 커다랗게 다음 단어를 썼다. **의무, 명예, 조국.** 그런 다음에 이 단어들을 줄로 그어버리고 다음 세 개의 단어로 대체했다. **자만, 권력, 욕심.** 그가 말하고자 한 핵심은 젊은 군인들이 장차 헤치고 나아가야 할 군대 시스템 가운데 많은 것들이 사실은 그들이 드높이고자 하는 가치를 거꾸로 더럽힌다는 것이었다. 역사학자인 윌 듀런트는 국가는 금욕주의자로 태어나서 쾌락주의자로 죽는다는 유명한 말을 남겼다. 긍정적인 덕성들이 어느 순간엔가 변질되고 만다는 것, 바로 이것이 보이드가 설명하고자 했던 슬픈 진실이었다.

사람의 짧은 인생에서 이런 일들이 얼마나 많이 일어나는지 우리는 익히 알고 있다. 바로 이런 일을 에고가 한다. 에고는 우리 인생에서 진정으로 중요한 것들을 줄 그어 지워버리고 그 자리에 중요하지 않은 것들을 앉힌다.

많은 사람들은 세상을 바꾸고 싶어 한다. 당신은 당신이 하는 일에서 최고가 되고 싶어 한다. 그러나 실제 현실에서 보이드가 제시한 두 가지의 세 단어 가운데 어느 쪽이 당신을 붙잡고 있는가? 당신이 지금 실제로 추구하는 것은 무엇인가? 무엇이 당신의 등을 떠밀면서 독려하고 있는가?

보이드가 우리 앞에 제시한 선택은 이렇게 요약할 수 있다. **당신의**

목적은 무엇인가? 당신은 무엇을 하려고 존재하는가? 목적이야말로 '존재냐 행동이냐?'라는 질문에 쉽게 대답할 수 있도록 도와주기 때문이다. **만약 진정 중요한 것이 당신이라면** (즉 당신의 명성, 당신의 소유물, 당신 개인의 안락한 삶이라면) 당신이 걸어가게 될 경로는 분명하다. 어떤 사람에게든 그 사람이 듣고 싶어 하는 얘기를 하면 된다. 이목을 끌지 않지만 중요한 일보다는 사람들이 관심을 기울일 만한 일을 추구해라. 승진을 우선적인 가치로 설정하고, 당신이 속해 있는 업계나 학계 혹은 사회에서 재능 있는 사람들이 통상적으로 택하는 길을 따라가라. 사람들이 좋아하는 것을 하고, 참고 기다리되 모든 것을 원래 있던 그대로 내버려두어라. 명성과 높은 연봉을 좇고 직책을 좇아라. 그리고 그런 것들이 손에 들어오면 즐기면 된다.

"사람은 어떤 일에 노력을 들이면, 그 일이 거꾸로 그에게 노력을 들여서 그 사람을 규정한다." 미국의 노예 해방론자였던 프레드릭 더글러스가 했던 말이다. 그는 원래 노예였으며, 노예제도가 노예 소유주를 포함해서 관련된 모든 사람들을 어떻게 만들었는지 목격했다. 노예 신분에서 해방된 뒤에 사람들이 각자 자신의 경력과 삶에 대해 했던 선택들이 동일한 효과를 발생시킨다는 사실을 알았다. 당신이 시간을 보내기 위해서 선택하는 일이나 당신이 돈을 벌 목적으로 선택한 일이 거꾸로 당신이 어떻게 살아야 할지를 규정한다. 일찍이 보이드가 간파했듯이 자기중심적으로 살아가는 길에서는 수많은 타협을 피할 수 없다.

반면 어려운 환경에 놓인 아이들을 돕는다거나 조직의 시스템을 개선한다거나 하는, 자신보다 더 큰 무언가에 목적을 두고 있다면 갑자기 모든 것은 더 쉬워지고 동시에 더 어려워진다. 당신이 무엇을 중요하게 여기고 무엇을 필요로 하는지 이미 잘 알고 있으므로 그것 외의 다른 것들은 신경 쓸 필요가 없다. 누군가에게 인정받는 것이 아니라 **실천에 관한 문제**가 되므로 당신은 타협할 필요가 없다. 따라서 선택은 쉬워진다. 그러나 보다 엄격한 지침에 따라 평가되어야 한다는 점에서는 더 어렵다. 이 지침이란 과연 내가 하고자 하는 데에 도움이 될 것인가, 내가 할 필요가 있는 것을 하도록 내버려 둘 것인가 하는 것들이다.

이 과정에서 중요한 것은 '나는 인생에서 어떤 사람이 되고 싶은가?'가 아니라 '나는 인생에서 어떤 것을 성취하고 싶은가?'이다. 당신의 선택을 지배하는 원칙은 무엇인가? 당신은 다른 모든 사람처럼 되고 싶은가, 다른 무언가를 하고 싶은가?

보이드는 『손자병법』의 손자나 프로이센의 군인이자 군사 이론가였던 클라우제비츠 이래 그 어떤 이론가도 하지 않았던 방식으로 자기가 속해 있던 분야를 개선했다. 또한 그는 철저하게 검소한 생활을 했기 때문에 '게토 대령ghetto colonel'이라고도 불렸다. 그가 죽었을 때 그의 서랍 하나에는 총 금액이 수천 달러나 되는 수표가 수북하게 들어 있었다. 모두 남에게서 비용 처리 명목으로 받은 것이었는데, 그는 이 수표를 뇌물이라고 생각하고 서랍에 그냥 모아두었던 것이다. 그가 대령 계급에 머물면서 끝내 장성으로 진급하지 못한 것은 그의 탓이 아니었다. 그는 여러 차례 진급 대상에 이름을 올렸지만 끝내 진급의 문턱을 넘지 못했다.

당신이 어떤 권한을 가졌다고 느끼기 시작할 때, 보이드의 인생을 떠올려봐라. 보이드처럼 위대한 사람에게 당신이 얼마나 필적할 수 있을지 생각해봐라. 그리고 또 다음의 질문들에 직면할 때도 그의 인생을 생각해봐라. 내가 이것을 할 필요가 있을까? 혹시 이것은 에고가 작동한 게 아닐까?

자, 당신은 올바른 판단을 내릴 준비가 되어 있는가? 아니면 당신의 존재를 돋보이게 해줄 온갖 멋진 것들이 여전히 눈에 밟히는가?

존재할 것인가 행동할 것인가. 인생은 끝없는 갈림길의 연속이다.

배움의
이유

죽은 사람의 유령이 나타나서 '그때 훈련을 잘못 받아서 이렇게 되었노라'라는
말을 하지 않도록 하라.
— 뉴욕 소방훈련학교 SIGN IN THE NEW YORK FIRE DEPARTMENT TRAINING ACADEMY

1980년대 초 4월 어느 날은 한 기타리스트에게는 악몽이었고, 또
다른 기타리스트에게는 화려한 꿈이었다. 언더그라운드 메탈 밴드
였던 메탈리카가 뉴욕에 있는 한 낡은 창고에서 녹음을 앞두고 있
을 때였다. 밴드 멤버들은 기타를 맡고 있던 데이브 머스테인에게
그를 밴드에서 내보내기로 결정했다고 전했다. 머스테인으로서는
아무런 사전 예고도 없던 방출 통보였다. 머스테인은 이제 남이 되
어버린 동료가 쥐어준 샌프란시스코행 버스표를 받아 들고 돌아서
야 했다. 그리고 같은 날, 엑소더스라는 밴드의 갓 스무 살이 넘은
젊은 기타리스트 커크 해밋이 메탈리카의 기타리스트가 되었고 며
칠 뒤에 그는 메탈리카의 멤버로 첫 번째 공연을 했다.

어떤 사람은 이 사건이야말로 해밋이 평생 기다려왔던 순간이라
고 생각할 수도 있다. 당시에 메탈리카는 대중적으로 유명하지는

않았지만 머지않아 번듯하게 자리를 잡을 탄탄한 밴드로 보였다. 이들의 음악은 이미 스래시 메탈thrash metal이라는 장르의 경계를 확장하고 있었고 폭발적인 스타덤이 이미 시작되고 있었다. 그리고 몇 년 후에는 세계 최고의 밴드들 가운데 하나로 손에 꼽히며 1억 장이 넘는 앨범을 팔게 될 터였다.

커크 해밋은 오랫동안 기타 연주를 해왔고 꿈에 그리던 밴드에 들어갔음에도 불구하고, 기타리스트로서 아직 본인이 원하는 수준에 이르지는 않았다고 겸손하게 생각했다. 그는 더 많은 것을 배우기 위해 기타 선생을 찾았다. 그리고 해밋이 찾아낸 사람은 많은 기타리스트들의 선생이자 스티브 바이와 같은 천재들과 함께 일한다는 명성을 가지고 있던 조 새트리아니였다.

해밋이 남다른 선택을 했던 것은 바로 새트리아니의 연주 스타일 때문이었다. 새트리아니는 거장의 경지가 느껴지는 독특한 기타 연주로 천만 장이 넘는 앨범을 팔았으며 역대 최고의 기타리스트 중 한 사람이기도 했다. 해밋은 자기가 알지 못하는 것을 배우고 싶었고 기본을 더 탄탄하게 한 다음, 스레드 메탈 장르를 쭉 해나갈 수 있으면 좋겠다고 생각했다.

새트리아니는 해밋에게 무엇이 부족한지 확실하게 알았다. 그가 해밋에 대해 말하기를, "커크와 관련해 중요한 것은 그가 찾아왔을 때 그는 이미 진짜 훌륭한 기타 연주자였다는 점입니다. 이미 리드 기타를 연주하고 있었고, 다양한 솔로 주법을 사용해 빠르게 연주하는 슈레딩shredding을 연주 스타일로 하고 있었어요. 그의 오른손은 대단했어요. 커크는 자신이 연주하는 코드의 대부분을 알고 있었죠. 단지 그가 배우지 않은 것은 유명한 연주자들이 서 있던 무대에서 연주하는 법과 자기가 알고 있는 것들을 하나로 연결하는 방법이었어요"

하지만 그렇다고 해서 두 사람이 가르치고 배우는 과정이 재미있고 유쾌한 스터디 모임과 같았다는 뜻은 아니다. 실제로 새트리아니는 해밋이 다른 사람들과 다른 점은 그들은 도저히 견디지 못하는 자신의 지도 방식을 기꺼이 따라온 것이라고 말했다.

해밋을 가르치는 새트리아니의 교수법은 명확했다. 한 주에 한 번씩 교습하는 것, 반드시 알아야 할 것들은 배워야 하는 것, 그리고 만일 해밋이 그 가운데 하나라도 다 익히지 않으면 그의 주변 사람들을 괴롭혀서라도 반드시 해밋이 다시 찾아와서 배우도록 하는 것이었다.

해밋은 2년 동안 새트리아니가 요구하는 것들을 모두 해냈다. 한 주에 한 번씩 그를 찾아가서 객관적인 피드백을 받았고 장차 수천 수만 명 그리고 더 나아가 수십만 명 앞에서 연주하게 될 기술과 거기에 필요한 이론들을 다듬었다. 2년이 지난 뒤에도 밴드에서 연습하던 리프들이나 짧은 릭들을 새트리아니에게 가지고 오곤 했다. 그리고 **더 많은 것을 추구하려는 본능**을 줄여나가는 방법을 배우고, 보다 적은 수의 음표로 보다 많은 것을 연주할 수 있는 법과 그 음표들을 느끼고 또 표현하는 법을 익혔다. 그렇게 배울 때마다 그는 연주자로서 또 예술가로서 조금씩 더 나아졌다.

무엇인가를 배우는 학생의 신분이 발휘하는 힘은, 단지 배운다는 사실이나 그 기간에서 시작되는 게 아니다. 그 힘은 자기의 에고와 야망을 다른 사람에게 넘겨준다는 데에서 비롯된다. 선생이 자기보다 훨씬 뛰어나다는 점을 인정하면서 에고가 작동할 수 있는 상한선이 생긴다. 이때 학생은 선생의 말에 귀를 기울인다. 에고가 날뛰지 않으니 학생이 고개를 숙이는 것은 겉치레가 아닌 진심이다.

사람은 누구나 자기보다 잘난 사람이 있다는 사실을 달가워하지 않는다. 같은 맥락에서 배워야 할 것들이 아직 많이 남아 있다는 사실 또한 쉽게 인정하지 않는다. 자기는 이미 모든 학습 과정이 다 끝났고, 무엇이든 할 수 있도록 준비된 상태이기를 바란다. 그러나 그 바람을 실제라고 착각하는 순간 당신은 원하는 것으로부터 멀어지고 당신의 실력은 뒷걸음질 친다.

이때 당신의 재능이 예전보다 나아지지 않았음을, 심지어 퇴보했음을 정확히 판단하고 평가하는 것은 힘들지만 필요한 일이다. 이렇게 할 수 있을 때 비로소 당신이 공부하고 있는 분야의 정점에 설 수 있다. 모르면서도 아는 척 하는 것은 가장 위험한 악덕이다. 그것은 개선의 여지를 원천적으로 막아버리기 때문이다. 그러므로 객관적이고 냉철한 자기 평가를 통해 그런 악덕을 경계해야 한다.

해밋은 이렇게 노력한 덕분에 세계 최고 수준의 기타리스트가 됐고, 언더그라운드의 스래시 메탈을 세계적인 음악 장르로 만들었다. 그뿐만이 아니다. 새트리아니 본인도 해밋을 가르치면서 연주 기술을 더 연마해 더 나은 기타리스트가 되었다. 학생과 선생 모두 음악적 지평을 새롭게 열었던 것이다.

이종격투기의 개척자이자 여러 체급을 동시에 석권했던 프랭크 샴락도 자기만의 훈련 방식을 가지고 있었다. 그는 이것을 '플러스, 마이너스, 이퀄'이라고 불렀는데 위대한 선수가 되고자 하는 격투기 선수라면 자기보다 기량이 나은 사람과 자기가 가르칠 수 있는 사람 그리고 기량이 자기와 비슷한 사람이 있어야 한다는 말이었다.

샴락의 이런 공식이 가지고 있는 의도는 단순하다. 이종격투기 선수라면 자기가 알고 있는 것과 모르는 것을 가능한 모든 각도에서 실질적이고도 지속적으로 평가받고 보완받아야 한다. 이런 방법은 거드름을 부리는 에고와 자기 기량을 의심하게 만드는 두려움, 그리고 관성의 힘에만 의존하려는 게으름을 일절 허용하지 않는다. 이와 관련해서 샴락은 다음과 같이 말했다.

"자기 자신에 대한 잘못된 생각은 스스로를 망가뜨린다. 나는 늘 배우는 학생의 자세를 유지한다. 바로 이것이 무술이 지향하는 바이고 무술인은 이런 겸손이 몸에 배어 있어야 한다. 배우고자 하는 사람이라면 자기가 신뢰하는 사람 앞에 고개를 숙여야 한다."

이 배움의 과정은 다른 사람들이 나보다 더 많은 것을 알고 있으며 또한 내가 그 사람들에게서 배울 수 있음을 인정하고, 자기 자신에 대해서 품고 있는 잘못된 환상을 찾아내 깨부수는 것에서부터 시작된다.

배움을 추구하는 학생의 마음가짐은 음악이나 격투기에만 필요한 게 아니다. 과학자는 과학의 핵심 원리와 최첨단 분야에서 나타나는 새로운 발견들을 공부해야 한다. 철학자는 깊이 알되 소크라테스가 했던 말마따나 자기가 아는 게 얼마나 변변찮은지 알아야 한다. 작가라면 고전 작품들을 두루 알고 있어야 하고 또 동시대의 다른 작가들의 작품을 읽고 거기에서 위기감도 느껴봐야 한다. 역사가는 자기의 전공 분야는 말할 것도 없고 고대사와 근현대사까지 두루 꿰어야 한다. 운동선수는 코치진을 갖추고 있어야 제대로 성장할 수 있으며, 또 강력한 정치인은 조언을 해주는 사람을 다방면으로 두루 두어야 한다.

왜 그래야 할까? 지속적으로 발전하기 위해서 자기 분야의 토대가 되는 것들과 그를 둘러싸고 있는 것들을 내면화하되, 그것들이 낡은 것으로 남지 않도록 끊임없이 업데이트해야 하기 때문이다. 그러기 위해서 늘 배워야 한다. 자기 자신의 선생이 되고 학생이 되고 또 비평가가 되어야 한다.

당신이 만일 해밋이었다면, 그래서 어느 날 갑자기 록스타가 되었다거나 혹은 몸담고 있는 분야에서 조만간에 최고의 반열에 오른다고 상상해보라. 어떤 유혹이 따를까? '드디어 나는 해냈고, 정상에 도달했다. 사람들이 정상에 서 있던 다른 녀석 대신 나를 선택했다. 그 친구는 나만큼 잘하지 못하고, **나는 필요한 자질과 능력을 가지고 있기 때문이다.**' 해밋이 이렇게 생각했다면 우리에게는 아마도 해밋이나 그의 밴드 이름을 들어볼 기회가 주어지지 않았을 것이다. 실제로 1980년대 이후로 얼마나 많은 메탈 밴드들이 나타났다가 흔적도 없이 사라졌는지 모른다.

진정한 학생은 스펀지와 같다. 자기 주변에 있는 것은 무엇이든 빨아들이고 거른 다음에 빠져나가지 못하도록 단단하게 움켜잡는다. 학생은 늘 스스로를 돌아보고 동기부여하며 나아가서는 자기가 알고 있는 것을 끊임없이 개선하려고 노력한다. 그래서 다음 주제, 다음 도전 과제로 넘어갈 수 있도록 자기의 역량을 키운다. 그러니 거기에 에고가 들어설 여지는 전혀 없다.

격투기에서는 특히 명확한 자기인식이 결정적으로 중요하다. 상대방은 자기의 강점으로 끊임없이 나의 약한 부분을 찾아서 공격하기 때문이다. 만일 격투기 선수가 날마다 배우고 연습하지 않는다면, 부족한 부분을 개선하고 약점을 보강하면서 새로운 기술을 배우려고 노력하지 않는다면 머지않아 패배자가 되어 링 위에 드러눕게 될 것이다.

이런 사실은 격투기 선수가 아니더라도 마찬가지이다. 우리는 모두 무언가에 맞서서 싸우고 있다. 당신이 이루고자 하는 목표에 도달하기 바라는 사람이 당신 외에는 없을 거라고 생각하는가? 설마 당신만이 유일하게 그 성공을 거둘 수 있다고 믿고 있는가? 위대한 사람들은 자신감은 넘쳤어도 언제나 배운다는 자세로 겸손함을 잃지 않았다.

"자기가 이미 알고 있다고 생각하는 것을 배우기란 불가능하다." 고대 그리스의 철학자 에픽테토스가 한 말이다. **만약 당신이 이미 알고 있다고 생각한다면 당신은 결코 그것을 배울 수 없다.** 당신이 자만심과 자기 확신이 너무 강해 질문하지 않는다면 결코 답을 찾지 못할 것이다. 스스로 자신이 최고라 확신하는 사람은 절대 발전할 수 없다.

타인으로부터의 피드백을 받아들이는 기술은 인생에서 매우 중요하다. 특히 날카롭고 냉혹한 피드백일수록 더 그렇다. 친구나 가족, 주위의 뛰어난 사람들이 당신에게 칭찬과 격려를 보낼수록 그런 냉정한 비판과 비평을 적극적으로 요청하고 얻으려고 노력해야 한다. 그러나 에고는 어떻게든 이런 반응을 피하려고 한다. 하기야 그 누가 쓴소리를 듣고 싶어 하고 자기 스스로 개선 훈련을 다시 하고 싶겠는가? 에고는 자기 자신에 대해 이미 잘 알고 있고 자기는 완벽하고 천재인데다 정말 창의적이며 특별하다고 여긴다. 그래서 이대로도 충분하다고 말한다.

에고는 또한 시간을 들여 스스로를 성장시키는 것도 허용하지 않는다. 우리는 오랜 배움 속에서 모호함이나 역설과 씨름한 후에야 우리가 궁극적으로 원하는 곳에 가 닿을 수 있다. 이 과정에서 나는 충분히 알지 못한다는 깨달음, 지속적으로 배워야 한다는 겸손만이 우리를 거기에 데려다준다. 그러나 에고는 그런 인내를 견디지 못하며 오히려 약점으로 보고 패배자의 태도라고 몰아붙인다. 그리고 이미 우리 안에는 이미 충분한 재능과 능력이 있다고 속삭이며 자기만의 상상에 사로잡히는 것이다.

투자자에게 처음으로 사업에 대해 이야기할 때나 공연의 마지막 리허설을 할 때처럼 우리가 준비해온 일들을 세상에 내보이려 할 때 에고는 적이다. 그것은 우리에게 사악한 피드백을 해주며 현실 감각을 잃게 만든다. 더 나아질 필요가 없다는 말로써 개선될 수 있는 여지를 막아버린다. 그런 뒤에 어째서 우리가 원하던 결과가 나오지 않았는지, 왜 다른 사람들은 더 나아지고 그들이 거둔 성공은 더 오래 지속이 되는지 궁금해 할 뿐이다.

학생이 준비가 되어 있을 때 비로소 선생이 나타난다는 옛말이 있다. 해밋은 이미 최고의 기타리스트였음에도 더 배우고자 했고 새트리아니라는 좋은 선생을 찾아냈다. 그는 준비가 되어 있는 학생이었다. 해밋은 배움의 대가로 새트리아니에게 돈을 지불했지만 인생에서 이렇게 비용을 들여야만 하는 선생들만 있는 것은 아니다. 더욱이 요즘은 방대한 지식과 지혜를 담은 수많은 책들이 있고 인터넷상에서 무료 강좌나 영상들을 쉽게 찾아볼 수도 있다. 역사 속 많은 사람들은 자기가 가르침을 주고 있다는 사실조차 모르는 채로 우리에게 좋은 본보기가 되어주기도 한다.

그러나 에고의 목소리에 귀를 기울인다면 학생이기를 포기해버리는 것과 같다. 에고는 우리에게 필요한 냉철한 피드백을 우리로부터 멀리 밀어내거나 아예 차단해버린다. 결국 우리는 더 나아지는 길에서 내려와 그 자리에 멈춰서거나 혹은 퇴보하고 만다. 만일 당신이 목표하는 바가 있다면, 더 발전하기를 원한다면 에고의 목소리로부터 귀를 닫아라. 당신은 아직 더 많이 알아야 하고, 배워야 한다. 당신이 배우고자 하지 않는다면 아무것도 달라지지 않을 것이다.

만약 당신이 이미 알고 있다고 생각한다면
당신은 결코 그것을 배울 수 없다.
스스로 자신이 최고라고 확신하는 사람은
절대 발전할 수 없다.

열정이라는
병

열정. 모두가 열정을 말한다. 자기만의 열정을 찾아라. 열정적으로 살아라. 당신의 열정으로 세상을 감화시켜라.

사람들은 열정을 찾고, 자기 안의 열정에 불을 붙이려고 버닝맨 Burning Man 축제에 참가한다. 이 축제는 미국 네바다 주의 블랙록 사막에서 열리는 연중행사로, 행사 기간 중 토요일 밤이 되면 축제를 상징하는 나무로 만든 거대한 인물상을 불태운다. 테드TED 강연도 그렇고 사우스바이사우스웨스트SXSW(미국의 텍사스 주 오스틴에서 매년 봄에 열리는 음악 페스티벌로 음악뿐만 아니라 영화, 게임 페스티벌, 콘퍼런스 등을 주관한다—옮긴이)를 비롯한 온갖 축제나 행사, 회의 모두가 열정을 주제로 개최된다.

그런데 그런 행사들이 말하지 않는 진실이 있다. 어쩌면 당신이 힘과 영향력을 발휘하지 못하도록, 중요한 성취를 이루지 못하도록 가로막는 것도 바로 그 열정일지도 모른다는 사실이다. 열정 때문에 실패하는 경우는 너무도 많다.

미국의 여성 사회운동가이자 정치가인 엘리노어 루스벨트가 정치적인 주가를 한창 올리던 초기에 한 사람이 그녀를 찾아왔다. 그는 사회입법에 대한 그녀의 '열정적인 관심'에 대해 이야기했다. 물론 이 사람은 존경의 뜻으로 그 말을 했지만 루스벨트의 반응은 기대와 달랐다. "예, 나도 그 대의를 지지합니다. 하지만 아무리 생각해도 '열정적인'이라는 단어는 나하고 맞지 않는 것 같군요."

루스벨트는 빅토리아 시대의 미덕이 여전히 살아 있던 시절에 태어났고, 우아한데다 재능과 끈기도 있는 여성이었다. 그녀는 열정 그 이상의 것, 바로 목적의식과 방향성을 가지고 있었다. 그녀의 등을 떠민 것은 **열정**이 아니라 **이성**이었다.

반면에 조지 W. 부시, 딕 체니 그리고 도널드 럼스펠드는 이라크에 대한 열의를 가지고 있었다. 미국 문화의 물질주의에 절망한 나머지 알래스카 황야로 떠났던 크리스토퍼 맥캔들리스도 '야생 속으로' 몸을 던질 때 열정으로 활활 타올랐다. 또 영국의 탐험가 로버트 팔콘 스콧이 남극을 탐험하러 떠날 때 그는 소위 '남극에 미쳐 있었다'고 할 만 했다. (1996년에 에베레스트 등정에 올랐다가 비극적인 최후를 맞았던 많은 사람들 역시 심리학자들이 말하는 이른바 '죽음을 불사하는 목표 집착$_{goalodicy}$'에 순간적으로 사로잡혔다.) 세그웨이를 발명한 사람과 투자자들은 세계를 바꿀 혁신적인 기술이 자기들 손 안에 있다고 믿고 모든 것을 거기에 쏟아부었다. 재능이 넘치고 똑똑한 이 사람들은 각자 본인이 추구하던 것을 열렬하게 신봉했다. 그러나 이들은 주변 사람들이 우려하던 현실적인 문제들과 온갖 장애물들에 대해서는 따로 대비하지 않았고 그것들을 극복할 역량도 갖추지 못했다.

이런 일은 당신이 들어본 적 없는 수많은 기업가, 작가, 요리사, 정치인, 디자이너 등에게서도 똑같이 일어났다. 그리고 아마도 앞으로도 그 이름들을 들을 일은 없을 것이다. 이들은 어설픈 다른 아마추어들과 마찬가지로 열정은 가지고 있었지만 다른 것은 가지고 있지 않았기 때문이다.

분명히 밝히지만 내가 말하는 것은 어떤 것에 대한 지속적 관심과 노력이 아니라 다른 종류의 열정이다. 끝없는 열광, 열의를 다해 내 앞에 놓인 것들을 기꺼이 물고 늘어지겠다는 마음, 위대한 스승들이 가장 중요한 자산이라고 강조했던 '원동력'과 같은 것들 말이다. 그런 열정은 야심 가득한 목표를 이루겠다거나 혹은 그런 시도를 하고 싶어 하지만 결코 충족될 수는 없다. 이것은 겉으로 보기에 아무런 해가 될 것 같지 않지만 사실은 우리가 가야 할 길을 해치고 있다. '미친 놈'을 그럴듯하게 표현하는 말이 '열성적인 사람'이라는 것을 기억해야 한다.

퍼디낸드 루이스 앨신더 주니어라는 농구 선수는 UCLA에 있을 때 세 차례나 팀을 전국대회 우승으로 이끌었는데, 자기 팀의 유명한 감독이었던 존 우든의 지도 방식을 한 단어로 표현했다. 바로 '**감정에 좌우되지 말 것**dispassionate'이었다. 다시 말해서 열정에 사로잡히지 말라는 말이었다. 우든은 열광적으로 말하거나 선수들의 감정을 고무시키지 않았다. 쓸데없는 감정은 오히려 짐만 될 뿐이라는 게 그의 생각이었다. 자기 절제 속에서 제 역할에 충실하되 '열정의 노예'가 되지는 말자는 것이 그가 강조한 핵심이었다. 루이스 앨신더 주니어는 이후 이슬람교로 개종했고, '신의 고결한 하인'이라는 의미의 카림 압둘 자바Kareem Abdul-Jabbar로 개명했다.

그 누구도 엘리너 루스벨트나 존 우든 혹은 NBA의 위대한 선수인 카림을 열정 없는 사람이라고 하지는 않을 것이다. 또한 이들이 지나치게 산만하거나 열성적이었다고 말하는 사람도 없을 것이다.

역사상 가장 영향력이 컸던 여성 활동가 중 한 명이었으며 미국에서 가장 중요한 퍼스트레이디였던 엘리너 루스벨트를 생각할 때 가장 먼저 떠오르는 것은 우아함과 평정심 그리고 방향감각이다. 또한 존 우든은 12년 동안 열 번이나 우승했고 그 가운데 일곱 번은 연승이었다. 이 놀라운 위업이 가능했던 것은 그가 우승을 위한 시스템을 개발했고 또 선수들이 이를 잘 따라주었기 때문이다. 이들을 성공으로 이끈 것은 열정이 아니었다. 자기가 되고자 하는 사람이 되는 것은 오랜 세월에 걸쳐 부단한 노력을 기울여야 하는 일종의 축적 과정이다.

인생에서 부딪치는 복잡한 문제나 기회라는 것은 대담함과 용기를 가지고 뛰어들어야 하는, 누군가의 발길이 닿지 않은 깊은 연못과 같은 것이 아니라 오히려 먼지로 뒤덮여 한 치 앞도 보이지 않고 수많은 반대로 막혀버린 길과 같다. 이런 상황에서 진정으로 필요한 것은 열정이 아닌 명확함, 계획적인 신중함 그리고 방법론적인 확인이다. 하지만 우리가 취하는 태도는 대부분 이것과 거리가 멀고 현실은 달콤하지 않다.

생각 : 나는 가장 멋지고 또 위대한 _____을 하고 싶다. 최연소가 되고 싶고 유일하게 _____한 사람이 되고 싶다. 그야말로 '최초이자 최고'가 되고 싶다.

조언 : 당신이 그 목표를 이루려면 반드시 단계적으로 밟아나가야만 하는 게 있다.

현실 : 사람은 자기가 듣고 싶은 대로 듣고 자기가 하고 싶은 것을 한다. 믿을 수 없을 만큼 바쁘고 매우 열심히 일한다. 하지만 실제로 성취하는 것은 별로 없고 최악의 경우에는 한 번도 상상해보지 않았던 혼란 속에 빠지고 만다.

사람들은 대부분 성공한 사람들의 열정에 대해서만 듣기 때문에 실패한 사람들도 그들과 똑같은 열의를 가지고 있었다는 사실을 모른다. 그러나 실패한 이들의 궤적을 살피기 전에는 열정이 어떤 결과를 가져다주는지 제대로 알아차리지 못한다. 세그웨이의 발명가와 투자자들은 이 제품에 대한 수요가 폭발적으로 늘어날 것이라고 잘못 생각했다. 이라크 전쟁을 지지한 사람들은 전쟁에 대한 반대 의견을 철저히 무시했다. 그것은 자신들이 믿고 있고 믿어야 하는 것과 상충된 의견이었기 때문이다. '야생 속으로' 몸을 던진 크리스토퍼 맥캔들리스가 맞이한 불행한 결말은 젊은이들이 흔히 사로잡히는 지나친 순진함과 부족한 준비에 따른 결과였다.

나폴레옹이 러시아 침공을 계획하면서 열정으로 가득 차 있던 모습을 쉽게 상상할 수 있다. 그러나 나폴레옹은 비참하게 패배했고 러시아 정복에 실패했다. 그는 처음에 자신만만한 위세를 자랑하며 이끌고 갔던 대부대 가운데 겨우 일부만을 이끌고 고향으로 돌아왔다. 그런 나폴레옹에게서 처음의 그 뜨겁던 열정은 찾아볼 수 없었다.

이밖에도 많은 사례에서 그와 동일한 실수를 확인할 수 있다. 지나치게 많은 자금을 투자한다든가, 충분한 준비가 되기도 전에 무작정 시작한다든가, 정교함을 필요로 하는 부분들을 아예 없애버린다든가 하는 것이 그렇다. 이것은 악의가 있어서가 아니라 맹목적인 열정에서 비롯된 결과이다. 열정이 피어오를 때에는 좋을 수 있지만 그 영향력은 소름끼칠 만큼 무섭기 때문에 당신은 다른 사람들과 자기 안에 있는 열정을 냉정하게 간파할 수 있어야 한다.

자기가 어떤 사람이 되겠다고, 어떤 성공을 이룰 거라고 자세히 말하는 사람들은 그 목표를 언제 달성할 것인지도 정확히 짚어 말한다. 또 미리부터 그 성공을 이루었을 때 지게 될 부담에 대해 정말 진지하게 하소연할 수도 있다. 성공하고 나서 하고 싶은 것들을 이야기할 수도 있고, 심지어 이미 그것을 하고 있을지도 모른다. 하지만 이들은 성공을 위해 거쳐야 할 과정에 대해서는 절대 이야기하지 못한다. 그들 머릿속에 그 과정이라는 게 아예 없거나 혹은 거의 찾아볼 수 없기 때문이다. 그래서 그들은 때로 바쁘게 움직이며 일을 하면서도 아무 것도 이루지 못한다. 이것이 바로 열정의 역설이다.

광기를 '같은 행동을 몇 번이고 반복하면서 다른 결과가 나오기를 기대하는 마음 상태'라고 정의한다면, 열정은 비판적 인지 기능을 무디게 만드는 정신적 방해의 한 형태라 할 수 있다. 나중에 돌이켜볼 때 열정으로 인한 낭비는 얼마나 끔찍한 일인지 모른다. 아스팔트 바닥에서 헛바퀴를 돌면서 스스로를 태우는 타이어처럼 인생 최고의 날들을 그저 쓸데없이 버리는 셈이다.

열정이 무언가에 대한 것이라면 목적은 출발점과 방향을 가지고 열정에 우선하는 것이다. 이를 테면 열정을 '나는 _____ 에 대해서 열정을 가지고 있다'라는 식으로 설명할 수 있다면 목적은 '나는 _____ 을 해야 한다' '나는 _____ 을 위해서 노력해야 한다' '나는 _____ 로 갈 것이다'에 대한 것이다. 열정이 우리를 들뜨게 하거나 가라앉게 하는 반면 목적은 우리의 감정을 휘두르지 않고 그 자체로 존재한다. 그럼으로써 열정에 방향성을 부여하고 뜻대로 기능한다. 그러므로 성공을 원한다면 '목적'을 가져야 한다. (물론 성공 그 자체가 목적이 될 수도 있다.)

또한 당신은 현실주의가 필요하다. 이것은 이상보다 현실을 중시하는 사고이자 태도이고 그를 바탕으로 한 객관적 거리두기이자 균형이다. 당신이 이루고자 하는 바(목적)를 위한 이성적이고 실제적인 행동양식이다. 어디에서부터 무엇을 맨 먼저 시작할지, 어떤 방법이 조금 더 효율적인지와 같은 문제에서 올바르게 판단하는 근거가 된다.

"위대한 열정은 희망이 없는 만성 질병이다." 괴테가 했던 말이다. 신중하고 목적의식을 가진 사람은 흔들림이나 아픔을 넘어서서 제 갈 길을 잘 헤쳐나간다. 이들은 열정으로 모든 것을 혼자 해결하려고 하는 대신 **전문가들을 고용하고 이들을 활용한다.** 그들에게 무엇이 잘못될 것인지 묻고 비상 상황에 대비한 계획을 미리 세워둔다. 그런 다음에야 비로소 경주에 나선다. 또한 처음에는 보폭을 짧게 해서 한 걸음씩 걸어가고 다음에는 어떻게 하면 더 나아질 수 있는지 피드백을 구한다. 원하는 바를 얻은 다음 거기에서부터 다시 더 많은 것을 얻어내려고 한다. 대개는 그렇게 성취한 것을 지렛대로 삼아서 기하급수적으로 성장한다.

한밤중에 의식의 흐름에 따라 장문의 이메일을 써 보내거나 누군가를 놀라게 하려고 비행기를 타고 날아가는 일, 단 한 번의 승부에 가진 돈을 몽땅 털어넣는 일은 생각만으로도 흥분되고 흥미롭지 않은가? 이에 비해 같은 훈련을 반복하거나 꽉 짜여진 회의나 출장, 완벽하게 정리된 스프레드시트, 정교하게 짜인 시스템과 같은 것들은 그다지 매력적으로 느껴지지 않는다. 앞의 것들은 당신을 흥분시키지만 무언가를 실제적으로 이루어내는 것은 그 뒤에 언급한 것들이다.

목적이 함수라면 열정은 함수 바깥에 존재한다. 당신이 하고 싶은 중요한 일이 있다면 그것을 해나가는 데 필요한 것은 바로 이 함수다. 당신은 원하는 값을 도출하기 위해 정교한 계획을 세우고 무엇이 필요한지 따져보고 여러 가지를 고려해야 한다. 여기에 열정은 우선될 수 없으며 순진한 믿음도 필요하지 않다. 열정은 아마추어에게나 어울리는 말이다. 마음이 쓰이거나 되고 싶은 어떤 것이 아니라 무슨 일을 해야 하고 무슨 말을 해야 하는지 분명히 해야 한다.

프랑스의 정치가이자 외교관이었던 탈레랑 페리고르Talleyrand-Périgord가 외교관들에게 했던 말이 있다. "무엇보다 중요한 것은 지나친 열정에 사로잡히지 않는 것이다." 이 말을 기억하기 바란다. 그때 비로소 당신은 위대한 일들을 할 수 있다. 지나친 열정으로부터 벗어날 때 좋은 의도를 가졌지만 실제로는 무능했던 예전의 자기 자신으로부터 당신은 벗어날 수 있을 것이다.

당신이 성공하기를 원한다면 목적을 가져야 하고
현실주의적인 태도를 취해야 한다.
무엇보다 중요한 것은
지나친 열정에 사로잡히지 않는 것이다.

나를 위한
캔버스 전략

위대한 사람들은 거의 언제나 명령을 따를 준비가 되어 있었고,
결국 나중에는 자기의 위대함을 입증했다.
—마혼 경 LORD MAHON

로마의 예술과 과학 체계에는 오늘날의 우리와 부분적으로 비슷한 개념 하나가 있다. 성공한 기업가나 정치인 혹은 부유한 한량들이 작가나 화가와 같은 수많은 예술가들을 후원했다는 점이다. 이 예술가들은 돈을 받는 대가로 예술 작품을 제공했지만 그 이상으로 보호받았고 음식과 선물을 받는 값으로 많은 일들을 해주었다. 그들이 했던 많은 역할 중 하나가 '안테암불로anteamblo', 즉 길라잡이였다. 이들은 자기 후원자가 로마 어디를 가든지 선두에 서서 길을 열고, 사람들과의 대화를 중개하고 또 후원자가 편하게 생활할 수 있도록 도왔다.

로마의 유명한 풍자 시인이었던 마르티알리스는 여러 해 동안 이 역할을 충실하게 수행했는데, 그의 후원자는 유명한 스토아 철학자이자 정치적 조언자였던 세네카의 형제로, 부유한 상인이었던 안네

우스 멜라였다. 가난한 집안에서 태어났던 마르티알리스는 페틸리우스라는 또 다른 상인의 후원을 받으면서 그를 위해서도 일했다. 그는 하루 대부분의 시간을 부유한 두 후원자의 집을 오가면서 그들에게 봉사하고 존경심을 표했으며 그 대가로 약간의 돈과 편의를 제공받았다.

사실 마르티알리스는 자기가 봉사하는 그 모든 시간의 1분 1초까지도 증오했다. 그는 자기의 후원자들과 같은 대지주처럼 살고 싶었고, 그런 생활을 하는 데 필요한 돈과 온전하게 자기 소유인 저택을 원했다. 그래서 언젠가는 독립하기를 희망했다. 그의 글에는 때로 로마 상류층을 향한 증오와 신랄함이 묻어나는데, 마르티알리스는 자기가 그들로부터 잔인할 정도로 따돌림을 받는다고 믿고 있었기 때문이다.

이런 무기력한 분노에 휩싸여 있었음에도 불구하고 마르티알리스가 깨닫지 못한 게 있었다. 그가 오늘날까지도 살아남은 로마 문화를 생생하게 통찰할 수 있던 것은 바로 로마 사회에서 그가 차지하고 있던 '국외자'라는 독특한 지위 덕분이라는 사실이다. 그런데 만약 마르티알리스가 그 제도에 고통스러워하지 않고 타협할 수 있었다면 어떻게 되었을까? 그 제도가 가져다준 기회에 고마워했다면 어땠을까? 그랬다면 아마도 그 제도가 그를 완전히 집어삼켜 버리지 않았을까?

이것은 세대와 사회를 초월하여 공통적으로 벌어지는 일이다. 인정받지 못한 천재는 존경하지 않는 사람을 위해서 좋아하지 않는 일을 억지로 해야만 한다. 적어도 세상에서 성공하려면 그런 일을 피할 수 없다. **어떻게 나를 이처럼 비굴하게 굽실거리게 강요할 수 있단 말인가! 이건 부당하다! 낭비다!** 이렇게 분노해도 소용없는 일이다.

요즘 청년들은 자기 경력에 견주어볼 때 조건이 좋지 않은 일들을 하기보다는 차라리 부모 집에 얹혀서 살려고 하며, 이런 경향은 점점 커지고 있다. 이런 모습은 자기 조건에 맞지 않는 사람은 만나지 않으려 한다거나 두 걸음 앞으로 나아가기 위해서 한 걸음 뒤로 물러서는 굴욕을 감수하려 하지 않는 데서도 확인할 수 있다. 이들은 이렇게 생각할지도 모른다. **'얻는 게 하나도 없는 자폭의 길을 택하더라도 그 사람들이 나보다 우월한 입장에 서도록 내버려두지 않겠어.'**

어떤 사람이 처음 일자리를 얻어서 출근하거나 새로운 조직에 들어간다고 생각해보자. 이때 이 사람은 보통 "다른 사람들의 기분을 좋게 해라. 공손하게 머리를 숙이고 상사를 잘 보좌해라"와 같은 조언을 듣는다. 하지만 이런 행동은 높은 경쟁률을 뚫고 취직에 성공한 청년이 듣고 싶은 말은 아니다. 예컨대 하버드대학교 졸업생이 기대함직한 말은 분명 아니다. 어쨌거나 이런 청년들은 그런 수치와 굴욕을 피하려고 그렇게 좋은 대학교에서 학위를 받았을 테니까 말이다.

그럼 한 번 뒤집어서 생각해보자. 그것이 그렇게 모욕적인 일일까? 그 일은 누군가에게 굽실거리는 일이 아니라 **다른 사람이 멋있어질 수 있도록 지원하는 일이다.** 다른 사람이 그림을 그릴 수 있도록 캔버스를 찾아주는 일이다. 즉, 길라잡이가 되라는 말이다. 자기보다 높은 사람이 막힘없이 앞으로 나아갈 수 있도록 길을 터준다면 궁극적으로 자기 자신을 위한 길을 만들어낼 수 있다.

사회생활을 막 시작할 때 당신은 몇 가지 본질적이고도 현실적인 문제에 부딪친다. (1) 당신은 본인이 생각하는 것만큼 훌륭하거나 중요한 인물이 아니다. (2) 지금 당신의 태도는 새롭게 속한 사회나 조직에 맞게 조정될 필요가 있다. (3) 당신이 안다고 생각하는 것의 대부분 혹은 책이나 학교에서 배운 것의 대부분은 구닥다리이거나 잘못된 것이다.

하지만 이런 문제들을 해결할 수 있는 멋진 방법이 하나 있다. 이미 성공한 사람이나 조직에 자기 정체성을 맞춰서 양쪽 모두를 동시에 높이려고 노력하는 것이다. 자기만의 영광을 추구하는 것이 분명 매력적이겠지만 조직 내에서 그 방법은 썩 효과적이지 않다. 고개를 숙이는 일은 후퇴가 아니라 전진하는 방법이라는 것을 기억해야 한다.

한편 이런 태도는 또 다른 효과를 발휘한다. 당신 경력에서 중요한 시기에 에고를 억눌러줌으로써, 다른 사람들의 비전이나 그들이 나아가는 길을 가로막지 않으면서도 가능한 모든 것을 스펀지처럼 빨아들이도록 해준다.

많은 사람들이 벤자민 프랭클린이 사일런스 도굿Silence Dogood이라는 가명으로 글을 썼다는 사실을 알고 있을 것이다. 16세의 프랭클린은 고등교육의 장점에서부터 언론의 자유에 이르기까지 여러 주제에 대한 사설을 자기 형이 편집장으로 있던 신문사에 익명으로 기고했었다. 당시 그가 쓴 글들은 엄청난 인기를 끌었고, 그 덕분에 실제로 이득을 본 사람은 신문사의 소유주였던 그의 형이었다. 프랭클린의 글을 신문 1면에 정기적으로 실어서 독자를 끌어들였던 것이다. 프랭클린은 익명의 글쓰기를 오랫동안 계속하면서 여론이 어떻게 작동하는지 배웠고 자기가 믿는 것을 사람들이 인식하도록 만들었으며, 또한 이 과정에서 자기만의 문체와 위트를 개발했다.

익명의 글쓰기는 그가 그 후로도 자주 구사했던 일종의 전략이었다. 심지어 한 번은 제3의 경쟁자를 견제하기 위해서 그의 신문에 익명으로 글을 발표하기도 했다. 이렇게 한 이유는, 다른 사람들에게 스포트라이트를 돌리고 자기 생각을 마치 그들의 것인 양 내버려두는 것이 자기에게도 변함없이 이득이 된다는 것을 알았기 때문이다.

슈퍼볼 우승컵을 네 번이나 거머쥔 뉴잉글랜드 패트리어츠의 감독인 빌 벨리칙은 당시 코치진이 정말 싫어하던 경기 기록 영상을 분석하는 일을 맡아 진심을 다해서 하고, 그 방면의 달인이 됨으로써 NFL 순위에 그의 업적을 남겼다. 그가 NFL에 처음 발을 디딘 팀은 볼티모어 콜트였는데, 그는 무급이던 영상 분석 작업을 기꺼이 맡아서 했다. 그리고 경기와 관련된 정보와 결정적 전략을 팀에 제공했고, 그의 반짝이는 통찰력으로 얻은 성과는 자기보다 높은 위치의 코치진 앞으로 고스란히 돌아갔다. 그는 다들 지루하고 힘든 일이라 생각하던 그 일을 잘 해냈다. 다른 이들이 하찮다고 여겼던 일을 최고로 잘 하려고 노력했다. 코치 한 사람은 당시를 회상하며

"벨리칙은 마치 스펀지 같았습니다. 모든 것을 다 받아들이고 모든 것에 다 귀를 기울이고 들었지요"라고 말했다. 또 다른 이는 "예를 들어서 누가 그에게 일을 맡긴다고 칩시다. 그러면 그는 곧바로 방으로 사라져버리죠. 그 일을 다 끝내고 나서야 나타나서는 더 시킬 일이 없느냐고 묻습니다"라고 하기도 했다. 당신이 예상한 대로 벨리칙은 곧 보수를 받으며 일할 수 있었다.

벨리칙은 NFL에서 일하기 전, 고등학교 선수 시절에도 경기와 관련해서 너무도 해박한 지식을 가지고 있었기에 선수이면서도 팀의 막내 코치 역할까지도 함께 했다. 벨리칙의 아버지는 해군 미식 축구팀의 코치였는데, 아들에게 결정적으로 중요한 교훈 하나를 가르쳐주었다. 감독에게 어떤 피드백을 주고자 하거나 감독이 내린 결정에 의문을 제기하고 싶을 때는 그의 심기가 불편하지 않도록 개인적인 자리에서 말해야 한다는 것이었다. 벨리칙은 또 팀 내의 다른 선수가 위협이나 소외감을 느끼지 않도록 배려하면서 팀 선수를 스타로 키워내는 방법도 배웠다. 즉, 그는 캔버스 전략에 통달했던 것이다.

소년 프랭클린이 만약 자기 명예를 가장 중요하게 생각했더라면 익명으로 글을 기고하지 않았을 것이고 그의 글은 결코 신문에 게재되지 못했을 것이다. (실제로 그의 형이 동생의 비밀을 알고서는 질투와 분노로 프랭클린을 때리기도 했다.) 벨리칙이 코치진의 막내 시절에 감독이 미처 생각하지 못했던 전략을 공개적으로 말했다면 감독은 화가 나서 그에게 아무런 기회도 주지 않았을지 모른다.

그는 무급이었던 첫 번째 일자리를 지원하지 않았을 수도 있었지만 기꺼이 그렇게 했고, 지위를 중요하게 여겼다면 하지 않았을 영상 자료 분석 일을 최선을 다해서 해냈다. 위대함은 겸손한 시작에서 비롯되며 힘들고 귀찮은 일에서 비롯된다.

'말은 적게 하고 행동은 많이 하라'라는 옛말이 있다. 우리는 이것을 변형해 우리의 초기 접근방식에 적용해야 한다. '덜 중요한 존재가 되고 더 많은 것을 해야 한다Be lesser, Do more.' 당신은 당신 자신이 아니라 만나는 사람들에게 도움이 되는 방향이나 방법을 생각해보아야 한다. 그런 방식이 오랜 시간 축적되면 그 효과는 어마어마하게 커진다. 당신은 다양한 문제들을 해결함으로써 많은 것들을 배우게 되고, 조직 내에서 없어서는 안 되는 사람이 될 것이다. 셀 수 없이 많은 새로운 관계들을 인맥으로 쌓을 수도 있다. 또한 이를 통해 필요한 경우에 인출해 쓸 수 있는 많은 양의 편의를 저축해둔 셈이다.

다른 사람을 도움으로써 궁극적으로 자기 자신을 돕는 것, 바로 이것이 '캔버스 전략'이다. 이 전략은 장기적인 효과를 위해서 단기적인 효과를 버리려는 노력이다. 모든 사람이 타인의 인정과 존경을 구할 때 당신은 그것들을 머릿속에서 아주 지워버려라. 다른 사람들이 칭찬받도록 내버려두면서 당신은 훗날 이자가 엄청나게 붙어서 되돌아올 때까지 계속 저축하기만 하면 된다. 그럼으로써 **그들이 칭찬과 존경을 받을 때 당신은 오롯이 즐거워할 수 있다.** 이것을 당신의 목표로 삼아라.

물론 이런 식의 전략을 실제로 사용하기란 몹시 어렵다. 마르티 알리스가 그랬던 것처럼 쓰디쓴 감정에 빠져들기 쉽기 때문이다. 누군가를 위해 돕는다는 생각 대신 '복종'과 '희생'이라는 단어가 떠오르고, 자기 자신이 아닌 남을 위해서 쓰는 1분 1초가 자기 재능을 낭비하는 일이라고 분노할 수도 있다. 그리고 결국 이런 식으로 스스로를 모욕하지는 않겠다며 다짐할지도 모른다. 하지만 이런 감정적이고 자기중심적인 충동들과 싸우기 시작하면 캔버스 전략은 오히려 쉽게 풀려나간다. 다만 다음과 같은 반복은 끊임없이 이어진다.

- 상사에게 건네줄 멋진 아이디어들을 떠올린다.
- 장래가 유망한 사람들을 찾아 서로 소개시킴으로써 동반 상승 효과를 노린다.
- 아무도 하려고 하지 않는 일을 찾아서 그 일을 한다.
- 비효율적이고 불필요한 작업을 찾아낸다. 그런 다음 자원이 낭비되는 지점을 찾아서 메우고, 절약되는 자원은 다른 영역으로 돌린다.
- 다른 누구보다도 많이 만들어내고 자기의 아이디어를 남에게 준다.

다른 사람들의 창의성을 북돋을 기회를 찾고 서로 협력할 수 있는 통로와 사람들을 찾아내며, 그들이 앞으로 나아가고 또 집중하는 데 방해가 되는 것들을 제거하라는 말이다. 이것은 충분한 보상이 보장되며 무한히 규모를 키울 수 있는 강력한 전략이다. 이 모든 것을 인간관계를 위한 투자이자 당신 자신의 발전을 위한 투자라고 생각하라.

캔버스 전략은 마음만 먹으면 언제든 사용할 수 있다. 이 전략은 유통기한도 없고 사용자의 연령 제한도 없는, 드문 전략 가운데 하나이다. 당신은 이 전략을 언제라도 시도해볼 수 있다. 일자리를 갖기 전에 쓸 수도 있고, 다른 일을 하면서도 쓸 수 있다. 혹은 또 당신이 어떤 조직의 일원이 되었다고 하더라도 시도해볼 수 있다. 뿐만 아니라 당신은 이 전략을 자연스럽고 또 지속적인 것이 되도록 만들어야 한다. 만일 상사들에게 이 전략을 쓸 수 없다면 다른 사람들이 당신에게 이 전략을 쓰도록 만들어라.

당신이 조금만 주의를 기울여보면 사람들의 에고가 진실을 인식하지 못하게 막고 있다는 것을 알게 될 것이다. 그 진실이란 캔버스가 그림의 형태를 규정하는 것처럼 우리가 가야 할 방향을 궁극적으로 통제하는 사람은 바로 길을 터주는 길라잡이라는 사실이다.

다른 사람을 도움으로써 궁극적으로
자기 자신을 돕는 것,
바로 이것이 캔버스 전략이다.

자제력의
필요

어린 시절의 재키 로빈슨을 알았던 사람들이라면 그가 장차 메이저리그 최초의 흑인 선수가 될 것이라고는 예측하지 못했을 것이다. 그가 재능이 없다거나 메이저리그의 문이 흑인에게는 굳게 잠겨 있었기 때문이 아니라, 자제력이나 평정심이라는 측면에서 썩 훌륭한 인재가 아니었기 때문이다.

십 대 시절의 로빈슨은 소규모 갱단 친구들과 어울렸으며 이 친구들은 툭하면 경찰서를 들락거렸다. 대학 시절에 친구가 자기 험담을 했다는 이유로 그 자리에서 싸우기도 했다. 또 농구를 하다 반칙을 심하게 하는 상대편 백인 선수에게 고의적으로 공을 세게 던져서 그 선수 얼굴을 피범벅으로 만들어놓은 일도 있었다. 그리고 경찰관과 말싸움을 벌여서 체포된 적도 여러 번이었다.

UCLA에 입학해서 새로운 출발을 하기 전날 밤에도 재키 로빈슨은 경찰서에 있었다. 이때 경찰관이 총을 뽑아들고 그를 겨누기까지 했는데, 어떤 백인이 친구들을 모욕하자 그가 나서서 이 남자와 한바탕 싸우기 직전까지 갔기 때문이었다. 포트 후드에서 육군 장교로 근무하던 로빈슨은 인종차별에 반대하는 시위를 선동한다는 소문에 시달렸고 결국 1944년에 군 경력에 마침표를 찍을 수밖에 없었다. 육군 소속 버스에서 운전사가 로빈슨에게 흑인 전용 뒷자리로 가서 앉으라고 강요했을 때 그가 이 요구를 거부한 것이 발단이었다. 법률적으로 그 버스에서 흑인과 백인을 분리시키는 것이 의무사항은 아니었기에 로빈슨이 잘못한 일이 아니었음에도 이 일로 한 차례 소동이 벌어졌고 그는 바로 부대장에게로 넘겨졌다. 이 사건 때문에 일련의 다른 불미스러운 일들이 벌어지면서 그는 군사재판까지 받아야 했다. 결국 무죄 판결을 받긴 했지만 재판이 끝난 뒤에 그는 곧바로 군복을 벗어야 했다.

그의 행동은 단지 이해할 수 있다거나 인간적이라는 차원에서 끝나지 않는다. 어쩌면 그가 한 행동은 올바른 것이었을 수도 있다. 다른 사람이 자기를 부당하게 대한다면 그 누구라도 가만히 있지 않을 것이다. 그렇지 않은가? 하지만 만일 당신이 이루어야 할 중요한 목표가 있다면 그것을 위해서 참고 견뎌야만 할 수도 있다.

브루클린 다저스의 구단주 브랜치 리키는 로빈슨을 스카우트하고 싶었지만 그의 성격상 말썽을 일으키지나 않을까 염려스러웠다. 이 스카우트가 성사되기만 하면 로빈슨은 메이저리그 최초의 흑인 선수가 될 수 있었다. 다만 리키는 에고를 통제할 줄 아는 사람을 원했다. 리키는 로빈슨을 만났을 때 "나는 멋진 선수를 찾고 있는데, 배짱이 두둑해서 누가 싸움을 걸어도 무시하고 싸우지 않는 사람을 원해"라고 말하고서는 그를 시험해보기로 했다.

리키는 만일 로빈슨이 자신의 제안을 받아들여서 팀에 합류하게 된다면 그가 흑인이라서 겪을 여러 가지 상황들을 미리 준비하고 연출했다. 예를 들면 호텔 직원이 흑인인 그에게 방을 주지 않는다거나 레스토랑의 웨이터가 거만하게 구는 상황, 누군가가 인종차별적인 막말을 한다거나 하는 상황을 로빈슨에게 들이밀고 그가 어떻게 대응하는지를 지켜보았다. 로빈슨은 자신이 그 어떤 경우에도 잘 처신할 수 있다는 확신을 리키에게 심어주었고 마침내 브루클린 다저스의 선수가 될 수 있었다.

실제로 재키 로빈슨은 신예 선수를 육성하는 프로그램인 '팜 시스템farm system'에서 선수 생활을 시작하면서 수많은 인종차별적 상황들과 맞닥뜨렸다. 구단 관계자나 다른 선수들의 노골적인 시비, 은근한 모욕, 야유와 도발, 따돌림, 공격, 살해 위협 등이 그에게 끊임없이 닥쳐왔다. 투수가 던진 공에 73회 이상 맞았으며, 상대 팀 선수가 고의로 스파이크로 발뒤꿈치를 찍는 바람에 아킬레스건을 영원히 못 쓸 뻔 하기도 했다. 그에게 불리한 심판의 편파적인 판정이나 경기 진행은 말할 것도 없었다. 그러나 재키 로빈슨은 이런 온갖 모욕과 위험, 불리함 속에서도 리키와 했던 약속을 지켰다. 싸움으로 분노를 폭발시키지 않았으며 선수 생활을 하면서 다른 선수를 때린 적이 한 번도 없었다.

1956년에 가장 존경받는 메이저리그 선수들 가운데 한 명으로 손꼽히던 테드 윌리엄스가 팬에게 침을 뱉은 일이 문제가 된 적이 있다. 백인이던 그는 이 일로 인해서 별다른 처벌을 받지 않고 넘어 갔을 뿐만 아니라 심지어 기자들에게 "나는 내가 한 행동에 대해서 조금도 미안하지 않습니다. 내가 한 행동은 옳았고 오늘 나에게 야 유를 보낸 그 사람에게는 다시 한 번 더 침을 뱉겠어요. (…) 그 누 구도 내가 그렇게 하지 못하도록 막을 수 없을 겁니다"라고 말하기 까지 했다. 이런 식의 행동은 그 당시 흑인 선수라면 상상도 할 수 없는 일이었다. 즉 로빈슨에게는 그런 자유가 없었다. 만약 그랬다 면 그의 선수 생활은 끝났을 것이고, 흑인 최초의 메이저리그 선수 라는 그의 위대한 업적은 한 세대 뒤로 후퇴하고 말았을 것이다.

재키 로빈슨이 걸어갔던 길은 그에게 에고를 버리길 요구했고, 한 인간으로서 당연히 누려야 할 기본적인 공정함과 인권에 대한 존중조차 포기하길 요구했다. 특히 로빈슨이 선수 생활을 하던 초 기에 필라델피아 필리스의 감독 벤 채프먼은 경기 도중에 그에게 유독 모질게 굴었는데, 그는 타석에 선 로빈슨에게 이렇게 고함을 질러대곤 했다. "정글에서 네 친구들이 기다리고 있잖아, 깜둥아! 여기에서 꺼져버려!"

그러나 로빈슨은 그런 도발에 아무런 반응을 보이지 않았다. (하 지만 나중에 그는 그 백인들 가운데 한 놈을 잡아서 자신의 검은 주 먹으로 다 뭉개주고 싶었다고 말했다.) 그뿐만이 아니었다. 그런 일 이 있고 한 달 뒤에는 채프먼이 감독직을 계속 유지할 수 있도록 해주려고 기자들 앞에서 채프먼과 다정한 모습으로 나란히 서서 사진을 찍기까지 했다.

이 일은 무려 60년이 지난 후에도 로빈슨에게 생각하는 것만으로도 비위가 상할 정도로 고약한 경험으로 남았다. 훗날 로빈슨은 이에 대해 그의 인생 중 가장 힘든 경험의 하나였지만 그 조차도 자기가 세우고 있던 큰 계획의 한 부분이었기에 기꺼이 했던 것이라고 했다. 그는 야구에서 본인이 원하는 것, 본인이 할 필요가 있는 것이 무엇인지 알았으므로 그것을 위해서라면 무엇을 참아야 하고 견뎌야 하는지도 명확히 알고 있었다.

우리가 각자 무엇을 열망하든 간에 그것을 향해 가는 길은 온갖 말도 안 되는 것들로 점철되어 있다. 우리는 이것들을 기꺼운 마음으로 처리해야 한다. 우리가 맞닥뜨리는 굴욕은 로빈슨의 경우와 비교하면 별것 아니겠지만 감당하기에 무척 힘들다는 사실은 분명하다. 그런 상황에서 자제력을 발휘하기란 결코 쉽지 않은 일이다.

네덜란드의 이종격투기 선수인 바스 루텐은 경기에 나서기 전에 두 손에 'R'이라는 글자를 쓰곤 했는데, 이것은 'rusting'의 약자로 네덜란드어로 '느긋하게'라는 뜻이다. 링 위에서 화를 내거나 자제력을 잃으면 그만큼 패배에 더 가까이 다가선다. 출판사와 싸우든 비평가와 싸우든 혹은 변덕스러운 상사와 싸우든 간에 에고는 전혀 도움이 되지 않는다. 상대방이 뭔가를 모른다거나 당신이 더 많은 것을 안다거나 하는 것은 중요하지 않다. 그런 것을 따지기에는 너무 이르다.

아, 당신은 대학을 졸업한 사람이라고? 그런데도 참아야 하느냐고? 당신의 학력이 아무리 좋아도 세상이 당신 것이라는 뜻은 아니지 않은가? 아이비리그에 속하는 대학교인데도? 당연하다. 사람들은 여전히 당신을 아무렇게나 대할 것이고, 당신에게 고함을 질러 댈지도 모른다. 당신이 백만장자일 수도 있고 장식장 하나를 가득 채울 만큼 많은 상을 받았다고 하더라도 당신이 지금 도전하고 있는 이 새로운 장에서 그런 것들은 아무런 의미가 없다.

또한 당신이 얼마나 많은 재능을 가지고 있는지, 당신의 인맥이 얼마나 대단한지도 전혀 중요하지 않다. 당신이 중요하고 의미 있는 것을 이루고자 한다면 무관심에서부터 노골적인 방해에 이르는 온갖 부정적인 상황들에 맞닥뜨릴 것이다. 기대해도 좋다.

이 시나리오에서 에고는 절대 필요하지 않은 요소이다. 그 누가 충동 때문에 곤경에 빠져도 좋다고 하겠는가? 자기는 신이 세상에 보낸 선물이라고 믿거나 사회 지도층이라서 싫은 것은 참을 필요가 없다는 착각으로 일을 망치고 싶은 사람이 누가 있겠는가? 물론 당신이 그런 사람이 아니라고 해도 사람들은 당신에게 고함을 질러댈 수 있고, 당신은 다른 사람의 할 일을 대신해주고도 좋은 말을 듣지 못할 수도 있다. 결국에는 이 모든 것이 억울하고 화가 나 당신을 그렇게 만든 상대를 찾아가 싸우고 싶을지도 모른다. 아마도 이런 말이 턱 밑까지 밀고 올라오지 않을까? '나는 이런 일이나 하고 있을 사람이 아니야! 더 중요한 일을 할 수 있다고!'

당신을 분노하게 만든 사람들 중에는 존경과 인정, 보상을 받고 있지만 실제로는 그럴 자격이 전혀 없는 사람들도 있다. 그들은 종종 당신이 받아야 할 보너스와 특혜를 가로채기도 하고 당신을 그다지 중요한 사람이라고 생각하지 않을 수도 있다. 이때 당신은 그들 면전에 저 진심어린 외침을 쏟아내고 당신의 진정한 가치를 보여주고 싶을 것이다. 그래서 이런 말을 내뱉게 될지도 모른다. "당신은 내가 어떤 사람인지 알고 있는 겁니까?"

이 모든 것은 에고의 목소리다. 에고는 당신더러 제발 좀 하고 싶은 걸 마음대로 하라고 고함을 질러댄다.

그러므로 당신은 정신을 차리고 당신 안에서 들려오는 온갖 말들을 무시해야 한다. 에고의 유혹은 자주 찾아올 것이고 유혹에 넘어가 입을 열거나 주먹을 내뻗기 직전까지 몰리기도 할 것이다. 완벽한 사람은 아무도 없다. 다만 자기의 에고를 잘 다스려온 사람은 다른 사람들이 자기를 함부로 대한다고 해서 자기의 격이 떨어지는 것이 아니라 그들의 격이 떨어질 뿐이라는 사실을 잘 안다.

로빈슨이 다저스라는 프로야구 구단에 입단했을 때 그의 나이는 스물여덟이었다. 그리고 그때까지 그는 이미 흑인으로서 많은 학대와 차별을 경험한 뒤였다. 하지만 그럼에도 다시 한 번 더 그 과정을 거쳐야 했다. 재능이 있는 신인이 흔히 발견되지 못하고 묻혀버린다든가 또 사람들이 그의 실력을 알아본다고 하더라도 실제보다 낮게 평가되곤 하는데, 이것은 인생에서 흔히 일어나는 슬픈 진실이다. 세상이 자기의 재능을 온전하게 알아주지 않는 이유는 여러 가지가 있겠지만 어쨌거나 그것도 전체 여정의 한 부분이다.

당신은 이 시스템을 지금 당장 바꿀 수는 없다. **그 일은 당신이 성공한 뒤에야 가능하다.** 하지만 그 전에 이 체제가 당신의 목표를 이루는 데 도움이 되는 쪽으로 움직이게 만들 방법을 찾아야 한다. 설령 그 목표가 스스로를 보다 더 개발하기 위해서, 더 나은 기량을 배우기 위해서, 혹은 여분의 시간을 확보하기 위해서라 해도 말이다.

로빈슨은 신인상을 받고 MVP로 선정되는 등 자신의 가치를 입증하고 또 다저스 내에서 확실한 주전으로 자리를 잡고 나서야 구단의 선수이자 한 사람의 인간으로서 자기와 자기의 영역을 보다 분명하게 주장하기 시작했다. 그제야 이제 심판에게 항의할 수 있다고 느꼈으며, 또 다른 선수와 의견 대립이 있을 때 자기 생각을 분명히 드러내기 시작했다.

아무리 재키 로빈슨이 자신감이 생겼고 유명해졌다고 해도 그는 팬에게 침을 뱉는 것처럼 자기가 쌓아온 업적에 조금이라도 해가 되는 일은 절대로 하지 않았다. 그러나 로빈슨이 정말 걸출했던 점은 그도 사실은 열정을 가지고 있었고 평범한 우리와 마찬가지로 성질이 있고 숱한 좌절도 겪었다는 사실이다. 다만 그는 중요한 진실을 일찌감치 깨달았다. 자기가 가야 하는 길은 오로지 자제력만을 포용할 뿐이며 에고를 결코 용납하지 않는다는 것이었다.

그리고 그는 그렇게 살아냈다. 솔직히 그 길은 결코 쉽지 않다.

내 머리로부터의
탈출

언제나 생각만 하는 사람에게 생각할 거리라고는 생각외에는 아무 것도 없다.
이런 사람은 현실과의 연관성을 잃어버린 채 환상 속에서 살아간다.
──**앨런 와츠** ALAN WATTS

홀든 콜필드라는 소년은 자기만의 세계에 빠진 채 어떻게든 세상
에 적응하려고 애를 쓰면서 맨해튼의 거리를 걷는다. 로스앤젤레스
의 아르투노 반디니라는 청년은 자기가 만나는 모든 사람들을 멀리
하면서 유명한 작가가 되려고 애쓴다. 1950년대 뉴올리언스 주택
지구에 사는 명문가 출신의 빙스 볼링은 삶의 '일상'에서 탈출하려
고 시도한다. 소설 속의 허구적인 세 인물의 공통점은 자기 머리에
갇힌 채 거기에서 빠져나오지 못한다는 점이다.

제롬 데이비드 샐린저의 소설 『호밀밭의 파수꾼』의 주인공 홀든
은 학교에 다닐 수 없고 성장하는 것 자체를 무서워하면서 필사적
으로 그 모든 것에서 벗어나길 바란다. 존 판티의 『먼지에게 물어
보라』에서 젊은 작가 반디니는 **자기가 살아가는 실제 삶을 경험하지 않
는다.** 대신 그 모든 것을 '타이프라이터 속의 종이에서' 바라보기만

할 뿐이다. 그는 자기 삶의 1분 1초가 본인이 주인공으로 등장하는 시와 연극, 뉴스 기사일지도 모른다고 생각한다. 워커 퍼시의 『영화광』에 등장하는 주인공 빙스는 영화 관람에 중독되어 있는데, 그는 자기가 현실에서 겪는 권태로움보다는 스크린에 펼쳐지는 이상적인 삶을 더 좋아한다.

어떤 작가의 작품을 토대로 작가 본인을 심리적으로 분석하는 것은 언제나 위험한 일이지만 방금 언급한 이 작품들은 모두 유명한 자전自傳 소설들이다. 샐린저는 실제로 일종의 자아도취와 정신적 미성숙으로 고통받았다. 어린 시절 그는 세상을 감당하지 못하고 버거워했으며, 사람과의 접촉을 피하면서 자기의 천재성을 스스로 마비시켰다. 판티는 작가로서 지내온 대부분의 시간 동안 무명 작가라는 현실과 자신의 거대한 에고와 불안을 조화시키려고 노력했지만 실패했다. 그는 자기가 쓴 소설들을 골프장과 할리우드의 여러 술집에 버리듯이 헐값에 팔아버렸다. 그리고 당뇨병으로 실명한 채로 죽음에 임박해서야 삶의 진정성을 회복했다. 퍼시는 십 대 사춘기 소년에게서나 볼 수 있는 게으름과 실존의 문제로 고통을 받았는데, 사십 대까지 이 문제들로 괴로워했다. 그의 첫 소설인 『영화광』은 이것을 거의 극복한 뒤에야 비로소 나온 작품이었다.

이 작가들이 만약 각자 자기 문제에서 조금이라도 더 일찍 벗어났더라면 얼마나 좋았을까? 그랬다면 그들의 삶은 얼마나 더 쉬웠을까? 이들은 소설 속 문제적인 인물들을 통해 독자들에게 이 긴박한 질문을 던진다. 자기 머리에서 빠져나오지 못하는 속성은 단지 소설 속의 인물들에게만 국한되지 않기 때문이다. 2천 4백년 전에 플라톤은 '자기 자신의 생각을 뜯어먹고 사는' 인간 유형에 대해서 말했다. "사람들은 자기가 바라는 것이 실제 현실에서 어떻게 실현되는지 알려고 하지 않는다. 현실에서는 실제로 필요한 것들에 대해 고민하는 힘든 과정을 회피하는 것이다. 이런 사람들은 일찌감치 자기가 바라는 것은 충분히 이룰 수 있다고 확신하고는, 성공하면 하려고 생각해두었던 모든 것들을 상상 속에서 즐긴다. 그러면서 자기의 게으른 영혼을 한층 더 게으르게 만든다." 이들은 실제 현실이 아니라 열정 넘치는 허구 속에서 살아가는 사람들이다.

미국 남북전쟁 당시의 조지 맥클레런 장군이 바로 이런 유형의 전형적인 인물이었다. 링컨이 그를 북군 총사령관에 임명한 것은 그가 위대한 장군이 갖추어야 할 모든 요소를 지니고 있었기 때문이었다. 그는 웨스트포인트를 졸업했으며 전투에서 능력을 인정받았고 역사에 조예가 깊었으며 당당한 풍모를 자랑했고 부하들의 사랑을 받았다.

이랬던 맥클레런이 어째서 북군 최악의 장군으로 꼽히고 말았을까? 이유는 하나이다. 자기 머리에서 벗어나지 못했기 때문이다. 그는 북군 총사령관이라는 자기 모습에 푹 빠져서 헤어나오지 못했다. 전문가답게 군대가 전투를 준비하도록 지시해야 했지만, 실제로 부대를 이끌어야 할 때 그렇게 하지 않았고 그래서 온갖 문제들이 생겨났다.

우스꽝스럽게도 그는 남군이 군세를 확장하면서 점점 더 강력해지고 있다고 혼자 확신했다. (하지만 사실은 그렇지 않았다. 어떤 시점에서는 북군이 남군에 비해서 세 배나 강했다.) 정치적인 동맹자들이 자기를 위협하며 음모를 꾸미고 있다고 생각했다. (하지만 그런 일은 전혀 없었다.) 전쟁에서 이길 수 있는 유일한 길은 완벽한 계획을 세운 뒤에 단 한 번의 결정적인 승리를 거두는 것이라고 믿었다. (그의 생각은 틀렸다.) 그는 이 모든 것들을 너무도 확신했고 겁에 질려 아무 것도 하지 않았다. 그것도 그 중요한 시기에 몇 달 동안이나 말이다.

맥클레런은 **자기 자신에 대해서, 자기가 얼마나 멋지게 잘하고 있는지에 대해** 끊임없이 생각했다. 아직 싸우지도 않은 전투에서 승리할 것을 떠올리며 미리 자축했고 또 당하지도 않은 끔찍한 패배를 미리 막았다고 상상하면서 더 많이 기뻐했다. 상관을 포함해서 누구든 그의 이런 자기위안적인 상상에 의문을 품기라도 하면 그는 오만하고 성마른 고집쟁이의 기질을 유감없이 발휘했다. 문제는 이뿐만이 아니었다. 총사령관이라는 직책에서 가장 필요로 하는 것은 전투를 하고 승리를 거두는 것이다. 하지만 그로서는 이것이 기질적으로 불가능했다. 맥클레런 휘하에 있으면서 앤티텀 전투(북군이 남군을 격파하고 전쟁을 끝낼 수도 있었던 전투였지만 맥클레런은 결정을 내리지 못하고 중요한 기회를 놓쳐버렸다 ―옮긴이)에 참가했던 한 역사학자는 나중에 맥클레런의 자기중심주의는 어마어마하다는 말 말고는 달리 표현할 길이 없다고 평가했다.

맥클레런이 여러 번의 기회를 놓쳤다는 사실은 그로 인해 수백만 명이 희생되지 않았다면 그저 웃어넘길 일일 수도 있다. 그러나 그가 초래한 상황은 한층 더 악화되었다. 그의 에고는 그에게서 지휘 능력과 판단력을 앗아가 버렸고 그 때문에 엄청난 피해가 일어나고야 말았다. 우리는 보통 에고를 자신감이나 자존감처럼 생각하지만 실제로 그와는 정반대의 효과를 내기도 한다. 또한 이런 일은 우리에게도 얼마든지 일어날 수 있다.

소설가 앤 라모트가 에고에 대한 이야기를 잘 풀어내는데, 그녀는 젊은 작가들에게 다음과 같이 경고한다.

조심하지 않으면 KFKDK-Fucked 방송이 하루 스물네 시간 동안 쉬지 않고 머릿속에서 들릴 겁니다. 그것도 스테레오로 말이죠. 오른쪽 스피커에서는 당신이 대단한 존재라는 말이 끊임없이 흘러나오고 또 사이사이에 당신은 엄청 특별하고 탁월하고 재능이 넘치는 사람인데 세상 사람들이 온전하게 알아주지 못한다는 말이 계속 반복되죠. 그런데 왼쪽 스피커에서는 당신을 혐오하는 온갖 랩들이 흘러나오는 거예요. 당신이 잘하지 못하는 것들을 말하고, 오늘 당신이 했던 실수들, 지금까지 살면서 해온 모든 잘못들에 대해 떠드는 거죠. 미심쩍은 것들을 말하고 당신 손만 닿으면 모든 게 다 엉망진창이 된다고 해요. 당신은 다른 사람과 소통을 잘하지 못한다고, 모든 점에서 이타적인 사랑을 베풀 줄 모르는 사기꾼이 분명하고 재능도 없고 통찰력이 없다면서 징징거리는 거예요.

누구라도 야심을 가진 사람이라면 좋은 말이든 나쁜 말이든 간에 내면에서 들려오는 말의 제물이 되기 쉽다. 특히 '개인의 브랜드화'를 강조하는 세상에서는 더욱 그렇다. 요즘 사회에서 사람들은 자기 일과 재능을 남에게 팔기 위해서 온갖 이야기들을 해야만 하고, 그러다보면 현실과 허구를 가르는 경계가 어디인지조차도 잊어버리고 만다.

궁극적으로는 이런 무력함이 우리를 마비시킨다. 혹은 실제로 우리가 일하는 데 필요한 정보를 우리에게서 차단시킨다. 바로 이런 점 때문에 맥클레런은 불충분한 정보에 속아 넘어갔다. 잘못된 정보라는 것을 분명히 알고 무시했어야 하는데 그렇게 하지 못했다. 그 대신 생각이 너무 많았다. 그래서 올바른 판단을 할 수 없었고 빨리 결정할 수도 없었다. 우리 또한 맥클레런과 다르지 않다. 온갖 걱정과 의심, 무기력, 고통 그리고 때로는 광증이 우리 안에 가득하다.

심리학자 데이비드 엘킨드가 했던 연구에 따르면 청소년기의 특징적인 현상으로 '상상 속의 청중'이라는 것이 있다. 자기의 행동을 언제나 다른 사람들이 지켜보고 있다고 생각한다는 개념이다. 예를 들어 열세 살의 남자아이는 실제로 아무도 모르는 작은 실수를 했는데 이 일을 놓고 전교생이 쑤군거린다고 생각한 나머지 일주일이나 학교에 가지 않았다. 아침마다 지금 당장 무대에라도 올라갈 것처럼 거울 앞에서 세 시간씩 시간을 보내는 십 대 소녀도 있다. 이들이 이런 행동을 하는 것은 세상 사람들이 자기의 일거수일투족을 지켜본다고 믿기 때문이다.

그런데 우리는 성인이 되어서도, 거리를 걸어가다가도 종종 이런 환상에 사로잡히곤 한다. 헤드폰을 연결하고 음악이 들리면 갑자기 온 세상이 영화의 한 장면처럼 보인다. 재킷의 깃을 바짝 세우면서 스스로 멋있게 보일지도 모른다고 생각한다. 회의에서 멋지게 잘해내는 장면을 머릿속에서 반복해서 재생한다. 상상 속에서 이 거리의 사람들이 나를 위해 알아서 길을 비켜주는 광경은 마치 모세의 기적과도 같다. 그 속에서 우리는 두려움을 모르는 전사가 된다.

오프닝 크레디트의 몽타주 장면이나 소설 속의 한 장면과 같지 않은가? 의심이나 두려움, 평범함에 비하면 얼마나 흥분되겠는가? 이때의 기분은 상상만으로도 정말 좋다. 그래서 우리는 자기 주변 세상에 참여하기보다는 자기 머릿속의 상상에 집착한다.

이것이 바로 에고다.

성공한 사람은 이런 환상으로 도피하고 싶은 욕구를 제어한다. 이들은 자기가 마치 중요한 인물이나 되는 것처럼 느끼게 만드는 유혹을 무시한다. 불과 몇 세대 뒤에 맥클레런과 동일한 직책을 맡았던 조지 마셜 장군은 맥클레런과는 정반대의 인물이었다. 그는 역사가나 친구들이 요청했음에도 불구하고 2차 세계대전 기간 동안에 일기를 쓰지 않았다. 자기의 명성이나 미래에 그 일기를 읽을 사람들을 염두에 두다 보면 어떤 잘못된 결정을 내리기 쉽다는 게 이유였다. 조용한 성찰의 시간이 자칫 자기기만으로 흐를까봐 염려했던 것이다.

벤처기업을 운영하는 사람이든 대기업의 이사로 승승장구하는 사람이든, 혹은 또 사랑에 빠진 사람이든 누구나 이런 유혹에 쉽게 빠질 수 있다. 창의적인 사람일수록 성공의 길을 찾아가는 실마리를 더 쉽게 잃어버린다. 그러므로 우리는 우리의 인식을 제어하는 고삐를 단단히 쥐고 있어야 한다. 그렇지 않으면 흥분의 파도에 쉽게 휩쓸리고 만다. 흥분과 망상에 휘둘리면서 어떻게 미래를 정확히 예측하거나 현재의 일들을 제대로 해석하겠는가? 어떻게 예민하게 긴장을 유지하고 지금의 순간을 제대로 인식하겠는가? 어떻게 현실의 영역에서 벗어나지 않고 창의적일 수 있겠는가?

선명한 인식을 가지고서 현재를 사는 데는 용기가 필요하다. 우리는 추상적인 그림의 안개 속에서 살아서는 안 된다. 불편할지라도 손에 잡히는 구체적이고 실제적인 현실에서 살아야 한다.

때 이른
자만심의 위험

자만심이 많은 사람은 늘 사람이나 사물을 아래로 내려다본다.
그러다보니 이런 사람은 자기 위에 있는 것은 아예 보지도 못한다.
— C.S. 루이스 C.S. LEWIS

열여덟 살의 벤자민 프랭클린은 당당하게 보스턴으로 돌아왔다. 도망치듯 떠난 지 7개월 만이었다. 자만심과 자기만족으로 충만했던 그는 새 양복을 입고 시계를 차고 주머니에 두둑하게 넣어둔 동전을 만나는 사람마다 나누어주었으며, 자기의 그런 모습을 모든 사람에게 자랑했다. 특히 형에게 그러고 싶었고 또 그렇게 했다. 하지만 이 모든 것은 필라델피아의 한 인쇄소 직원에 지나지 않던 그의 허세였을 뿐이다.

프랭클린이 코튼 매더를 만났을 때의 일이다. 그는 보스턴에서 존경받던 인물이었고 프랭클린이 익명으로 기사를 쓸 때 경쟁자로 생각했던 사람이었다. 프랭클린은 그 앞에서 우스꽝스러울 만큼 부풀려진 자기의 에고를 고스란히 드러내고 말았다. 그는 매더와 함께 걸어가면서 열심히 이야기를 했는데 매더가 갑자기 경고했다.

"고개를 숙여! 숙여!"

자기 자랑을 하느라 정신이 없었던 프랭클린은 낮게 드리워져 있던 천장 보를 미처 보지 못했고 결국 머리를 들이받았다. 프랭클린의 태도에 대한 매더의 조언은 완벽한 것이었다.

"고개를 그렇게 뻣뻣하게 세우고 다니지 말라는 말을 명심하게나. 세상을 살아가려면 고개를 숙이고 다니라는 말이네, 이 어린 친구야. 그래야 아까처럼 머리가 받히는 일을 피할 수 있단 말이지."

기독교인은 자만심의 또 다른 이름인 오만을 죄악으로 친다. 오만은 거짓말을 하는 것이기 때문이다. 그것은 사람들로 하여금 자기가 실제보다 더 나은 인물로, 또 신이 만들어준 것보다 더 나은 존재로 생각하게 만든다. 자만심은 거만으로 이어지며 겸손에서 멀어지게 만들고, 주변 사람들과의 연결도 끊어버린다. 굳이 기독교인이 아니라 하더라도 이런 사실은 명백하다. 누구든 자기가 지나온 길을 돌아보면 설령 어떤 일을 멋지게 성공한 경우에도 자만심이 우리를 현혹한다는 사실을 알 수 있다.

"신이 파괴하고 싶다고 생각하는 사람이 있을 때 신은 그에게 유망한 인재라고 말한다." 비평가인 시릴 코널리가 한 말이다. 2천 5백 년 전에도 고대 그리스의 시인 테오그니스는 자기 친구에게 똑같은 내용을 편지에 썼다. "쿠르노스, 신이 없애버리고 싶은 사람이 있을 때 신이 맨 먼저 그 사람에게 주는 것이 자만심이라네." 우리는 이 비유를 의식적으로 보아야 한다.

자만심은 성공하기 위해 필요한 마음을 무디게 만든다. 배우고 적응하고 유연하게 대처하며 인간관계를 쌓는 모든 능력이 자만심에 의해서 약해진다. 특히 위험하게도 이런 경향은 젊은 시절이나일이 진행되는 와중에 많이 나타난다. 그렇게 해서 우리는 초심자가 드러내는 자만심 때문에 얼굴이 붉어지는 경우를 많이 경험한다. 그리고 나중에야 비로소 머리를 부딪치는 것이 그 순간에는 아프더라도 가장 덜 위험한 것이었음을 깨닫는다.

자만심은 아주 작은 성취를 놓고서도 마치 어마어마한 성공을 거둔 것처럼 느끼게 한다. 우리가 보여준 작은 성공이 장차 다가올 더큰 성공의 예고라도 되는 것처럼 우리의 영리함과 천재성을 추켜세우며 미소를 짓는다. 하지만 바로 그 순간부터 자만심은 우리를 현실로부터 갈라놓고 무엇이 실제로 존재하고 존재하지 않는지에 대한 인식을 교묘하게 바꿔놓는다. 더군다나 진짜 일어난 사실이나 성취를 바탕으로 하기 때문에 이 강력한 인식은 우리를 더욱 환상으로달려가게 만든다.

자만심과 에고는 이렇게 말한다.

- 나는 **기업가**이다. 홀로서기를 꿈꾸며 독립했기 때문이다.
- 나는 이번에 **승리**할 것이다. 현재로서는 내가 선두이기 때문이다.
- 나는 **작가**이다. 무언가를 출판했기 때문이다.
- 나는 **부자**이다. 제법 많은 돈을 벌었기 때문이다.
- 나는 **특별하다**. 선택받았기 때문이다.

- 나는 **중요한 사람이다.** 그래야 한다고 내가 생각하기 때문이다.

사람은 누구나 한 번쯤 이런 생각에 빠져들곤 한다. 그러나 어디에나 이런 태도를 경계하라는 교훈이 있다. 암탉이 알을 낳기 전에 미리 병아리를 세지 마라, 물고기를 잡기 전에 먼저 물고기 요리를 하지 마라, 토끼 요리를 하려면 토끼를 먼저 잡아야 한다, 자만이 길어지면 결국 낭패를 당한다 등의 가르침들이다. 이런 태도는 한마디로 사기fraud와 같다. 그러나 당신이 실제로 어떤 일을 열심히 하고 또 거기에 충분한 시간을 들인다면 군이 속임수를 쓸 필요가 없고 모자람을 메우려고 애쓸 필요가 없다.

미국의 기업가이자 자선사업가인 존 D. 록펠러는 젊은 시절에 자기 자신과 밤을 새워가면서 대화하곤 했다. 다음과 같이 혼자서 큰 소리로 떠들거나 일기에 글을 썼다. "너는 지금 막 일을 시작했을 뿐이다. 그러니 네가 지금 굉장한 인물이나 된 것처럼 생각하지 말고 정신 차려라. 그렇지 않으면 흥분해서 냉정함을 잃어버리고 만다. 그냥 지금처럼 꾸준하게 나아가라."

그는 초년에 이미 상당한 성공을 거두었다. 좋은 일자리도 얻고 돈도 모으고 있었으며 제법 많은 돈을 투자하기도 했다. 아버지가 술주정뱅이로 살았던 것과 비교하면 결코 작은 성공이 아니었다. 그러므로 자기의 성공에 대해서, 자기가 나아가고자 하는 방향에 대해서 일종의 자기만족이 스며드는 건 당연했다. 그러나 그에게도 좌절이 찾아왔고, 은행에서 대출을 거부하자 그는 은행 직원에게 소리쳤다. "언제든 간에 나는 세계에서 가장 부자가 되고 말 거야!"

실제로 록펠러는 그렇게 되었지만 그와 똑같은 말을 하고 그 말을 믿고도 결국 부자가 되지 못한 사람들은 수없이 많다. 그 들이 성공하지 못한 여러 이유 중 하나는 아마도 자만심 때문일 것이다. 이 사람들은 록펠러와 달리 자만심에 발목을 잡혔을 것이고 그 때문에 다른 사람들로부터 미움을 받았을 것이다.

록펠러는 자기 자신을 통제하고 자신의 에고를 다스릴 필요가 있음을 알고 또 그렇게 했다. 밤이면 밤마다 그는 자기 자신에게 물었다. "너는 바보가 되려는 참이냐? 이 돈이 너를 우쭐하게 만들고 있는데 이걸 가만히 내버려 둘 참이야? 눈을 크게 뜨고 정신을 똑바로 차려라. 절대로 균형감각을 잃어서는 안 된다." 그는 나중에 다음과 같이 회고하기도 했다. "나는 오만의 위험을 끔찍하게 여겼다. 어떤 사람이 이룬 작은 성공 하나가 그 사람의 판단을 흐리게 만들고 초심을 잃게 만든다. 결국 그 사람이 망가지고 마는 경우가 있는데 이 얼마나 슬픈 일인가!"

자만심은 근시안적이고 자위적인 집착을 만들어냄으로써 전체적인 그림, 현실적인 실체, 자기 주변의 실제 세상을 제대로 바라보지 못하도록 가로막는다. 생텍쥐페리의 소설 속 어린 왕자도 '허영에 물든 사람은 칭찬 이외에는 아무 것도 들으려 하지 않는다'라고 말하지 않았던가? 자만심을 가까이 하지 말아야 할 이유가 바로 여기에 있다.

끊임없이 비판을 수용하고 만족하지 마라. 인생의 적절한 경로를 계속 찾아라. 자만심은 이렇게 하고자 하는 인식과 감각을 무디게 만들고 우리 안의 예민함, 피해망상, 자신에 대한 과대망상과 같은 부정적인 감정들을 일깨운다.

유명한 정복자이자 전사였던 칭기즈 칸은 말년에 자기 뒤를 이을 아들들과 장군들에게 여러 차례 반복해서 자만심을 이기지 못하면 지도자가 될 수 없다고 경고했다. 그는 자만심을 제어하는 것은 야생의 사자를 제어하는 것보다 더 힘들다고 했고, '아무리 높은 산이라고 하더라도 그 산 위에 선 어떤 동물보다 높지는 않다'라는 비유를 들기도 했다.

우리는 자기가 하려고 하는 것을 하지 못하도록 기를 꺾는 사람이나, 자기의 비전을 의심하는 사람을 경계한다. 우리가 어떤 가능성을 보일 때 느끼는 만족감에 휘둘리지 않도록 하는 데는 상대적으로 노력을 덜 한다. 자만심의 싹은 일찌감치 없애야 한다. 그렇게 하지 않으면 그것이 우리가 추구하는 것을 죽여 버리고 만다. 소설가 플래너리 오코너도 명확한 자기 인식의 첫 번째 산물은 겸손함이라고 말했다. 이것이 바로 스스로에 대해 분명히 앎으로써 에고와 싸우는 방법이다.

자기가 자만심에 사로잡혀 있다고 느낄 때에는 이런 질문을 던져야 한다. 더 겸손한 사람이라면 볼 수 있을 텐데 내가 지금 놓치고 있는 것은 무엇인가? 내가 정신없이 날뛰고 환상에 사로잡혀 외면하려고 하는 것은 무엇인가? 나중이 아니라 지금 당장 이런 질문을 던지고 또 여기에 대한 답을 구하는 것이 낫다. 그래야 포기하거나 희생해야 할 것이 상대적으로 적다.

프랭클린은 천장 보에 머리를 아프게 부딪치고 매더로부터 조언을 들은 뒤에는 자기 안의 자만심과 평생을 싸우면서 보냈다. 자만심 때문에 자기가 하고자 하는 일이 한층 더 어려워질 수 있음을 알았기 때문이다. 그는 그 누구와 비교하더라도 부와 권력, 명예 모든 면에서 눈부신 성취를 이루었다. 그럼에도 불구하고 매더가 일깨워준 그 진리 덕분에 고개를 세우고 다니다 겪게 되는 대부분의 불행을 겪지 않을 수 있었다.

요컨대 당신이 자만할 만큼 성공한 뒤에 자만해도 늦지 않다는 말이 아니다. '아직 일어나지 않은 일에 대해서는 자랑하지 말라'는 말도 아니다. 정확히 말하자면 언제 어디에서든 절대 '뽐내지 마라.' 그렇게 해서는 당신에게 이로운 게 아무 것도 없다. 프랑스의 계몽주의자 몽테뉴가 천장 들보에 새겨놓은 이 글귀를 명심하라.

"네가 그토록 자랑스러워하는 것이 마침내 너를 파멸로 이끌 것이다."

신이 파괴하고 싶다고 생각하는 사람이 있을 때
신은 그에게 유망한 인재라고 말한다.
자만심의 싹은 일찌감치 없애지 않으면
그것이 우리가 추구하는 것을 죽여버리고 만다.

프로와
아마추어의
차이

아무리 좋은 계획이라고 하더라도 그 계획이
일로 전환되지 않는 한 그저 좋은 의도에 지나지 않는다.
—피터 드러커 PETER DRUCKER

프랑스의 화가 에드가 드가는 비록 무희를 그린 아름다운 인상파 그림으로 유명하지만 사실 시를 쓰기도 했다. 창의적인 정신의 소유자로서 위대한 시인의 잠재력을 가지고 있던 그는 아름다움을 볼 줄 알았고 영감을 포착할 줄 알았다. 그러나 남아 있는 드가의 시는 한 편도 없다. 왜 그런지 이유를 알 수 있는 유명한 일화가 있다.

어느 날 드가는 친구이던 시인 스테판 말라르메Stéphane Mallarmé에게 시작詩作과 관련된 문제를 호소했다. 머릿속에는 온갖 시상이 다 떠오르는데 그것을 말로 표현할 수가 없어서 고민이라는 것이었다. 이에 대해 말라르메는 짧지만 강력한 말로 드가의 문제를 꼬집었다.

"드가, 시를 만드는 것은 시상들이 아니야, 실제 단어들이야."

그렇다. 시를 만드는 것은 노동에 가깝다. 이 말은 드가의 가슴 속에 깊이 자리 잡았다.

프로와 아마추어의 차이는 바로 여기에서 나타난다. 어떤 시상을 가지고 있다는 사실만으로는 충분하지 않다. 여러 단어들을 이어서 자기의 경험을 효과적으로 재현할 수 있을 때까지 직접 써보아야 한다. 시인이자 사상가인 폴 발레리도 시인이 시적 상태를 경험하는 것은 그저 개인적인 차원의 일일 뿐이고 시인이 하는 일은 그 시적 상태를 다른 사람에게서 불러일으키는 것이라고 설명했다.

조각가 니나 홀튼은 심리학자 미하이 칙센트미하이Mihaly Csikszentmihalyi가 창의성에 관해서 쓴 기념비적인 논문을 놓고 이와 동일한 생각을 드러냈는데, 그녀는 "어떤 생각의 씨앗만으로는 스스로 우뚝 서 있을 조각 작품을 만들지 못합니다. 그것은 그저 씨앗으로만 존재할 뿐이지요. 그 다음에 이어지는 것은 힘든 작업(일, 노동)입니다"라고 했다.

모든 것은 실제적인 노동을 필요로 하고, 그 일은 무척이나 어렵다. 그러나 당신은 정말 이것을 온전하게 이해하고 있는가? 앞으로 얼마나 많은 일을 계속 더 해야 하는지 알고 있는가? 크게 한 번 성공할 때까지만 일을 하는 것이 아니고 자기 이름을 세상에 알릴 때까지만 하면 되는 것도 아니다. 당신은 일하고 또 일해야 하며, 영원히 일해야 한다.

어떤 것에 통달하는 데 걸리는 시간이 1만 시간인가 아닌가를 말하지만 사실 시간은 문제가 아니다. 일하는 데는 시작은 있되 끝은 없다. 숫자를 논한다는 것은 조건적인 미래에 산다는 뜻이지만 우리가 원하는 지점에 다다른다는 것은 어떤 탁월함이 아니라 지속적인 노력을 말한다. 비록 이것이 멋진 생각은 아닐지는 몰라도 고무적인 것임은 분명하다. 우리에게는 인내심과 겸손함이 있고, 우리가 불굴의 용기를 가지고 일하기만 한다면 모든 것이 도달할 수 있는 거리 안에 있다는 뜻이기 때문이다.

그러나 에고는 이렇게 불평한다. **"뭐라고? 닿을 수 있는 거리 안에 있다고? 그 말은 그러니까 지금은 나에게 없다는 말이잖아!"** 그렇다. 당신은 당신이 바라는 것을 아직 가지고 있지 않다. 이것은 그 누구도 마찬가지이다.

젊은 시절의 빌 클린턴은 훗날 정계에 발을 들여놓을 때 자기에게 도움이 될지도 모른다고 생각했고, 만나는 사람들의 명함을 모으기 시작했다. 그는 딱히 그렇게 해야 할 이유도 없었지만 밤마다 명함통을 열고 사람들에게 전화를 하고 편지를 쓰고 또 이렇게 나눈 대화를 메모했다. 세월이 흐르고 수집한 명함과 그와 관련한 기록들은 방대해졌다. 명함만 무려 1만 장이었다. 클린턴은 실제로 대통령 집무실의 주인이 됐고 명함 수집의 효력은 그 이후로도 계속되었다.

수십 년 동안 진화론을 연구했던 찰스 다윈은 자기가 연구한 내용을 공식적으로 발표하지 않았는데, 그 이유는 연구 내용이 아직 완벽하지 않기 때문이었다. 그가 연구하고 있는 것이 무엇인지 아는 사람은 거의 없었고, 그만큼 오래 연구했으면 이제 됐다고 말해주는 사람도 없었다. 어쩌면 다윈 자신도 몰랐을지 모른다. 하지만 그가 분명하게 알고 있었던 것은 아직 연구가 끝나지 않았다는 것과 연구를 지속해가면 그 결과는 더 좋아질 것이라는 사실, 그리고 연구에 계속 전념할 수 있기만 하면 상관없다는 사실이었다.

당신은 어떠한가? 결과를 알 수 없는 일, 실망스러울 수도 있고 고통스러울 수도 있는 일에 매진하고 있는가? 단지 먹고 살기 위해서 일하고 있는가, 아니면 그 일 자체가 좋아서 하고 있는가? 운동선수들이 연습에 매진하듯이 단련에 열중하고 있는가? 혹시 세상의 관심과 인정을 받으려 하는 것은 아닌가?

Fac, si facis.

만일 그 일을 하고자 한다면 그 일을 하라는 뜻의 라틴어이다. 당신은 당신이 하는 일, 그 자체를 목적으로 두고 실제로 행해야 한다.

어린 농구 선수 빌 브래들리는 스스로에게 이런 말을 하곤 했다. "네가 연습을 하지 않을 때 다른 누군가는 땀 흘리며 연습을 하고 있고, 나중에 그 친구와 코트에서 맞붙으면 네가 질 것이다. 이걸 기억해야 한다." 당신은 일하고 있는 척 하거나 시간을 썼다고 말함으로써 스스로에게 거짓말을 할 수도 있다. 하지만 당신 앞에 누군가가 나타나 이 모든 것을 검증할 것이고 당신의 거짓말은 드러나고 말 것이다.

브래들리는 나중에 미국 국가대표 농구 선수가 되고 로즈 장학생(영국 옥스퍼드대학교에서 공부하는 미국·독일·영 연방 공화국 출신 학생들에게 주어지는 장학금 ―옮긴이)이 되었다. 뉴욕 닉스를 두 차례나 우승으로 이끌었고 나중에는 상원의원이 되었다. 이런 점을 놓고 보자면 어린 시절의 브래들리가 선택했던 그 끝없는 노력이 영광스러운 결실을 안겨주었던 게 분명하다. 우리도 이런 태도를 가져야 한다. 땀을 흘리지 않고 얻을 수 있는 승리는 없다.

하지만 에고는 우리에게 속삭인다. 일이라는 것이 정맥을 절개해서 재능이 마구 분출되도록 하는 것처럼 단순하다면 더 멋지지 않을까? 중요한 회의에서 한 번에 최고로 멋진 해결책을 제시하고 단번에 결론을 이끌어낸다면? 캔버스 앞에서 붓질을 거침없이 해댔는데 현대적인 미술 작품이 탄생한다면? 그것은 환상일 뿐이고 에고의 거짓말일 뿐이다.

무엇이든 조금 덜 하면서 혹은 대충 일하면서 어떻게든 해보려고 하는 외과 의사를 상상할 수 있는가? 쿼터백 가운데서 그런 사람이 있을 수 있을까? 로데오 경기에 나선 사람이 황소의 등에 올라타고 그렇게 할 수 있을까? 무엇보다 당신은 이 사람들이 이렇게 하길 원하는가? 그렇지 않다면 당신에게도 같은 논리를 적용해야 한다. 결론은 진정으로 열심히 일하려고 노력하는 것뿐이다.

날씨 때문에 모든 사람이 집에 틀어박혀 있을 때조차도 평소처럼 일터에 나가는 것, 이것이 진짜 일하는 사람의 모습이다. 일을 한다는 것은 갖은 시련을 이겨내는 것이며 첫 시도를 하고 시제품을 만드는 데 들어가는 모든 수고와 번거로움을 이겨내는 것이다. 다른 사람들이 어떤 칭찬과 박수를 받든 상관하지 않는 것이며, 더 중요하게는 본인이 어떤 찬사를 받든 신경쓰지 않는 것이다. 일이 있으니까 일을 하는 것뿐이다. **일은 스스로 좋아지길 원하지 않는다.** 또한 스스로 좋아지지도 않는다. 일은 그 일을 하는 사람이 어떻게 하느냐에 달려 있다.

누군가가 일을 제대로 잘하는지 알려면 그 사람이 자기 자리의 바닥에 흘린 것이 있는지 보면 된다는 말이 있다. 자기 일을 책임지고 마무리까지 잘하는지 보라는 뜻이다. 당신 자리를 한 번 살펴보아라. 깨끗하게 정리가 되어 있는가? 아니면 어수선하게 어질러져 있는가?

열망,
그 다음을 위하여

외로움은 야심을 가진 청년이 타고 올라갈 사다리라는 것이 일반적인 사실로 입증되었다.
— 셰익스피어 SHAKESPEARE

우리는 끝내 성공하기를 바란다. 자기가 중요한 인물로 우뚝 서길 바라며, 부와 명예와 인정도 얻기를 원한다. 그런데 문제는 겸손이나 자기 절제가 우리를 성공이라는 정상까지 데려다줄 수 있을지 확신하지 못한다는 데 있다. 샘 웰스 신부의 표현을 빌리자면, 우리는 겸손하면 '종속되고 짓밟히고 우리의 의도와는 아무 상관없는' 상황에 놓일 수 있다는 생각 때문에 겁에 질려 있다.

셔먼 장군도 세상이 알아주기 전까지는 분명히 그랬을 것이다. 돈도 그다지 많이 벌지 못했고 전투에서 이렇다 할 공을 세운 것도 아니었다. 남들처럼 멋지게 언론에 이름이 오르내린 적도 없었다. 어쩌면 남북전쟁이 터지기 직전에 그는 자기가 선택한 길이 과연 옳은 길인지 그리고 그 길을 따라간 사람들이 과연 끝까지 잘 갔는지 의심을 품었을 수도 있다.

이런 의심은 순수한 야망을 오만한 중독으로 바꾸어놓는 파우스트의 거래로 이어진다. 일을 시작하는 초기에는 미쳐서 날뛰는 것도 대담함으로 통용될 수 있고, 상상은 자신감으로 또 무지는 용기로 이해될 수도 있다. 그러나 이것은 그저 쓸모없는 낭비가 될 뿐이다. 여태까지 그 누구도 인생 전체를 놓고 '그 괴물 같은 에고가 그래도 그만한 가치가 있었다'라고 한 적은 없었다.

자신감을 주제로 한 논쟁으로 미국의 유명한 라디오 프로그램 진행자인 아이라 글래스가 말했던, 이른바 '취향과 재능 사이의 격차 Taste/Talent Gap'라는 널리 알려진 개념이 떠오른다.

우리는 모두 창의적인 일을 합니다. (…) 우리가 그런 일을 하는 건 좋은 취향을 가지고 있기 때문입니다. 하지만 분명 격차가 존재하는 것 같습니다. 당신이 어떤 일을 시작하고 처음 몇 년 동안은 당신의 결과물이 그다지 좋지 않을 겁니다. (…) 대단한 일이 아닙니다. 좋게 되도록 노력하는 것이고, 꼭 좋게 만들겠다는 야망을 가지고 있지요. 하지만 꼭 원하는 대로 되는 것은 아닙니다. 취향은 당신이 그 일을 하게 된 이유인데, 이 취향이라는 것이 신이 나서 죽을 만큼 좋은 것이고 그래서 하는 일이지만 그 결과가 실망을 안겨줄 수도 있습니다. 이 사실을 알고 있기만 하다면 그것만으로도 충분합니다.

에고가 편안해할 수 있는 곳은 정확하게 이 취향과 재능 사이의 지점이다. 자기 자신과 자기가 하는 일을 바라보면서 만족스럽지 않다는 사실에 불편하지 않을 사람이 누가 있겠는가? 이 지점에서 사람들은 종종 허세를 부려 개성이나 충동, 열정 따위로 불편한 진실을 덮는다. 하지만 겸손한 마음으로 자기 재능의 한계와 개선해야 할 점을 분명하게 본 다음, 취향과 재능 사이에 다리를 놓는 사람도 있다. 이런 사람들은 불편한 진실을 극복하기 위해서 지속할 수 있는 긍정적인 여러 가지 습관을 들인다.

에고는 셔먼 장군의 시대에 달콤한 유혹이었듯이 지금도 마찬가지이다. 랜스 암스트롱이라는 사이클 선수는 1996년에 고환암을 진단받았으나 이를 극복하고자 훈련하는 과정에서 금지 약물을 복용했다. 1999년 투르 드 프랑스에 참가해서 우승했지만 나중에 이 사실이 밝혀져서 모든 수상 기록을 박탈당하고 사이클 계에서 영구 추방되었다.

우리는 오만함으로 장난을 치고 속임수를 쓰고, 이 과정에서 어떻게 해서든 이기는 것의 중요성에 대해 거대하게 부풀린다. 에고는 모두가 이기기 위해 수단과 방법을 가리지 않으니 당신도 그렇게 해도 괜찮다고 속삭인다. 그래서 **우리는 그것 말고는 남들을 이길 방법이 없다고 생각한다.**

물론, 진정으로 야심을 가진다는 것은 인생에 정면으로 맞서는 일이고 수많은 것들이 정신을 산만하게 하더라도 침착하게 자신감을 가지고서 꿋꿋하게 나아가는 것이다. 다른 사람들이 어떤 편법을 쓰든 신경을 쓰지 마라. 현실적인 태도를 가지고 정직하게 임하겠다는 것은 외로운 싸움이 될 수밖에 없다. 하지만 당당하게 말해도 된다. "나는 그대로의 나 자신이고자 한다. 나에게 아무리 모진 시련이 닥친다고 하더라도 멀리 바라보고 이런 자세를 견지할 것이다"라고. 어떤 사람이 되겠다는 것이 아니라 어떤 일을 하겠다고 말하고 또 실천해라.

나라와 역사가 셔면 장군을 가장 필요로 하던 시기를 대비해 그를 준비하게 했던 것, 또 그가 앞으로 걸어갈 길에서 필연적으로 큰 책임을 지게 한 것은 바로 그 자신의 선택이었다. 시련에 맞서 행동으로 실천하겠다는 그의 선택이 그를 앞으로 나아가게 했다. 이 시련 속에서 그는 야심을 가졌지만 끈기가 있었고, 혁신적이면서도 경솔하지 않았다. 용감하되 위험하지 않은 자신만의 개성을 단련시켰다. 그는 진정한 지도자였다.

당신에게도 기회가 있다. 좀 더 다르게 사는 것이고, 목적을 향해 철저하게 담대해지는 것이다. 이다음에 찾아올 것들은 당신이 이해할 수 없는 방식으로 당신을 시험하려 들 것이기 때문이다. 에고는 성공의 못된 시누이라는 걸 명심해야 한다.

당신은 이제 곧 이 말이 무엇을 의미하는지 경험하게 될 것이다.

EGO
IS THE
ENEMY

II

성공,
지속되지 않는 환상

우리는 높은 산을 힘들게 올라왔고 마침내 그 정상을 목전에 두고 있거나 이미 그곳에 서 있다. 성취감이 가라앉고 나면 그 이전에는 보지 못했던 유혹과 문제들에 맞닥뜨린다. 그곳이 높으면 높을수록 산소는 희박하고 환경은 척박하다. 그렇게 어렵게 이룬 성공인데 왜 이렇게나 덧없을까? 게다가 에고는 성공의 유효기간을 단축시킨다. 갑작스러운 것이든 천천히 진행되는 것이든 몰락을 피할 수는 없다. 이미 정상에 서고 나면 남의 말을 듣지 않고 배우려고 하지도 않는다. 결국 무엇이 중요한지 모른 채 소중한 것을 잃는다. 결국 이 성공의 시기에 우리의 흔들림을 잡아주는 것은 맑은 정신과 열린 마음, 명확한 목적의식 같은 것들이다. 이런 것들이 성공으로 고무된 우리의 자아와 자만심을 억눌러서 균형을 잡게 해준다.

> 우리의 경쟁에는 전혀 다른 두 개의 캐릭터가 제시되어 있다.
> 하나는 강한 자존심과 욕망을 특성으로 하고 다른 하나는 겸손과 정의로 무장했다.
> 우리는 전혀 다른 이 두 개의 모델 혹은 그림 중에서 하나를 선택한 다음 거기에 맞춰서
> 자신의 성격과 행동을 빚어내면 된다. 이렇게 해서 나오는 결과물에서 하나는 색감적으로
> 화려하게 반짝거리고, 다른 하나는 더 정확한 윤곽으로 보다 절묘하게 아름답다.
>
> —**아담 스미스** ADAM SMITH

성공한 발명가이자 미국 공구업계의 거물이었던 하워드 휴즈 시니어는 1924년 1월에 갑작스럽게 사망했다. 사인은 심장마비였고, 그의 나이 쉰네 살이었다. 조용하고 과묵하던 그의 아들은 열여덟 살밖에 되지 않았지만 아버지 회사의 지분 4분의 3을 상속받았고 나머지 4분의 1은 다른 가족들이 나누어 받았다.

많은 사람들이 아들 하워드 휴즈를 망나니로 생각했는데 그가 상식적으로는 도무지 이해할 수 없는 행보를 이어갔기 때문이었다. 우선 친척들이 나누어 가진 회사의 지분을 모두 사들여서 회사를 온전하게 자기 것으로 만들려고 했다. 그는 주위의 반대를 무릅쓰고 법적으로 아직 미성년자임에도 불구하고 개인 자산과 회사 자금을 레버리지로 활용해 기어이 뜻을 이루었다. 이렇게 해서 수십억 달러를 벌어다줄 회사의 소유권을 확실하게 장악하고 강화했다.

사업 경험이라고는 전혀 없는 소년으로서는 대담하기 짝이 없는 행보였다. 그러나 그 뒤로도 계속 이어진 그의 대담함은 역사상 유례를 찾아볼 수 없는, 가장 당혹스럽고도 부정적인 기업 행태를 만들어냈다. 돌이켜보면 그가 휴즈 제국의 정상에서 보냈던 날들은 기업을 운영했다기보다는 정신 나간 범죄 행각을 벌인 것에 가까웠다.

휴즈가 재능이 있고 미래를 내다보는 비전을 가지고 있었으며 또 명석했다는 사실에 대해서는 그 누구도 의문을 제기할 수 없다. 그는 실제로 기계 분야의 천재였으며 가장 용감하고 유능한 비행사들 가운데서 한 명으로 손꼽혔다. 또한 기업가이자 영화 제작자로서도 명성을 날리기도 했다. 자기가 관계된 산업들뿐만 아니라 미국 전체를 바꾸어놓을 중대한 변화들을 예측하는 능력도 있었다.

그러나 그에게 따라붙는 온갖 전설과 화려한 일화들을 걷어내면 그의 이미지는 단 하나가 남는다. 그것은 수조 달러의 재산을 날려버리고 결국 비참하고 비극적인 최후를 맞이한 자기중심주의자라는 이미지이다. 그가 이런 결말을 맞이한 것은 예상치 못한 사고 때문도 아니고, 미처 예측하지 못한 환경 변화나 기업 간의 경쟁 때문도 아니었다. 순전히 본인이 했던 선택들 때문이었다.

그가 세웠던 위업은 (그것을 '위업'이라고 할 수 있을지 모르겠지만) 빠르게 무너졌는데 이런 사실은 우리에게 분명한 교훈을 일러준다.

휴즈는 아버지의 공구 회사에 대한 권리를 가족들로부터 모두 사들인 뒤에 곧바로 현금을 지속적으로 빼냈고, 이후에는 회사를 거의 내팽개치다시피 했다. 그는 휴스턴을 떠난 뒤로 두 번 다시 본사에 발을 들여놓지 않았다. 로스앤젤레스로 이주해 거기에서 영화제작자가 되기로 마음먹었고 대공황 시기를 맞이할 때까지 주식 거래로 8백만 달러가 넘는 돈을 잃었다. 그가 제작한 영화 가운데서 가장 널리 알려진 〈지옥의 천사〉는 3년에 걸쳐서 제작되었는데, 4백 2십만 달러를 들인 이 영화는 1백 5십만 달러의 손실을 안겨주면서 그의 회사를 파산 지경으로까지 몰고 갔다. 또한 그는 예전에 경험했던 실패에서 교훈을 얻지 못하고 1930년 초에 크라이슬러주식에 투자해서 다시 4백만 달러를 잃었다.

그 뒤에 휴즈는 남은 재산을 털어서 항공 산업에 발을 들였고 휴즈 에어 크래프트라는 방위산업체를 만들었다. 비록 휴즈가 발명가로서 몇몇 놀라운 성취를 이루긴 했지만 이 회사는 결국 실패하고 말았다. 그가 2차 세계대전 때 체결한 총 4천만 달러 규모의 두 건의 계약도 참담한 실패로 끝났고, 그 대가는 본인과 미국의 납세자들이 치러야 했다.

특히 유명한 것은 스푸르스 구스Spruce Goose라는 이름의 비행기였다. 휴즈가 직접 이름을 붙인 이 비행기는 그때까지 제작된 비행기 가운데서 가장 큰 것이었고, 제작 기간은 5년이 넘게 걸렸으며 제작비는 대략 2천만 달러가 들었다. 그러나 이 비행기가 하늘을 날았던 것은 단 한 차례뿐이었다. 비행 거리는 1마일 정도밖에 되지 않았고 비행 고도도 수면 위 20미터 남짓이었다. 그는 이 비행기를 롱비치에 있는 격납고에 수십 년 동안 전시했는데 여기에 들어간 유지비만도 1년에 1백만 달러에 이르렀다. 그 뒤에 휴즈는 영화 사업에 전념하기로 마음먹었으나 영화사 RKO를 인수해서 2천 2백만 달러의 손해를 보았다. 그 뒤 그의 회사는 여러 해에 걸쳐서 무너졌고, 그 바람에 2천 명이던 회사 직원은 5백 명 미만으로 줄어들었다. 예전에 공구 회사에 싫증이 났던 것처럼 그는 이제 이런 사업들에 넌더리가 났다. 그래서 중역들에게 방위 사업을 맡기고 뒤로 물러났다. 그러자 회사는 느리지만 지속적으로 살아났다. 순전히 그가 손을 뗀 덕분이었다.

휴즈가 저질렀던 온갖 기행과 악행을 몇 가지만 더 언급하자면 다음과 같다. 어마어마한 규모의 세금 포탈 행위, 쓸데없이 돈을 써 사설 탐정들과 변호사들을 고용했던 일, 몇몇 신인 여배우들에게 더는 연기하지 못하도록 압력을 넣었던 일, 한 번도 거주한 적이 없는 여러 채의 집 등에 낭비한 수백만 달러의 돈. 그리고 편집증과 인종차별, 약자 괴롭히기, 실패한 여러 차례의 결혼, 마약 복용, 잘못 운영한 수십 건의 사업들…….

"우리가 하워드 휴즈를 영웅으로 만들었다는 사실은 우리 자신과 관련된 어떤 흥미로운 점을 일러준다." 소설가 조앤 디디온은 젊은 시절에 이렇게 썼다. 백 번 옳은 말이다. 하워드 휴즈가 비록 명성이 높은 인물이긴 하지만 20세기 최악의 경영자 중 하나이지 않을까? 일반적으로 실패한 사업가는 실패하고 나면 사업에서 손을 떼고 일선에서 완전히 물러난다. 그 바람에 그 사람이 실패한 진정한 이유는 알기 어렵다. 그러나 휴즈의 경우는 다르다. 그는 아버지에게서 물려받은 사업체에서 수익이 꾸준하게 발생했지만 이 사업에 매달리는 것을 몹시 따분하게 생각했고 이것저것 다른 사업에 계속 손을 댔다. 그 덕분에 우리는 그의 에고가 그 자신과 주변 사람들 그리고 또 그가 품은 목표에 반복적으로 발생시킨 손해가 어느 정도인지 확인할 수 있다.

그의 일대기를 쓴 사람들이 묘사하는 한 장면이 있다. 휴즈가 씻지도 않은 헝클어진 모습의 알몸으로 본인이 좋아하던 흰색 의자에 앉아서, 자신의 치부를 감추고 회사를 구하기 위해 변호사들과 수사관들 그리고 투자자들과 싸우면서 하루 종일 쉬지도 않고 일하는 장면이다. 휴즈는 크리넥스나 음식을 준비하는 과정, 직원들이 자기에게 직접 보고하지 않는 방법에 대해 말도 안 되는 이야기를 여러 장의 종이에 쓰고난 다음, 곧바로 돌아서서 자기의 적들과 채권자들을 따돌릴 탁월한 전략을 생각해내곤 했다. 그의 정신은 사업과 사업 외의 두 부분으로 나뉘어져 있는 것 같았다는 게 전기 작가들의 생각이었다.

에고와 그로 인한 붕괴를 보여주는 가장 인간적인 비유를 찾는다면, 한 손으로는 자기가 세운 목표를 이루기 위해서 맹렬하게 일을 하고, 다른 한 손으로는 그 과정을 방해하기 위해서 역시 미친 듯이 노력하는 하워드 휴즈보다 더 완벽한 모델은 없을 것이다.

하워드 휴즈는 모든 사람들과 마찬가지로 완전히 미치지도 않았고 완전히 멀쩡하지도 않았다. 그의 에고는 신체적인 여러 부상들과 (대부분 비행기나 자동차를 타면서 자기 잘못으로 생긴 것들이었

다) 온갖 중독들로 부풀어 오르고 악화되었으며, 우리가 좀처럼 이해하기 어려운 어둠 속으로 그를 끌어들였다. 물론 그의 정신이 예리하게 반짝거리는 순간들이 그의 삶 속에도 분명 있기는 했다. 정말 훌륭한 선택과 행보를 이어가기도 했다. 그러나 그가 살아가는 동안 이런 순간들은 점점 줄어들었고 나중에는 매우 드물어졌다. 그리고 결국 그의 에고는 결국 집착이나 트라우마가 그랬듯이 그를 죽이고 말았다. 물론, 에고를 그 둘과 분리할 수 있다면 말이다.

괴짜 억만장자나 세계적인 유명 인사를 볼 때 **아, 나도 저럴 수 있으면 얼마나 좋을까**라고 생각할 수 있다. 하지만 전혀 좋은 일이 아니다. 하워드 휴즈는 본인이 세운 정신병원 안에서 사망했다. 그는 기쁨이라고는 거의 느껴보지 못했고 자기가 가진 것을 거의 즐기지 못했다. 가장 중요한 점은 **그는 모든 것을 낭비했다는 것이다.** 너무나 많은 재능과 담대함 그리고 많은 에너지를 허비하고 말았다.

아리스토텔레스는 '도덕과 훈련이 없다면 행운이 가져다준 결과를 감당하기 어렵다'라고 말했다. 그런 맥락에서 우리는 하워드 휴즈로부터 교훈을 얻을 수 있다. 그는 아버지로부터 물려받은 엄청난 재산을 감당할 수 없는 사람이었다. 그는 비록 자신을 향한 평가가 호의적이든 아니든 상관없이 세상으로부터 주목받으려고 끊임없이 노력했다. 우리는 파란만장한 그의 삶 속에서 성공과 행운에 대한 우리의 왜곡된 성향과 분투를 돌아보게 된다. 그의 거대한 에고가 할리우드와 방위 산업, 월스트리트와 항공 산업을 거치며 파괴되어온 그 길에서 우리 모두가 가진 온갖 충동에 끊임없이 넘어지는 보편적인 한 인간을 마주하게 된다.

때로 어떤 아이디어가 매우 강력하거나 타이밍이 너무도 완벽한 덕분에, 혹은 거대한 부나 막강한 권력을 갖춘 집에서 태어난 덕분에 거대한 에고는 옹호되거나 그에 보상을 받을 수도 있다. 그러나 이것은 어디까지나 일시적인 일일 뿐이다. 예를 들어 어떤 스포츠 팀이 처음으로 챔피언십에서 우승했을 때, 에고는 선수들의 정신적인 부분에 장난을 치고 결국 그 팀이 승리할 수 있게 한 바로 그 의지를 약화시킨다. 우리는 어떤 제국이든 결국에는 무너지고 만다는 사실을 잘 알고 있다. 그렇기에 그 이유를 잘 생각해보아야 한다. 어째서 그들은 언제나 내부에서부터 무너지고 마는 것일까?

해럴드 제닌은 현대적인 차원의 국제적 대기업이라는 발상을 창안한 CEO였다. 그는 3백 5십 개가 넘는 기업을 대상으로 일련의 인수합병을 벌였고, 이를 통해 1959년에 매출 1백만 달러이던 ITT라는 작은 회사를 인수했다. 그리고 그가 은퇴한 해인 1977년에 이 회사를 매출 17조 달러의 회사로 성장시켰다. 어떤 사람들은 제닌 본인이 자기중심적인 사람이라고 주장했다. 그러나 어쨌든 그는 에고가 자기 회사에 미치는 효과에 대해서 솔직하게 말하면서 중역들에게 다음과 같은 말로 경고했다.

"여러분에게 피해를 입힐 수 있는 최악의 병은 사람들이 흔히 말하는 알코올 중독이 아닙니다. 그것은 바로 자기중심주의입니다."

드라마 〈매드맨〉 속 1960년대의 미국 경제계에서는 음주 문제가 중요하게 다뤄지고 있지만 인물들이 보여주는 잔인한 객관성, 그에 대한 혐오와 공포, 불안을 통해 에고 문제 역시 그 못지않게 뿌리 깊다는 사실을 드러낸다. 제닌은 회고록에서 중간관리자든 고위관리자든 간에 자기중심주의는 사람의 눈을 멀게 해서 주변의 현실적이고 실제적인 사실을 바라보지 못하게 만든다고 했다. 그렇게 해서 점점 더 자기가 지어낸 상상 속에서 살게 되며, 자기가 하는 것이 늘 옳다고 진심으로 믿기 때문에 부하직원들에게는 골칫거리로 전락해버린다는 것이었다.

우리가 모든 사람들이 인정하는 어떤 성과를 거두었다고 치자. 이런 상황에서 우리는 자기 자신에게 그에 걸맞은 명예를 선사한다. 그 뒤에 에고는 우리가 이렇게 생각하길 바란다. '나는 **특별한 사람이야. 남보다 나은 사람이지. 일반적인 원칙은 나한테 적용되지 않아.**'

2차 세계대전 당시 아우슈비츠에 갇혔다가 살아남은 정신과 의사 빅터 프랭클은 사람은 충동에 휘둘리지만 가치관이 그를 잡아준다고 했다. 지배 받을 것인가, 아니면 지배할 것인가? 당신은 어느 쪽인가? 올바른 가치관이 없다면 성공은 짧은 시간 안에 끝나버리고 만다. 만일 당신의 성공이 한순간의 플래시처럼 반짝하고 사라지지 않고 오래 지속되기를 바란다면, 이 새로운 형태의 에고와 어떻게 싸워야 할지 그리고 에고를 떨쳐내려면 어떤 가치관과 원칙을 갖춰야 할지 제대로 알아야 한다.

성공은 사람을 취하게 만든다. 그러나 성공을 유지하려면 멀쩡한 정신을 유지해야 한다. 우리는 스스로 만들어낸 신화나 바깥세상의 온갖 소음과 잡담을 믿어서는 안 된다. 우리는 서로 연결되어 있는 거대한 우주의 작은 한 부분에 지나지 않다는 사실을 반드시 명심해야 한다. **무엇보다도 우리 자신이 아니라 우리가 하는 일 자체에 초점을 맞춘 조직과 시스템을 갖춰야 한다.**

휴즈에 대한 평결은 이미 나왔다. 에고가 그를 좌초시켰다. 당신은 언제든 인생을 살아가는 과정에서 휴즈가 섰으며 또 모든 사람이 서게 될 바로 그 갈림길에서 선택을 해야 할 것이다. 당신이 소유한 제국이 당신 손으로 일구어낸 것이든 혹은 누군가로부터 물려받은 것이든, 거대한 재산이든 갈고닦은 교양이든 간에 어떤 필연적인 힘은 그것을 파괴할 궁리를 한다.

이런 상황에서 당신은 성공을 제어할 수 있는가? 그럴 수 없다면 그 성공이 당신의 인생에서 일어난 최악의 비극이 될 수도 있지 않을까?

에고에 지배받을 것인가,
아니면 에고를 지배할 것인가?
당신은 어느 쪽인가?

배움,
시작은 있으나
끝은 없는 것

내가 만나는 모든 사람은 어떤 점에서든 배울 수 있는 스승이다.
—랠프 왈도 에머슨 RALPH WALDO EMERSON

피에 굶주린 야만적인 정복자가 문명사회를 공포로 몰아넣었다
는 칭기즈 칸의 전설은 역사 속에서 늘 메아리쳐 왔다. 그와 그의
몽골 부족은 아시아와 유럽을 휩쓸면서 불을 지르고 여자들을 강
간하고 앞길을 가로막는 사람들을 무자비하게 죽였을 뿐만 아니라,
다른 나라의 문화를 파괴한 것으로 알려져 있다. 그런데 그 끔찍한
파괴의 구름은 역사에서 완전히 사라져버렸다. 몽골인들은 오래 지
속될 수 있는 것은 아무 것도 구축하지 않았기 때문이다.

칭기즈 칸에 대한 말들 뒤에 드러나지 않은 진실 하나는 그가 역
사상 그 어떤 사람보다도 위대한 장수였을 뿐만 아니라 누구보다도
성실한 학생이었다는 점이다. 그가 그처럼 놀라운 승리들을 거둘 수
있었던 것은 자기가 정복한 사회의 최고의 기술과 제도, 혁신적인
면들을 빠르게 흡수했기 때문이었다.

사실 몽골인들에게는 혁신적인 기술이나 아름다운 건축물도 없었고 심지어 위대한 몽골 미술이랄 것도 없었다. 대신 그들은 칭기즈 칸의 명령 아래 새로운 적과 맞부딪쳐 전투를 할 때마다 새로운 문명을 학습하고 스펀지처럼 빨아들였다. 칭기즈 칸은 태어날 때부터 천재는 아니었지만 남다른 집중력과 의지를 발휘해서 자기에게 필요한 모든 것을 실용적으로 학습하고 실험적으로 채용했다. 또한 거기에 그치지 않고 현실에 맞게 끊임없이 새롭게 바꾸어나갔다.

그가 초기에 거둔 몇 차례의 승리는 군대 조직을 열 명 단위의 소규모로 나눈 조직 재편의 결과였는데, 이 편제는 터키에서 보고 배운 것이었다. 그 덕분에 몽골인들은 십진법이라는 새로운 기수법까지 함께 도입할 수 있었다. 또한 그는 탕구트족을 공격하면서 요새화된 도시를 공격하는 것과 관련해 모든 것을 배웠으며 이 방면의 전문가가 되었다. 여진족과 싸우는 과정에서는 자기가 정복한 곳의 학자들, 왕족들과 협력해 그곳을 다스리는 방식을 채택했고, 그로써 어마어마하게 넓은 영토를 유지할 수 있었다. 훗날 중국인 기술자들의 도움을 받아 성채를 부수는 장치를 만들기도 했다. 그 이전이나 이후에 있었던 대부분의 제국들이 엄두도 내지 못한 일이었다.

그는 정복한 모든 나라와 도시에서 자기 군대나 통치 시스템에 필요하고 또 기꺼이 도움을 주겠다는 사람이면 누구든 가리지 않고 두루 등용했다. 그 덕분에 몽골인들 중에는 없었던 천문학자, 의사, 기록관 등이 그의 제국에 포진할 수 있었다. 다른 제국이나 부족을 정복하러 나설 때는 이런 인재 등용을 위해 반드시 해당 지역의 전문가와 통역을 대동했다. 무엇보다 칭기즈 칸은 이런 습관을 죽을 때까지 놓지 않았다.

그 결과 몽골제국은 종교적으로 관대했으며, 특히 여러 사상을 수용했고 또 다양한 문화와의 만남을 장려했다. 레몬을 중국에 전파했고 중국의 국수를 서양에 알렸다. 페르시아의 양탄자, 독일의 채광 기술, 프랑스의 금속 가공 기술 그리고 이슬람 문화 등이 전 세계로 확산되도록 했다. 전쟁을 혁명적으로 바꾸어놓은 대포도 중국의 화약과 무슬림의 화염방사기, 유럽의 금속 가공 기술이 하나로 합쳐져서 만들어진 결과였다. 이 모든 것들이 학습과 새로운 발상에 대한 몽골인의 개방성 덕분에 가능했다.

누구든 맨 처음 성공을 거두고 나면 새로운 환경에 놓이고 새로운 문제들을 만나게 된다. 사병에서 지휘관으로 진급한 군인은 정치와 관련된 기술을 배워야 한다. 사원이 간부가 되면 부하직원을 관리할 줄 알아야 하고 기업이나 기관의 설립자는 자기 조직을 대변하는 법을 배워야 한다. 작가가 되면 글을 수정할 줄도 알아야 하고 코미디언은 연기하는 법을 배워야 한다. 레스토랑의 요리사가 되면 주방 밖에서 벌어지는 일들을 통제할 줄도 알아야 한다.

수소폭탄 개발에 참여했던 물리학자 존 휠러는 '우리의 지식으로 이루어진 섬이 커지면 커질수록 무지의 해변도 그만큼 더 커진다'라고 했다. 이런 인식을 토대로 보면 칭기즈 칸은 매번 승리를 거둘 때마다 조금씩 더 똑똑해지고 그의 제국은 조금씩 더 커지고 발전했지만, 그때마다 그는 한 번도 경험하지 못한 새로운 상황에 놓였을 것이다.

사실 무언가에 성공하고 나면 실제로 자기가 알고 있는 것보다 더 많은 것을 아는 척 허풍을 떨기 쉽다. 어떤 대상에 대한 온전한 이해와 통달은 유동적이고 연속적인 일련의 과정임에도 불구하고, '이미 나는 모든 것을 다 알고 있으므로 문제될 것이 없고, 더 알 필요도 없다'라고 생각하기가 쉽다. 자신의 지식을 확신하고 일종의 안전지대에 안주하려는 경향이 생긴다. 그런 태도가 가장 위험하고 문제를 야기시킨다. 자기가 알고 있는 지식의 약점을 발견하지 못하고 결국 잘못된 경로를 바로잡을 수 있는 시기를 놓쳐버리기 때문이다. 그래서 우리는 소크라테스가 '나는 아는 게 별로 없다는 사실을 잘 알고 있다'라고 했던 말 속에 숨겨진 특별한 겸손함을 기억해야 한다. 그 겸손함을 갖추기 위해 애써야 한다. 칭기즈 칸은 이미 그 덕목을 가지고 있었던 것이 틀림없다.

그래미상을 아홉 차례나 받았으며 퓰리처상까지 받은 재즈계의 대부 윈튼 마살리스는 촉망받는 청년 연주자를 만났을 때 평생 음악을 공부하는 데 필요한 마음가짐에 관해서 다음과 같이 충고했다.

"겸손함이야말로 무언가를 배울 수 있는 기본적인 전제입니다. 자기 눈에 장막을 쳐버리는 거만함을 내쫓는 것이 바로 겸손함이기 때문이죠. 당신이 겸손할 때 진실이 당신 눈앞에서 저절로 자기 모습을 펼쳐 보일 겁니다. 그리고 아집에 빠지지 말아야 해요. (…) 어떤 사람이 진정으로 겸손한지 알아내는 방법이 있는데, 그게 뭔지 압니까? 그건 바로 다른 사람들을 끊임없이 관찰하고 또 그 사람들이 하는 말에 귀를 기울이는 태도입니다. 이렇게 할 때 겸손한 사람은 점점 더 나아지고 성장합니다. 이 사람들은 '그건 내가 잘 알고 있는데'라는 생각은 절대로 하지 않아요."

지금까지 당신이 무엇을 이루었든 간에 앞으로도 여전히 배우겠다는 자세를 가지는 것이 좋다. 만일 지금 당신이 배우고 있지 않다면 당신은 이미 죽어가고 있는 중이다. 다만 시작하는 학생처럼 배우는 자세를 가지는 것만으로는 충분하지 않다. **모든 사람에게서, 그리고 모든 사물과 상황으로부터 끊임없이 배워야 한다.** 당신에게 패배한 사람에게서, 당신이 싫어하는 사람에게서 그리고 심지어 당신이 적으로 생각하는 사람들에게서도 배워야 한다. 인생의 모든 단계와 걸음걸음마다 배움의 기회는 늘 존재한다.

에고는 요정 사이렌이 뱃사람을 유혹해서 물귀신으로 만들었던 것처럼 매혹적인 노래를 불러 당신은 이미 모든 걸 다 알고 있다고 착각하게 만든다. 그렇게 해서 당신을 성공에 안주하게 만들고 결국 좌초시킨다. 이종격투기 선수 프랭크 샴록이 늘 학생의 마음가짐을 가지라고 말했던 이유도 여기에 있다. 우리는 절대로 배움의 끈을 놓지 말아야 한다.

이에 대한 해결책은 명백하고 간단하다. 당신이 잘 모르는 주제의 책을 집어 들고 읽어라. 당신이 알지 못하는 사람과 자리를 함께 해라. 그때의 그 불편한 감정, 당신 내면 깊숙이 가정하고 있던 생각들이 도전받을 때 느끼는 방어적인 감정들에 **의도적으로 당신을 노출시켜라.** 당신 마음과 당신을 둘러싸고 있는 모든 것들을 바꿔보는 것이다.

아마추어는 자기가 모른다는 사실과 새로운 것들에 방어적이지만 프로는 학습하는 과정을, 심지어 때로는 그 속에서 불편해하고 당황하는 자기의 모습을 감추지 않고 즐길 줄 안다. 그들은 도전받는 것을 좋아하고 스스로 겸손해지는 것이나 끊임없이 이어지는 배움에 몰두하기를 좋아한다.

대부분의 사람들은 군대 문화에서 흔히 보는 것처럼 맞닥뜨리는 상대나 상황들을 고압적인 자세로 통제하려고 한다. 그런데 몽골인들은 자기들이 처한 각각의 상황을 객관적으로 평가하고 필요한 경우에는 예전의 관행을 과감하게 버리고 새로운 방식을 채택했다. 이것이 그들의 강점이었다. 모든 위대한 기업도 이런 식으로 시작되었다가 도중에 예기치 않은 일들을 겪는다. 붕괴 이론이라는 개념이 있다. 모든 산업은 같은 업계에 속한 기존의 기업들이 대응할 수 없는 혁신이나 경향에 의해서 붕괴하고 만다는 이론이다. 왜 그럴까? 어째서 기업은 그 새로운 경향이나 혁신에 적응해서 스스로를 바꾸지 못할까? 가장 큰 이유는 학습 능력을 잃어버렸기 때문이지 않을까? 그들은 배우려고 하는 학생의 자세와 태도를 버렸다. 당신 역시 마찬가지다. 당신이 배우려는 자세와 태도를 잃는 순간 당신의 지식은 언제든 깨지고 마는 위태로운 것이 되고 만다.

위대한 경영 사상가인 피터 드러커는 단지 어떤 것을 배우고 싶다는 마음을 가지는 것만으로는 충분하지 않다고 했다. 사람은 과거에 비해서 나아지고 발전함에 따라서 거기에 발맞추어 학습하는 방법도 익혀야 하고, 또 지속적인 교육을 용이하게 해나가기 위한 절차나 과정을 마련해야만 한다. 우리가 배우고자 하는 마음을 가지고 또 실제로 그렇게 하지 않으면 우리는 자기가 자초한 무지의 늪에 빠지고 말 것이다.

만일 지금 당신이 배우고 있지 않다면
당신은 이미 죽어가는 중이다.
모든 사람에게서, 그리고 모든 사물과
상황으로부터 끊임없이 배워야 한다.

스스로 쓰는
신화의 위험

신화는 사람들이 그렇게 살아서가 아니라
사람들이 이것을 다시 말함으로써 신화로서 자리를 잡는다.
—데이비드 매러니스 DAVID MARANISS

미식축구 구단 샌프란시스코 포티나이너스49ers는 미식축구에서
뿐만 아니라 다른 모든 종류의 프로 스포츠 구단을 통틀어서 최악
의 팀이었다. 그런데 빌 월시가 1979년부터 이 팀의 감독이자 단장
으로 취임하면서 모든 것이 달라졌다. 월시는 이 팀을 두 시즌 뒤인
1981년에 슈퍼볼 우승팀으로 이끌었다. NFL의 결승전에서 우승팀
에게 주어지는 빈스 롬바르디 트로피Vince Lombardi Trophy를 머리 위로
번쩍 들어 올릴 때, 그는 이 기적 같은 일은 순전히 자기 덕분이었
다고 말하고 싶은 유혹을 받았을 것이다. 또 그로부터 수십 년이 지
난 뒤에 회고록을 쓸 때에도 그렇게 이야기하고 싶었을 것이다. 그
러나 그는 그렇게 하지 않았다.

실제로 그가 이룬 성공은 놀랍다. NFL 최악의 팀을 슈퍼볼 우승
팀으로 이끌었다. 그 모든 것이 주도면밀한 계획과 일정에 따라 이

루어졌고 정확하게 자기가 바라던 그대로 이루어졌다. 그리고 그 모든 것이 월시가 그만큼 훌륭하고 재능을 가지고 있었기 때문이라는 사실은 멋진 이야기가 아닐 수 없다. 실제로 그가 자기 입으로 그런 말을 한다고 해서 그를 비난할 사람은 아무도 없었다.

그러나 그는 그런 환상에 사로잡히기를 거부했다. 사람들이 사전에 슈퍼볼 우승을 향해 어떤 계획이 있었는지 물을 때마다 그가 했던 대답은 '아니오'였다. 그런 최악의 팀을 떠안았을 때 슈퍼볼 우승이라는 야심을 품는다는 것은 그야말로 꿈같은 이야기이기 때문이었다.

그가 포티나이너스에 합류하기 1년 전에 이 팀은 종합 전적 2승 14패를 기록했다. 팀의 사기는 완전히 떨어져 있었고 신인 드래프트도 없었다. 팀 전체는 패배감에 젖어 있었으며 팀은 붕괴되었다고 해도 과언이 아니었다. 월시가 지휘봉을 잡은 첫 해에 포티나이너스는 다시 2승 14패를 기록했다. 그는 두 번째 시즌 도중에 그만둘 생각도 했다. 자기로서는 도저히 해낼 수 없을 것 같아서였다. 그러나 그가 팀을 맡은 지 2년 만에 최악의 팀이던 포티나이너스는 슈퍼볼 우승팀이 되었다.

어떻게 이런 일이 일어났을까? '계획'에 없던 일이 어떻게 실제로 일어날 수 있었을까?

빌 월시가 지휘봉을 잡았을 때 그는 경기에 이기는 것 자체에 초점을 맞추지 않았다. 대신 그는 스스로 '성과 표준Standard of Performance'이라고 이름 붙인 것을 실행했다. 이것은 **무엇을, 언제, 어떻게 해야 하**

는가에 대해서 정리한 기준들이었다. 가장 기본적인 차원에서 조직 전체를 통틀어서 월시는 단 하나의 일정표만 가지고 있었고, 이 성과 표준을 선수들과 구단 전체에 내면화시키는 것이 그가 한 일의 전부였다.

이 성과 표준은 겉으로 보기에 대단한 것들이 아니었다. 예를 들면 '선수는 연습하는 운동장에서 앉아서는 안 된다. 코치진은 넥타이를 매야 하고 셔츠 자락을 바지 안으로 넣어야 한다. 모든 사람은 있는 힘껏 최선을 다해야 한다. 스포츠맨십은 기본적으로 갖추어야 하는 소양이다. 라커룸은 깔끔하게 정돈하고 깨끗하게 청소해야 한다. 흡연과 싸움과 욕설은 철저하게 금지한다'와 같은 것들이었다. 월시는 쿼터백에게는 공을 어디에서 어떻게 받아야 할지 말해줬고, 라인맨은 서른 가지의 전술을 철저하게 익히도록 했다. 패스 경로를 모니터링해서 오차를 인치 단위로 줄였다. 연습 시간은 분 단위로 설정했다.

이런 조치를 팀에 대한 통제를 강화하는 것이라고 생각하면 오산이다. 성과 표준은 팀에 '탁월함'을 불어넣기 위한 것이었다. 이런 사항들은 겉으로 보기에는 단순한 것 같지만 그럴 듯한 미래 계획이나 팀 내의 권력을 장악하고 과시하는 것보다 더 중요한 일이다. 월시는 선수들이 이런 사소한 기준들을 중요하게 여기고 지켜나갈 때 '성적은 저절로 따라올 것'이라고, 그래서 우승도 가능할 것이라고 생각했다.

월시는 또한 언제 승리할 수 있을지는 자기가 예측할 수 없는 일이라는 것을 알 만큼 겸손하기도 했다. 그가 역사상 어떤 감독보다 빠르게 팀을 우승으로 이끌었다고 할 수 있을지 모르지만 그건 그저 게임에서 벌어지는 행운이었을 뿐이다. 포티나이너스가 우승팀이 된 것은 월시의 장대한 비전 때문이 아니다. 실제로도 두 번째 시즌에는 코치 한 사람이 구단주에게 월시가 사소한 것에 너무 집착하고 있고 경기에서 이기겠다는 목표는 아예 가지고 있지도 않다고 불평하기까지 했다.

우리는 일반적으로 위대한 성공을 이룬 사람들은 **처음부터** 어떤 계획을 가지고 있다고 믿고 싶어 한다. 왜 그럴까? 그래야 우리도 계획을 세우는 즐거움을 느낄 수 있기 때문이다. 또한 그래야 장차 일어날 좋은 일들, 모든 부와 명예를 자기 공으로 삼을 수 있기 때문이다. 내러티브는 도무지 가능할 것 같지 않고 있을 것 같지 않은 성공을 이룬 다음, 그 길을 돌아보며 이런 말을 하는 것과 같다. "행운이 따라줬어"라거나 "이런 일이 일어날 줄은 몰랐는데"가 아니라 "나는 처음부터 이렇게 될 줄 알고 있었지"라는 식으로 말하는 것이다. 물론 당신은 전혀 알지 못했다. 설령 알았다고 하더라도 그것은 이성적이고 논리적인 판단이라기보다 맹목적인 믿음에 가깝다. 하지만 그 누가 당신이 성공에 이르기까지 내내 자기 스스로를 의심했다고 기억하기를 바라겠는가?

지나간 일들을 놓고 이야기를 만들어내려는 것은 인간적인 충동이다. 그것은 위험하기도 하고 사실과 어긋나는 것이기도 하다. 자기 이야기를 써내려가다 보면 극적으로 만들고 싶어지고 결국 진실로부터 멀어져 오만으로 이어지고 만다. 우리는 여전히 삶을 살아가야 하는데 그 삶이 하나의 이야기로 굳어져버리고, 우리는 그 이야기 속 등장인물이 되어버린다. 토비아스 울프는 자신의 소설 『올드 스쿨』에서 이에 대해 "이런 이야기들은 나중에는 어쨌거나 진지하게 그럴듯한 모양으로 꿰맞추어진다. 그리고 반복된 뒤에 회고록이라는 이름을 달게 되고, 다른 모든 설명의 경로들을 차단해버린다"라고 말했다.

빌 월시는 팀이 바뀌고 결국 우승컵까지 거머쥐게 된 것이 순전히 몹시 사소하고 신문 기사로 쓰기에도 너무 밋밋한 '성과 표준' 덕분임을 잘 알고 있었다. 그래서 사람들이 자기를 '천재'라고 부를 때조차 콧방귀를 뀌었다.

이렇게 천재라는 말이나 멋지게 포장된 이야기를 받아들이는 것이 개인적인 만족에는 아무런 해가 되지 않는다. 다만 문제는 그렇게 멋있게 포장한다고 해서 과거가 바뀌지는 않을 테지만 이런 왜곡이 우리의 미래에는 부정적인 영향을 미친다는 점이다.

월시의 선수들은 곧 머릿속에 어떤 이야기를 만들어 넣는 것이 위험하다는 사실을 입증했다. 대부분의 사람들이 그렇듯이 선수들은 이 엄청나게 놀라운 승리가 자기들의 능력 덕분에 가능했던 것이라고 믿고 싶었다. 포티나이너스는 첫 번째 우승컵을 든 다음 두 시즌 동안 다시 끔찍하게 저조한 기록을 세웠다. 이런 일은 당신에게 아직 없는 권한이 자신에게 이미 있다고 섣불리 자만할 때 흔히 일어난다. 또한 당신이 빠르게 이룬 성공과 당신을 동일시하면서 실제로 그 성공을 뒷받침했던 노력과 기준들을 느슨하게 할 때 일어난다.

포티나이너스의 선수들은 다시 성과 표준에 온전히 집중하고서야 비로소 다시 승리할 수 있었다. 포티나이너스는 그 뒤 10년 동안 슈퍼볼 우승을 세 차례 더 했고, 지구 우승을 아홉 번이나 했다. 선수들이 자기들만의 신화를 만들어내는 것을 그만두고 지금 당장 해야 하는 것에 초점을 맞추고 나서야 다시 예전처럼 승리할 수 있었던 것이다.

하지만 여기에는 또 다른 측면이 있다. 당신이 승리하고 나면 모든 사람이 당신을 사냥하려고 나선다. 적어도 당신이 정상에 서 있는 동안에는 에고를 감당할 여유가 있다. 내기에 건 돈이 클수록 충동을 멀리하고 실수의 여지는 더 줄어들기 때문이다. 이때는 오히려 남의 말에 귀를 기울이고 비판을 수용하고 개선하며 성장할 수 있는 능력이 어느 때보다 중요하다.

"저점에서 사고 고점에서 팔려고 애쓰지 마라. 거짓말쟁이가 아닌 한 이렇게 할 수가 없다." 20세기 재무 분야의 전문가인 버나드 바루크가 한 유명한 말이다. 즉 사람들이 주식시장에 대해서 이러쿵저러쿵 하는 주장들은 거의 믿을 게 못 된다는 말이다. 아마존 창립자인 제프 베조스도 이런 거짓말의 유혹에 대해서 얘기한 적이 있다. 그는 아마존이라는 거대한 기업을 키우는 동안에 어떤 문제에 대해서 명쾌한 해법이 떠올랐던, 이른바 '아하 순간aha moment'은 단 한 번도 없었다고 했다. 회사를 창립하거나 시장에서 돈을 벌거나 어떤 아이디어를 유망한 상품으로 발전시키거나 하는 일은 엉망진창의 연속이다. 이런 과정을 하나의 깔끔한 이야기로 압축하는 일은 과거에도, 미래에도 절대 가능하지 않다. 그것은 하나의 명쾌한 허구를 만들어내는 일일 뿐이다.

우리가 무언가를 열망할 때는 타인의 성공 스토리에 감동을 받고 그 길을 그대로 따라가고 싶은 충동을 느끼지만 여기에 저항해야만 한다. 목표를 이뤘을 때는 모든 것이 자기의 계획대로 이루어진 척하고 싶은 유혹을 뿌리쳐야 한다. 거기에 장엄한 대서사라는 것은 없다. 그와 같은 성공이 일어났을 때 당신은 우연히 거기에 있었을 뿐이다.

몇 년 전에 구글 창립자들 가운데 한 사람이 연설하면서 유망한 기업이나 기업가를 판단할 때 그 당사자에게 지금 본인이 세상을 바꾸고 있는지를 물어본다고 했다. 멋진 말이긴 하지만 구글이 창립된 방식은 그렇지 않았다. 래리 페이지와 세르게이 브린이 구글을 창립할 때 두 사람은 그저 스탠퍼드 대학교의 박사 과정을 밟던 학생이었다. 유튜브가 출범한 것도 마찬가지다. 유튜브 창립자들은 텔레비전을 새롭게 만들려고 한 것이 아니었고, 다만 재미있는 동영상 클립을 여러 사람들과 공유하고자 했을 뿐이었다. 사실상 거의 대부분의 유망한 기업과 부는 신화처럼 만들어지지 않는다.

숙박 공유 웹사이트인 에어비앤비와 소셜 뉴스 웹사이트인 레디트 그리고 인터넷 파일 공유 웹사이트인 드롭박스 등에 투자한 투자전문가 폴 그레이엄은 창업자들에게 대담하고도 포괄적인 비전을 너무 일찍 세우지 말라고 경고했다. 물론 그는 자본가로서 거대한 파급효과를 내고 세상을 바꿀 기업, 즉 돈이 되는 기업에 투자하고 싶었을 것이다. 그리고 그런 기업들이 '놀라울 만큼 야심에 찬' 아이디어를 가지고 있기를 바랐겠지만, 그러면서도 이런 설명을 덧붙인다. "진정 거대한 것을 할 수 있는 방법은 놀라울 정도로 작은 일에서부터 출발하는 것이 아닐까 싶다"라고.

그가 하는 말의 핵심은 에고에 휘둘리지 말고 작은 것에서 시작한 다음, 당신이 가고자 하는 방향으로 반복해서 야망을 키워가라는 데에 있다. '당신의 정체성을 계속 작게 유지하라'라는 그의 또 다른 유명한 충고도 동일한 맥락에서 이해할 수 있다. 당신이 하고자 하는 일과 그 뒤에 있는 원칙들에 충실하면서 일을 풀어나가야지 언론의 헤드라인을 장식할 만큼 화려하고 멋진 계획을 앞세워서 일을 해나가려고 해서는 안 된다.

나폴레옹은 아내에게 준 결혼반지에 '운명에게!'라는 말을 새겼다. 이 운명은 자기가 이미 믿고 있던 것이었으며, '운명에게'라는 말은 자신의 가장 대담하고 야심에 찬 발상들을 운명으로 합리화하는 것이기도 했다. 그런데 그의 실제 삶은 연달아 실패하고 이혼, 유배, 패배 그리고 오명으로 끝나버렸다. 철학자 세네카가 말하길, 위대한 운명은 위대한 노예일 뿐이라고 했다.

사람들이 내리는 '천재'라는 평가를 믿는 데에 진정한 위험이 도사리고 있다. 그리고 자만심에 도취되어 자기 스스로를 천재라고 칭하는 일은 한층 더 위험하다. 경력 뒤에 따라붙는 직책의 꼬리표도 마찬가지다. 사실 기껏 사소한 성공 하나를 거두었다고 해서 우리에게는 '영화 제작자'라거나 '작가' '투자자' '기업가' 혹은 '이사' 등과 같은 꼬리표가 따라붙지 않는가? 이런 것들은 실제 현실과 당신을 일치하지 않게 만들 뿐만 아니라, 최초의 성공을 가능하게 한 실제 전략과도 어긋나게 만들어버린다. 그 결과 미래의 성공은 실제적인 노동과 창의성, 끈기와 행운에 근거한 것인데도 당신이 뛰어나서 모든 것이 가능했다는 식의 근거 없는 환상에 사로잡히고 만다.

무엇을 하든 간에 우리도 예외는 아니다. 위대한 이야기의 주인공 행세를 할 게 아니라 일을 실행하는 것 자체에, 무엇보다도 그 일을 탁월하게 해내는 것에 초점을 맞추어야 한다. 가짜 왕관이 머리에 얹히는 것을 피하고 우리를 그 자리까지 오게 만든 그 일을, 노력을 계속 해나가야 한다. 그것이야 말로 우리를 정상의 자리에 계속 머물러 있게 해줄 힘이다.

우리가 세운 목표를 이뤘을 때
거기에 장엄한 대서사라는 것은 없다.
그와 같은 성공이 일어났을 때
당신은 단지 우연히 거기에 있었을 뿐이다.

당신에게
중요한 것은
무엇인가?

자기가 무엇을 좋아하는지 아는 것은 지혜와 노년의 시작이다.
—**로버트 루이스 스티븐슨** LOBERT LOUIS STEVENSON

　남북전쟁이 끝났을 때 율리시스 그랜트와 그의 친구이던 윌리엄 테쿰세 셔먼은 미국에서 가장 존경받고 또 중요한 인물이었다. 북부 연합군에게 승리를 가져다주었던 이 두 사람은 "당신이 원하는 것이 무엇이든 간에 당신이 살아 있는 한 당신의 것이다"라고 말했다. 그러나 두 사람은 제각기 다른 길을 걸어갔다. 셔먼은 공직에 나서라는 제안을 여러 차례 받았지만 정치권에 염증을 느꼈고, 자신은 원하는 것을 이미 모두 가지고 있다며 정치에 대한 제안을 모두 거절했다. 자신의 에고를 확실하게 다룰 줄 알았던 게 분명한 그는 은퇴한 이후 뉴욕 시티로 가서 남은 삶을 행복하고 만족스럽게 보냈다.

　한편 정치에 특별히 관심을 보이지 않았고 정치를 할 줄 몰랐기에 장군으로서 성공했던 그랜트는 대통령이 되고 싶었다. 그리고 실제로 압도적인 지지를 받으며 대통령이 되었다. 그러나 그가 이끈 정부는 미국 역사상 가장 부패하고 싸움만 일삼았던 무능한 정부로 손꼽힌다. 그랜트는 선하고 충성스러운 사람이었지만 더러운 워싱턴 정가에는 맞지 않는 인물이었고, 그 바람에 그는 너무도 쉽고 빠르게 망가지고 말았다. 그랜트가 두 번에 걸친 임기를 힘겹게 마치고 퇴임할 때 그의 뒤에는 온갖 비방과 논란의 인물들이 남았다. (정부 각료들과 그의 비서들은 대규모 금융 부정을 저질렀고, 그의 임기 중에 대규모 경제 위기도 발생했다.─옮긴이)

그랜트는 퇴임한 뒤에 자기가 가진 전 재산을 털어서 퍼디낸드 워드라는 투자자와 함께 금융회사를 만들었다. 하지만 워드는 오늘날로 치면 미국 역대 최악의 금융 사기꾼인 버니 매도프와 같은 인물이었고, 워드가 벌인 금융 사업은 다단계 사기였으며 그랜트는 결국 파산하고 말았다. 셔먼이 연민과 진정한 이해를 담아서 썼듯이, 그랜트는 '매번 전투를 치를 때마다 이기기 위해서 자기의 모든 것을 거는 백만장자들을 경쟁자로 삼으려 했다.' 이 욕심과 환상이 그를 파산으로 이끌었다. 그랜트는 엄청나게 큰 위업을 달성했지만 그에게는 충분하지 않았다. 그는 자기에게 무엇이 중요한지, 실제로 무엇이 가장 문제가 되는지 알지 못했던 것이다.

우리는 이미 우리가 가진 것에 만족하지 못하고 다른 사람이 가진 것까지 원하며 그보다 **더 많은 것을 가지길 바란다.** 처음 시작할 때는 자기에게 중요한 것이 무엇인지 알고 있지만 일단 그것을 얻고 나면 무엇이 가장 중요하고 덜 중요한지 잊어버린다. 에고는 그런 식으로 우리를 이리저리 흔들어대고 마침내는 우리를 파멸시킬 수도 있다.

그랜트는 자신의 명예를 지키기 위해서는 본인이 관여한 회사가 진 빚을 갚아야 한다는 생각에 내몰렸고, 결국 돈으로 따질 수 없는 가치의 전쟁 기념물을 담보로 돈을 빌렸다. 그는 정신적으로나 영적으로나 갈기갈기 찢어져 있었으며 후두암까지 앓고 있었다. 그랜트는 인생의 마지막 몇 년 동안 암의 고통과 싸우면서도 회고록 집필에 몰두했다. 가족들이 자기가 진 빚에 매이지 않고 그나마 품위를 지키며 살 수 있도록 하기 위한 발버둥이었다. 그랜트는 회고록을 완성한 뒤 얼마 지나지 않아서 사망했다.

율리시스 그랜트는 불과 예순세 살의 나이에 고뇌와 패배감 속에서 죽어갔다. 솔직담백하고 정직했지만 끝내 자기 자신조차 건사할 수 없었던 사람이었다. 자기가 가장 잘할 수 있는 분야에 집중하지 못하고 엉뚱한 곳을 떠돌다 삶을 마감한 이 시대적 영웅이 최후의 순간까지 비극적이었다는 사실을 생각하면 몸서리가 쳐질 정도다. 그가 낭비한 세월과 노력을 다른 곳에 쏟았다면 그는 무엇을 이룰 수 있었을까? 그랬다면 미국은 지금과 얼마나 다를 수 있었을까? 그는 얼마나 더 많은 성공을 이루었을까?

사실 이런 어리석은 실패를 한 사람은 그랜트뿐만이 아니다. 우리 모두가 별 생각 없이 혹은 묘한 매력을 느끼면서 탐욕이나 허영, 에고의 부추김에 '아니오'라고 대답하지 못하고 그랜트가 걸었던 길을 선택한다. 우리는 '예'라고 대답할 때 더 많은 성취와 성공이 보장될 것이라고 생각하지만, 실제 현실에서 '예'라는 내답은 우리가 추구하는 것을 가로막을 뿐이다. 우리는 모두 자기가 존경하지 않는 사람들에게 스스로를 입증하기 위해서, 원하지 않는 것을 얻기 위해서 좋아하지 않는 일을 하면서 귀중한 인생을 낭비한다.

왜 이렇게 행동할까? 이 질문에 군이 대답을 하지 않더라도 당신은 이제 그 이유를 잘 알 것이다. 에고는 우리를 질투하게 만들고 지위고하를 막론하고 모두 부패하게 만든다. 에고는 훌륭한 사람을 홀려서 그의 위대함을 허물어뜨린다.

우리는 대부분 자기가 인생에서 바라는 것이 무엇인지, 중요한 것이 무엇인지 잘 아는 상태에서 시작한다. 그런데 우리가 이룬 성공이 우리를 특별한 자리에 올려놓는다. 특히 그 성공을 일찍 이루었거나 결과가 대단할 때 더욱 그렇다. 우리는 갑자기 완전히 새로운 자리에 서 있게 되고, 그동안 간직해왔던 소중한 것들을 유지하기 어려워진다.

당신은 성공한 길을 걸어가면 걸어갈수록 당신이 이룬 일이 시시해보일 만큼 더 크게 성공한 사람들을 만나게 된다. 이런 상황에서는 당신이 얼마나 잘 하고 있는지는 중요하지 않다. 당신의 에고가 속삭이는 부추김과 다른 이들의 성공 때문에 당신의 성과는 **아무것도 아닌 것처럼 느껴진다.** 이런 상황은 누구에게나 똑같이 벌어지고 이 과정은 끝도 없이 반복된다. 그래서 우리는 무의식적으로 다른 사람들과 보조를 맞추려고 한층 더 빠르게 발을 놀리지만 사실은 제각기 서로 다른 이유로 달리고 있지 않은가? 그러니 똑같이 맞추려 애쓰기보다 더 나은 길을 찾아야 하지 않을까?

바로 이것이 셔먼이 그랜트에 대해서 하고자 했던 말이다. 적어도 우리가 원하는 바는 오래 지속되지 않는다. 그러니 잠시라도 이 모든 것들을 멈출 수 있다면 얼마나 좋을까?

물론 경쟁은 분명 인생의 중요한 요소다. 시장이 잘 돌아가게 하는 것도 경쟁이며, 인류가 이룩한 가장 인상적인 업적들 뒤에도 경쟁이 있었다. 그러나 개인적인 차원에서 보자면 지금 **누구를 상대로 경쟁하는지 그리고 왜 그렇게 하는지, 또 자기 자리가 어디인지를 분명하게 아는 것은 절대적으로 중요하다.**

오로지 본인만이 자기가 달리고 있는 경주에 대해서 안다. 다만 당신이 가치를 두는 유일한 길이 어디인지, 누구보다 당신이 더 많은 것을 가지는지를 당신의 에고가 결정하지 않는다면 말이다. 더 급한 문제를 말하자면, 우리는 누구나 각자의 독특한 잠재력과 생의 목적을 가지고 있다. 이것은 우리 자신만이 자기의 인생을 평가하고 또 그 인생에 여러 조건을 논할 수 있는 유일한 존재라는 뜻이다. 그럼에도 불구하고 우리는 다른 사람들로부터 인정받는 것이 당연하다고 여기며, 바깥의 기준에 도달하려고 기를 쓰고 노력한다. 그리고 그 때문에 자기의 중요한 가능성과 목적을 낭비해버린다.

세네카에 따르면 마음의 평정을 뜻하는 그리스어 '에우테미아 euthymia'는 자주 생각해야 할 말이다. 이것은 자기가 가는 길에 대한 인식이며 그 길에 끼어드는 모든 방해물들을 신경 쓰지 않고 오로지 거기에만 집중하는 상태를 말한다. 달리 말해 이것은 남을 이기는 것에 방점을 찍지 않는다. 자기 자신의 상태에 집중하는 것, 그로부터 한눈을 팔지 않고 자기 자신에 최선을 다하는 것에 힘을 쏟는다.

지금은 마음을 차분하게 하고서 자기 자신에게 진정으로 중요한 것이 무엇인지 생각하고 중요하지 않은 나머지들을 버리기 위한 방법을 찾아야 한다. 그렇게 하지 않고서는 아무리 성공을 거둔다 하더라도 결코 즐겁지 않고 완벽할 수도 없다. 최악의 경우에는 그 성공이 지속되지도 않는다.

돈과 관련해서는 더욱 그렇다. 만약 당신이 얼마만큼의 돈이 필요한지 모르면 당신은 일단 많이 벌면 벌수록 좋다고 생각한다. 그래서 가지고 있는 에너지를 모두 돈을 불리는 데에만 쓴다. 표절로 망신을 당했던 작가 조나 레러도 자기가 저지른 실수를 되돌아보면서 "누구든 자기 내면에 있는 불안과 야망이 결합하는 순간 그 어떤 것도 거부할 수 없게 된다"라고 말했다.

에고는 균형을 거부한다. **독식하길 원한다.** 왜 협상을 해야 하는가?

에고는 당신이 배우자를 사랑하고 있음에도 불구하고 새로운 이성에 대해 호감을 느낄 때 그 마음을 부추기고 괜찮다고 말한다. 당신이 어떤 것을 이제 막 이해하기 시작했을 때 이제 그만 다른 걸로 넘어가야 하는 것 아니냐고 부추긴다. 이런 일이 반복되다 보면 당신은 바른 길에서 한참 벗어난 것들에도 '예'라고 쉽게 말하게 된다. 이런 일들은 우리 주위에서 너무도 많이 일어나지 않는가? 이렇게 해서 우리는 소설 『백경』의 아합 선장과 같은 사람이 되어 거대한 고래 '모비 딕'을 좇는 것이다.

당신이 정해놓은 우선 순위의 첫 번째가 돈일 수도 있고 어쩌면 가족일 수도 있다. 영향력이나 변화일 수도 있고, 누군가에게 도움이 되거나 조직을 지속하는 일일 수도 있다. 이 모든 것들은 완벽하게 멋진 동기부여가 된다. 그러나 당신이 무엇을 원하지 않는지, 하나를 선택함으로써 영원히 포기하게 되는 것은 무엇인지 알아야 한다. 전략들은 흔히 서로를 용납하지 않기 때문이다. 어떤 사람이 오페라 가수이면서 동시에 십 대 아이돌 가수가 될 수 없는 것과 마찬가지이다. 인생은 그 균형과 타협을 요구하지만 에고는 그것을 용납하지 못한다.

그렇기 때문에 '당신은 지금 하고 있는 일을 왜 하는가?'라는 질문에 대답할 필요가 있다. 여기에 분명히 대답할 수 있을 때까지 이 물음을 뚫어지게 보아라. 그 대답이 나올 때에야 비로소 무엇이 중요하고 중요하지 않은지 이해하게 된다. 그때에야 당신은 '아니오'라고 말할 수 있고 또 당신에게 중요하지 않은, 어쩌면 현실에 아예 존재하지도 않는 어리석은 경주에서 몸을 빼낼 수 있을 것이다. 그리고 비로소 '성공했다는' 사람들에 신경쓰지 않을 수 있을 것이다. 왜냐하면 대개 그 사람들은 진짜로 성공한 게 아니기 때문이다. 적어도 당신에 상대적으로도 그렇고, 또 본인들을 놓고 봐서도 그렇다. 그때에 이르면 세네카가 말했던 평온한 자신감을 키울 수 있게 된다.

모든 사람이 가지고 있는 헛된 신화가 있다. 대개 다른 사람이 가지고 있지만 **자기에게는 없는 것을 가지기만 하면 행복해질 것이라는 믿음**이다. 하지만 몇 차례 경험하고 보면 그게 다 환상이었음을 깨닫는다. 더 많은 것을 가지고 더 많은 일을 할수록 자기가 가진 목적에 충실하기란 그만큼 더 힘들어지지만, 그럴수록 당신은 더 이성적이고 비판적이어야 한다.

어떤 프로젝트나 의무에 매여 있다가 문득 그 일을 왜 하고 있는지 도무지 알 수 없을 때가 있다. 이런 순간에 멈춰 서기 위해서는 용기와 신념이 필요하다. 당신이 지금 추구하고 있는 것이 무엇이며 그것을 왜 좇고 있는지 그 이유를 알아내라. 당신의 발걸음을 방해하는 사람들을 신경쓰지 마라. 그 사람들이 가진 것에 마음을 두고 부러워한다면 당신은 결코 자유로울 수 없다.

성공의 그림자,
권한과 통제
그리고 집착

어떤 사람이 신경쇠약에 걸려 있을지도 모른다고 판단할 수 있는 근거 가운데 하나는
그가 자기가 하는 일이 엄청나게 중요하다고 믿느냐 하는 것이다.
—버트런드 러셀 BERTRAND RUSSEL

페르시아의 황제 크세르크세스가 그리스를 침공하면서 헬레스폰
트를 건널 때였다. 기술자들이 여러 날에 걸쳐 배를 2단으로 붙여서
만든 다리가 폭풍우로 부서져 버렸다. 그러자 크세르크세스는 쇠사
슬을 물에 던져 바다를 3백 번 채찍질하고 낙인을 찍은 다음 족쇄
를 채우라고 명령했다. 병사들은 이 황당한 지시를 이행하면서 황
제의 명령에 따라 "너, 짜고도 쓴 폭풍우여! 너의 주인께서는 너를
해친 적이 한 번도 없거늘 너는 감히 주인을 해쳤으니, 그가 내리는
벌을 받아 마땅하도다"와 같은 소리를 늘어놓았다. 그리고 크세르
크세스는 다리를 건설한 사람들의 목을 쳤다.

그리스의 위대한 역사가 헤로도토스는 크세르크세스의 이 행동
을 '주제넘다'라고 했는데, 그보다는 '터무니없다'거나 '망상적이
다'라는 말이 훨씬 더 적절해 보인다. 그런데 사실 이 일이 있기 직

전 크세르크세스는 인근에 있던 산에 편지를 보낸 적도 있다. 그로서는 운하를 파기 위해 허물어야 하는 산이었다. 그가 보낸 편지에는 이런 말들이 써 있었다. "네가 비록 아무리 크고 자부심이 대단하다지만 어찌 감히 나에게 불편함을 안겨준단 말이냐. 당장 멈추지 않으면 너를 거꾸러뜨려서 바다에 처박아버릴 것이다!"

얼마나 우스꽝스러운 모습인가? 하지만 또 얼마나 애처로운 일인가? 불행하게도 크세르크세스의 이런 망상은 역사적으로 이례적인 일은 아니다. 성공에는, 특히 권력 쟁탈과 관련된 성공에는 가장 거대하고 위험한 상상들이 늘 뒤따른다. 그것은 바로 권한과 통제 그리고 집착이다.

당신은 크세르크세스처럼 광증에 휩싸여서 대상을 의인화하고, 더욱이 그것을 처벌하는 우스꽝스러운 짓은 하지 않길 바란다. 이런 행동이야말로 진정 미친 짓이며 그렇기에 또 흔하지는 않은 일이다. 하지만 자기의 힘(권력)을 과시하는 모습은 주변에서 매우 자주 볼 수 있다. 이럴 때 그런 사람은 전체적이고 객관적인 관점을 잃어버린다. 그러다 심하면 결국 크세르크세스처럼 희대의 우스꽝스러운 모습을 보일 수도 있다. 시인 윌리엄 블레이크도 '지금까지 알려진 가장 강력한 독은 카이사르의 월계관에서 나온 독이다'라고 썼다. 성공은 사람들에게 사악한 마법을 부린다.

이 문제는 우리가 성공으로 가는 길에 놓여 있다. 우리가 성취하려는 것들은 흔히 우리의 원초적인 힘과 의지력을 필요로 한다. 개척자적인 정신과 기술이 과거에는 없었던 것들을 만들어낸다. 이때 많은 부는 시장에서 우위를 차지해서 가능성을 실현한다는 것을 의미한다. 운동 경기의 우승자들도 경쟁자들보다 신체적, 기술적 우월함을 입증하고 우승이라는 영광을 차지한다.

성공은 주위 사람들의 의구심에 대한 무시를 내포한다. 거부를 거부한다는 뜻이고 위험을 감수한다는 뜻이다. 어떤 순간에 포기할 수도 있었지만 포기하지 않고 매달렸기에 성공이라는 정상에 도달하기 때문이다. 터무니없는 역경에 직면했을 때 발휘되는 끈기와 용기는 논리로는 설명될 수 없다. 어떤 경우에는 정말 무모하기 짝이 없지만 이렇게 해서 성공했을 때, 그런 무모함이 논리적인 근거처럼 받아들여지고 실제 현실에서 입증되었다고 생각할 수 있다.

그렇게 하면 안 될 이유가 뭐가 있겠나? 비논리적이고 무모한 시도였으나 어쨌든 성공을 했고, 변화가 크든 작든 세상이 바뀌었으니 우리 안에 마법의 힘이 존재한다고 생각하는 게 사람이다. 우리가 더 크고 강하고 똑똑하기 때문에 그런 성공을 거두었다고 믿는다. 사람들은 이런 식으로 **자기의 현실 속에 허상을 만들어낸다.**

콩 모양 플라스틱으로 속이 채워진 동물 모양의 봉제 인형인 비니 베이비 인형을 만들어낸 타이 워너는 자기가 일군 1조 달러짜리 회사를 무너뜨리기 직전에 직원의 반대를 무시했다. 그는 자기가 비니 베이비 인형을 쓰레기 위에 올려놓고도 사람들에게 팔 수 있다고 으스댔지만 그의 생각은 틀렸다. 그의 회사는 망했고, 그는 감옥행을 가까스로 피했다.

당신이 백만장자이거나 억만장자라도 마찬가지이고 혹은 일찍 좋은 직장에 취직한 청년이라고 해도 마찬가지다. 당신을 현재의 성공의 자리까지 데려다준 그 완벽한 확신은 조심하지 않는 순간 자산이 아니라 부채로 돌변할 수 있다. 보다 나은 삶을 위한 꿈과 그것을 위해 요구되는 일들, 노력을 추동하던 야망, 이런 것들은 처음에는 순수한 동기였지만 방치되는 순간 자만이 되고 당연한 권한으로 잘못 인식된다. 어떤 것에 대해 책임을 지고자 하는 본능도 마찬가지이다. 당신은 통제하는 것에 푹 빠질 수 있다. 당신에 대한 의심이 틀렸다는 걸 증명하고 싶은 충동이 생기는가? 집착의 씨앗들을 환영한다!

물론 성공한 뒤에 당신이 누리는 새로운 삶에는 책임이 동반되고, 이 때문에 예전에는 없던 스트레스와 고뇌에 싸일 수는 있다. 당연한 일이다. 당신이 관리하는 모든 것들, 사소한 부주의로 실수를 저지르는 사람들로부터 받는 좌절감, 당신이 져야 할 끝없는 책임들…… 게다가 이런 것들을 대비하도록 그 어떤 조치도 없었기 때문에 더 힘들다고 느낀다. 약속된 땅은 멋질 줄만 알았지 그 반대일 거라고는 생각하지 못했다. 하지만 그런 장애들이 당신을 궁지로 몰게 내버려둘 수는 없지 않은가? 당신은 자기 자신과 생각과 마음을 직접 다스려야 한다.

독립전쟁이 벌어지고 있던 당시에 미국의 외교관으로서 프랑스와 영국으로 파견되었던 아서 리는 동료 외교관이던 사일러스 딘이나 자기보다 나이 많은 정치인이었던 벤자민 프랭클린과 협력하지 않았다. 오히려 이 두 사람을 분노하게 만들었고 또 이들이 자기를 좋아하지 않을지 모른다고 의심했다. 한동안 이런 불화가 그들 사이에 유지되자 마침내 프랭클린이 그에게 "만일 당신이 그런 기질을 스스로 치료하지 않는다면 당신은 미쳐버리고 말 것입니다. 그 기질은 미쳐가는 증상을 보이는 전조입니다"라는 내용의 편지를 썼다. 다만 프랭클린은 이 편지를 쓰기만 했지 부치지는 않았다. 아마도 본인이 그런 기질을 가지고 있기 때문이었을 것이다.

혹시 당신은 리처드 닉슨이 백악관 집무실에서 했던 말을 녹음한 것을 들어보았는가? 만일 그랬다면 누군가 닉슨에게 프랭클린이 썼던 것과 똑같은 내용의 편지를 보내면 좋았을 거라고 생각할지도 모른다. 그 녹음 테이프는 법률적으로 자기에게 주어진 권한이 무엇인지, 그리고 국민에게 기여하기 위한 의무가 무엇인지뿐만 아니라 현실의 객관적인 상황까지도 잊어버린 한 사람에 대해 통찰할 수 있게 해준다. 녹음 테이프 속의 닉슨은 지극한 자신감과 무기력한 공포 사이의 그 엄청난 양극단을 끊임없이 오간다. 닉슨은 사람들과 대화하면서도 본인이 믿고 싶은 것이 진실이 아닐 수도 있다고 말하는 정보나 비판을 거부한다. 그는 그 누구도 부인할 수 없는, 심지어 그의 양심조차도 부정할 수 없는 거품 속에서 살고 있었다.

에고는 최악의 적이다. 당신의 에고는 당신이 사랑하는 사람까지도 다치게 만든다. 당신의 가족과 친구는 당신의 에고 때문에 고통을 당한다. 당신의 고객도 그렇고 당신을 좋아하는 팬도 마찬가지이다.

나폴레옹은 프랑스 사람들을 자기가 부려야만 하는 수동적인 대상, 자기보다 결코 더 나을 수 없는 저열한 대상으로 보았다. 무조건적으로 그를 지지하지 않으면 자기에게 반대할 사람이라고만 생각했다. 그를 비판하던 사람 하나는 이 문제를 집요하게 파고들어서 다음과 같이 말했다. "나폴레옹은 어떤 나라의 박수를 받고자 하면서도 정작 그 나라를 경멸한다"라고.

똑똑한 사람이라면 자기가 가진 힘의 한계가 어디까지인지 주기적으로 확인한다. 그런 힘은 '이 힘은 내 것이다. 내가 이 힘을 획득했다'라는 식으로 망상을 부추긴다. 또한 다른 사람들에게는 인색하게 구는데 그들이 자기만큼 중요하다는 생각을 하지 못하기 때문이다. 이렇게 착각하는 사람들은 장황한 연설이나 선언문 같은 말들을 늘어놓아 자기를 위해서 함께 일하는 사람들과 지금 가는 길 외에 달리 선택의 여지가 없는 이들을 지치게 만든다. 자기 능력을 과대평가하며 모든 상황을 장밋빛으로 낙관해 결국에는 허무맹랑하기 짝이 없는 기대와 목표를 제시한다.

한편 통제는 모든 것은 **자기 방식대로 이루어져야 한다는 사고방식이다.** 아무리 작고 사소한 것이라도 예외는 없다. 그래서 유해한 완벽주의가 나타나고, 과시가 목적인 의미 없는 전투가 수도 없이 벌어진다. 이 망상에 사로잡힌 사람 역시 정작 우리가 도움을 청해야 할 사람들이나 우리를 묵묵히 따라준 사람들을 한계치까지 밀어붙여 지치게 만든다. 공항 직원과 싸우고 전화 상담원과 싸우고, AS 기사와 싸운다. 그래서 결국 무엇을 얻는가? 우리는 날씨를 통제할 수 없고 시장을 통제할 수 없고 다른 사람들을 통제할 수도 없다. 이 과정에서 쏟는 노력과 에너지는 아무런 효용도 발휘하지 못한 채 그저 낭비만 될 뿐이다.

피해망상, 편집증적 성향은 자기 외에 그 누구도 믿지 않는다. '내가 여기까지 온 것은 순전히 내 힘으로 나 혼자서 한 일이다'라는 식으로 생각하고 주변에는 바보들만 있다고 말한다. 자기의 일과 주어진 의무, 자기 자신에 집중하는 것만으로는 충분하지 않다고 말한다. '커튼 뒤에서 보이지 않는 다양한 술책들도 함께 통제해야 한다. 그것들이 나를 잡고 휘두르기 전에 내가 그것들을 먼저 잡아야 한다'는 식이다.

정치 지도자로서 권력의 최고위층에서 파괴적인 피해망상을 직접 목격했던 세네카는 실체가 없는 공허한 공포에 빠져든 사람은 결국 반복되는 공포를 만들어내고 거기에 시달린다고 했다. 이렇게 해서 슬픈 악순환이 반복된다. 1인자가 되는 것만을 맹렬히 추구하는 행동은 그가 맺고 있는 관계 속에서 다른 사람들을 자극하고 또 스스로와 싸우도록 만든다. 이런 사람들은 편집증적 망상에 사로잡혀 자신의 약함과 불안을 감추려 애쓴다. 스스로를 보호하려 미친듯이 굴고 그 망상에 사로잡혀 자신이 만든 환상과 혼돈의 감옥 속에 스스로를 가두어 버린다. 다른 사람들은 이들의 행동을 그저 바라볼 뿐이다.

이것이 당신이 성공을 꿈꾸며 상상하던 바로 그 자유인가? 분명히 아닐 것이다. 당신은 이제 그만 멈춰야 한다.

에고는 최고의 적이다.
에고는 당신이 사랑하는 사람까지도
다치게 만든다.

리더의
자격

위대한 여러 가지 덕목을 갖추는 것만으로는 충분하지 않다.
우리는 이 덕목들을 관리할 수 있어야 한다.
—라 로슈푸코 LA ROCHEFOUCAULD

1953년에 드와이트 아이젠하워는 대통령 취임 축하 퍼레이드를 마치고 백악관에 들어갔다. 그가 대통령 관저로 들어갈 때 안내하던 직원이 그날 아침 일찍 그에게 배달되었던 편지 두 통을 전달했다. 겉봉에는 '기밀 사항'이라고 적혀 있었다. 편지를 받은 아이젠하워의 반응은 신속하고도 단호했다. "앞으로는 무조건 편지를 개봉해서 가지고 오세요. 그게 바로 내가 비서를 두는 이유니까."

정말 대단한 거드름 아닌가? 대통령이라는 직책이 그를 그토록 우쭐하게 만들었던 것일까?

사실은 그게 아니었다. 아이젠하워는 겉으로 보기에 아무런 의미가 없어 보이는 그 사건이 무엇을 뜻하는지 즉각 알아차렸다. 그에게 대통령이 편지를 자기 손으로 직접 뜯어야 한다는 것은 조직이 제 기능을 못한다는 의미였다. 그는 자기가 모든 것에 다 관여할 필요는 없다고 보았던 것이다. 편지를 미리 읽어보고 정말 중요한 것이라고 말해줄 사람이 있어야 하는데 어째서 아무도 그 편지를 미리 확인하지 않았단 말인가? 이것이 그가 가진 문제의식이었다.

대통령으로서 그가 우선순위로 삼았던 과제는 행정부 조직을 군대와 마찬가지로 매끄럽고 일사불란하게 돌아가는 명령체계로 만드는 것이었다. 그가 일을 직접 하기 싫어서가 아니라 모든 사람이 자기 직무를 가지고 있고, 대통령은 그 체계 내의 각 개인을 믿고 그들에게 적절한 권한을 주는 게 옳다고 생각했기 때문이다. 이와 관련해서는 그의 휘하에 있던 참모총장도 이렇게 말했다. "대통령은 가장 중요한 일들을 처리하고, 나는 그 다음으로 중요한 일들을 처리한다."

아이젠하워가 가지고 있던 대중적인 이미지는 골프를 치는 모습이었다. 실제로 그는 결코 게으름을 부린 적이 없었지만 여가 시간만큼은 늘 넉넉하게 가졌다. 그가 다른 사람들을 효과적으로 관리한 덕분이었다. 그는 긴급한 일과 중요한 일이 동일하지 않다는 것을 알았다. 그가 할 일은 우선순위를 정하고 큰 그림을 살피며, 또 자기를 보좌하도록 고용한 사람들을 믿는 것이었다.

대부분의 사람은 대통령이 아니고 기업의 대표인 경우도 드물다. 그러나 저마다 인생에서 크고 작은 성공을 거두어 왔다. 다만 우리를 성공하게 만든 업무 습관과 방식이 더 큰 성공을 보장하지 못할 수도 있다. 지금까지 해온 것들이 반드시 우리를 보다 더 높은 곳으로 이끌어주지는 않는다는 말이다. 더 위로 올라가기를 꿈꾸는 평범한 존재일 때는 특이한 방식이 먹힐 수도 있고, 또 조직이 제 기능을 하지 못하는 상황을 개인의 노력이나 약간의 행운으로 보완할 수도 있다. 그러나 사다리의 높은 자리에서는 그런 게 통하지 않는다. 거기에서는 계속 성장하지 못하거나 **조직화**하지 않는다면 밀려날 수밖에 없다.

아이젠하워의 백악관 체계와 악명 높은 드로리언 모터 컴퍼니를 비교해보자. 드로리언 모터 컴퍼니는 존 드로리언이 GM을 떠나 미래 자동차 브랜드를 만들기 위해 세웠던 자동차 회사였다. 이 회사가 어마어마한 실패와 함께 사라진 지 이미 수십 년이 지났으므로 드로리언이 시대를 지나치게 많이 앞서갔던 사람이라고 말해도 충분히 용서받을 수 있을 것 같다. 사실 드로리언의 성장과 몰락은 시대를 초월하는 멋진 이야기 구조를 가지고 있다. 말하자면 권력을 갈망하던 자기도취자가 본인이 세운 비전을 스스로 무너뜨리고, 이 과정에서 다른 사람들의 돈 수백만 달러를 허공에 날려버리고 만다는 내용이다.

드로리언은 GM의 규율 문화가 자기와 같이 뛰어나고 창의적인 사람들을 억눌러서 제 역량을 제대로 발휘하지 못하게 만든다고 확신했다. 그래서 그는 직접 회사를 세운 후 기존의 관행과 전통을 비웃으면서 모든 것을 의도적으로 GM과 다르게 만들었다. 하지만 결과는 드로리언이 상상하던 자유분방하고 창의적인 회사가 되지 않았다. 위압적일 정도로 정치적이고 제 기능을 하지 못하고 심지어 부패하기까지 한 조직이 되었다. 드로리언 모터 컴퍼니는 결국 무너지고 말았다. 나중에 드로리언은 범죄와 사기를 동원해서라도 회사를 유지하려 했지만 소용이 없었고, 끝내 약 2억 5천 만 달러의 손실을 투자자에게 안겨주었다. 회사가 위에서부터 아래까지 철저하게 잘못 관리되었기 때문이다. 아이젠하워에 비해서 그는 쉬지 않고 일을 했지만 결과는 그와는 비교가 되지 않을 정로도 참담했고 그는 결국 자동차와 기업 두 가지 측면에서 모두 실패했다. 이것은 드로리언 자신이 문제라는 뜻이었다.

드로리언은 자신의 의도와 상관없이 에고가 활개를 치는 기업문화를 만들었다. 그는 당연히 계속 성공할 것이라고 확신하고서 규율, 조직, 전략적 계획 등과 같은 개념들을 가볍게 다루었다. 대부분의 직원들은 충분한 지시를 받지 못했으며, 어떤 때는 온갖 사소한 지시들에 압도되기도 했다. 드로리언은 자기를 대리하는 사람을 세우고 권한을 위임할 수도 없었고 맹목적으로 충성을 다하는 아첨꾼들을 능력이나 기술과 상관없이 중용했다. 무엇보다도 그는 자주 지각하거나 지나치게 일에 몰두했다.

이사들은 회사에서 지급받은 돈으로 회사 업무와 관련 없는 일들을 했으며, 회사를 희생시켜서 대표에게만 이득을 주는 부수적인 사업들을 열심히 추진하도록 드로리언을 부추겼다. 그리고 CEO로서 드로리언은 투자자들, 동료들과 협력업체들에게 자주 사실을 왜곡해서 전달했는데 이런 그의 습관은 회사 전체로 확산되었다. 그의 의사 결정은 효율적이지 않고 관리할 수도 없으며, 책임지지 않을 모든 것들에 기대어 이루어졌다.

드로리언이 혁신이라는 이름으로 했던 것은 GM의 체계를 개선하거나 고치는 것이 아니라 기업 내의 질서 자체를 아예 망가뜨리는 일이었다. 아무도 규칙을 따르지 않고 아무도 책임지지 않으며 아무 것도 이루어지지 않는 무질서 속에서 무엇이 나올 수 있었겠는가? 이 회사가 곧바로 무너지지 않았던 유일한 이유는 드로리언이 홍보의 귀재였다는 점이다. 드로리언의 그 재능은 최초의 엉터리 자동차가 조립 라인에서 '드로리언'이라는 이름을 달고 완성될 때까지 회사 내의 모든 부정적인 것들을 감쪽같이 보이지 않게 만들었다.

이렇게 해서 만들어진 자동차가 끔찍한 것이었음은 그다지 놀라운 일이 아니었다. 이 자동차는 제대로 움직이지 않았다. 생산비용은 예산을 훨씬 상회했고 중개인도 충분히 확보하지 못했다. 뿐만 아니라 확보한 중개인들에게조차 자동차를 제대로 인도하지 못했다. 그야말로 총체적인 재앙이었고 회사는 이 난국에서 끝내 헤어 나오지 못했다.

결국 이러한 예는 위대한 지도가가 되는 것이 정말 어렵다는 사실을 보여주는데, **그걸 누가 모르나?**

드로리언은 자기 자신을 통제할 수 없었고, 다른 사람들을 관리하는 데도 문제가 많았다. 그래서 그는 결국 실패하고 말았다. 그가 꾸었던 꿈은 말할 것도 없고 본인조차도 산산조각이 나버렸다. '관리? 관리라는 것은 내가 창의성과 새로운 발상들을 가지고 있으면 저절로 따라오는 것 아닌가?' 이런 생각이 드로리언을 파멸로 이끌었다. 어른이 되는 것도 마찬가지이다. 우리는 누구나 십 대 시절 어른의 감시에 저항하지만 결국 반란의 대상이 되었던 그 어른이 되고 만다. 하지만 우리는 흔히 심술을 내면서 '지금은 **내가 책임자니까** 앞으로는 예전과 다르게 일을 진행할 거야!'라는 식의 태도를 보이는 것이다.

그런데 아이젠하워를 생각해보라. 그는 대통령이었다. 그것도 미국의 대통령이었고, 따라서 가장 강력한 권한을 가지고 있었다. 자기가 좋아하는 것은 무엇이든 할 수 있었지만 그렇게 하지 않았다. 국가가 질서와 책임을 필요로 한다는 사실을 잘 알고 있었고, 그에 대한 관심이 개인적인 관심사보다 더 크고 무거웠다.

드로리언의 경우가 특히 안타깝고 슬픈 것은, 재능있는 많은 사람들이 그랬듯이 그의 발상 자체는 틀리지 않았기 때문이다. 그의 자동차는 흥미로울 만큼 혁신적이었고 그가 내놓은 모델은 충분히 잘 통할 수도 있었다. 그는 자산과 재능을 모두 가지고 있었지만 그의 에고와 거기에서 비롯된 탈조직화가 문제였다. 그것들이 성공을 보장할 수도 있었던 여러 요소들이 하나로 결합되지 못하도록 가로막은 것이다.

어떤 사람이 자기 분야에서 성공하면 이 사람이 책임져야 하는 내용과 방식은 바뀌기 시작한다. 무엇인가를 직접 실행하는 데 들어가는 시간은 점차 줄어들고, 반대로 어떤 의사결정을 내리는 데 들어가는 시간은 점차 늘어난다. 리더십의 특성이 원래 그렇다. 이런 전환 과정에서는 자신을 재평가하고 업데이트해야만 한다. 또 예전에 자기가 하던 업무 가운데서 보다 더 즐겁거나 더 큰 만족을 가져다 주는 일이라고 하더라고 몇몇은 과감하게 포기해야 한다. 바꾸어 말하면, 자기가 특히 잘한다고 생각하는 특정 분야의 업무를 다른 사람들이 더 잘할 수 있다는 사실을, 자기보다 그 사람들이 작업에 들이는 시간이 더 유용하다는 사실을 받아들여야 한다는 뜻이다.

그러나 모든 사소한 문제들에 끊임없이 관여하는 것이 더 재미있을 수 있고, 조직이 어려운 상황에 처했을 때 해결사로 부름을 받고 그 역할을 할 때 자기가 중요한 인물이라고 확실하게 느낄 수 있다. 사소한 일들은 끊임없이 나타나게 마련이고 때로는 이런 일들을 멋지게 처리하는 것이 돋보이기도 한다. 이에 비해서 큰 그림을 그리는 일은 전모를 파악하기조차 어렵고, 당연히 늘 재미있지만은 않다. 하지만 이것은 리더가 해야만 하는 일이다. 만일 조직의 리더가 '사장 놀이'를 하느라 너무도 바쁜 나머지 조직의 청사진을 생각하지 않는다면 누가 그 일을 하겠는가?

물론 '옳은' 체계라는 것은 없다. 때로는 탈조직화할 때 더 효과적이기도 하고 철저한 관료적 위계로 조직될 때 더 효과적일 수도 있다. 모든 사업과 목표는 성취 과정에서 수행해야 할 것과 완벽하게 들어맞는 각각의 접근법으로 다가가야 한다. 창의적이고 느슨한 환경이 어떤 기업에는 가장 좋을 수도 있고 원격으로 기업을 운영할 수도 있다. 어떤 기업은 모든 직원이 서로 얼굴을 맞대고 일하는 방식이 더 나을 수도 있다.

중요한 것은 리더라면 자기가 속한 업계에 산 채로 잡아먹히기 전에 자기 자신과 다른 사람들을 관리하는 방법을 배워야 한다는 점이다. 일일이 사소한 것에 간섭하고 나서는 관리자는 다른 사람들을 총체적으로 관리할 수 없는 자기중심주의자이다. 이들은 곧 너무 많은 업무가 그들에게 집중되어 버려서 결국 일을 제대로 수행하지 못한다. 또 실행해야 할 시점에서 일에 흥미를 잃어버린 카리스마 넘치는 공상가 역시 관리라는 측면에서는 리더의 자격이 없다. 하지만 이보다 더 나쁜 경우는 주변을 예스맨이나 아첨꾼들로만 채우는 리더이다. 그들은 리더가 만들어내는 온갖 쓰레기들을 치우며 거품을 만들어서 그가 현실과 얼마나 동떨어져 있는지 알아채지 못하게 만든다.

자기에게 새롭게 부과된 책임을 다할 수 있으려면 자기의 역할을 재조정해야 하고 또 목적을 한층 더 분명하게 정리해야 한다. 그러기 위해서는 우선 조직과 개인 생활에서 가장 높은 차원의 목표를 설정하고 우선순위를 정해야 한다. 그런 다음에 이것들을 밀어붙이는 한편 끊임없이 살펴야 한다. 그렇게 해서 결과를 내놓지 않으면 아무 소용이 없다.

생선은 머리부터 썩는다는 말이 있다. 지금 당신은 '생선의 머리'이고, 당신이 지금까지의 일구어놓은 기업이 썩느냐 마느냐는 바로 당신에게 달려 있다.

'나'라는
질병

만일 내가 내 편을 들지 않으면 누가 내 편을 들겠는가?
하지만 만일 내가 오로지 내 편만 든다면, 나는 도대체 누구란 말인가?
──힐렐 HILLEL

2차 세계대전 때 연합군에서 활약했던 위대한 장군들이 있다. 패튼, 브래들리, 몽고메리, 아이젠하워, 맥아더, 주코프 그리고 조지 캐틀릿 마셜 장군이 그들이다. 위에 언급한 모든 장군들이 나라를 위해서 싸우며 용감하게 군대를 이끌었지만 한 사람은 다른 사람들과 다른 면모를 보여주었다.

오늘날 우리는 2차 세계대전을 선한 연합군이 악한 세력에 맞서서 헌신적으로 싸운 전쟁이라고 생각한다. 그러나 그 뒤로 많은 세월이 흘렀고 또 연합군이 승리한 전쟁이었기 때문에 그 싸움에서 옳은 편에 섰던 사람들이 정말 너무도 '인간적'이었다는 ('인도주의적'이 아니다!) 사실은 희미해져 버렸다. 전쟁 중에 연합군 내부에서 일어났던 온갖 정치적인 권모술수와 스포트라이트 쟁탈전, 질투와 가식, 탐욕 그리고 변명과 발뺌 등이 쉽게 잊혀져 버렸다. 연합군의 모든 장군들은 나라의 이익을 위해서 그리고 개인적으로 역사에 이름을 남기려고 서로 악다구니를 벌이며 싸웠다. 그런데 한 사람, 조지 마셜 장군은 그들과 달랐다. 보다 더 인상적인 사실은 그가 자신이 이룩한 성취로써 나머지 사람들을 모두 조용하게 앞질렀다는 점이다. 그의 비밀은 무엇이었을까?

로스앤젤레스 레이커스와 마이애미 히트를 우승으로 이끌었던 유명한 농구 감독 팻 라일리는 위대한 팀들은 어떤 궤도를 따르는 경향이 있다고 말한다. 이 팀들은 한 차례 승리의 기쁨을 맛보기 전에는 아무런 사심 없이 순진무구하다. 컨디션이 좋을 경우 선수들은 하나로 뭉쳐서 서로를 살피면서 공동의 목표를 향해서 협력한다. 라일리는 이 단계를 '순수한 상승Innocent Climb'이라고 불렀다.

그런데 팀이 승리를 이어나가고 언론의 관심이 쏟아지면 선수들을 하나로 묶어주었던 순수한 유대감이 풀리기 시작한다. 선수들은 팀 내에서 자기가 가지는 중요성, 팀에 대한 자신의 기여도를 계산한다. 한편에서는 잔뜩 으스대고, 다른 쪽에서는 불만과 좌절을 보이기 시작한다. 에고가 모습을 드러내는 것이다. '순수한 상승'의 단계 뒤에는 거의 예외 없이 '"나"라는 질병Disease of Me'의 단계가 이어진다고 라일리는 말한다. 이 단계는 어떤 팀에게나, 어떤 해의 어떤 시점에서든 나타날 수 있으며, 또 놀라울 정도로 규칙적으로 찾아온다.

샤킬 오닐과 코비 브라이언트는 서로 협력하면서 경기를 할 수 없었다. 조던은 자기 팀의 선수들인 스티브 커, 호레이스 그랜트 그리고 월 퍼듀를 때렸다. 개인적인 이득을 위해서 캘리포니아를 정전의 어둠 속으로 몰아넣은 범인은 에너지 회사인 엔론Enron의 직원들이었다. 전기 부족 사태가 일어나면 회사 주가가 치솟았으므로 엔론은 일부러 발전소 가동을 중단시켜 고의로 정전사고를 냈던 것이다. 어떤 기업이 한 프로젝트를 추진하고 있을 때, 이 일이 무산되길 바라는 이 기업의 이사 하나는 프로젝트와 관련된 좋지 않은 정보를 언론에 슬쩍 흘리기도 했다.

이 단계에서는 자기가 더 잘났고 특별하며 자기가 겪는 문제나 경험은 다른 사람들이 겪는 것과 전혀 다르기 때문에 본인 외에는 아무도 이해할 수 없다고 생각하기 시작한다. 이것이 우리보다 훨씬 더 잘난 사람들과 팀들, 대의명분들을 침몰시켜온 바로 그 태도이다.

이런 일반적인 경향에서 비켜나 있는, 흔치 않은 역사적인 예외를 마셜 장군에게서 찾아볼 수 있다. 마셜 장군은 1939년 독일이 폴란드를 침공하던 바로 그날에 미 육군 참모총장 임기를 시작했으며 2차 세계대전 내내 그 자리를 지켰다. 하지만 단 한 번도 '나'라는 질병에 사로잡히지 않았을 뿐만 아니라 그 고약한 병에 휘둘린 사람들을 바로잡아준 적도 한두 번이 아니다. 이런 그의 태도는 우선 장병들과 균형 잡힌 인간관계를 유지하는 것에서부터 시작되었는데, 자기 휘하에 있는 대부분의 장병들에게 말하는 이 원칙을 그 스스로도 철저하게 지켰다.

하지만 그렇다고 해서 그가 공식적인 신분과 지위를 모두 무시했던 사람은 아니다. 예를 들어 대통령에게도 자기를 부를 때 '조지' 가 아니라 '마셜 장군'이라고 불러달라고 주장했을 정도로 오히려 철저한 사람이었다. 또 다른 한편으로, 다른 장군들은 승진을 위해 서 정기적으로 로비를 했지만 (실제로 전쟁이 일어나기 이전에 맥 아더 장군은 어머니의 매우 적극적인 노력 덕분에 동료들보다 빠르 게 진급했다), 마셜은 그런 일을 단호하게 외면했다. 다른 사람들이 마셜을 참모총장으로 만들고자 나섰을 때도 그는 그렇게 하지 말아 달라고 요청했다. 그런 일은 자기를 군대 내에서 지나치게 두드러 지게 만들기 때문이라는 것이 그 이유였다.

나중에 한 하원의원이 그가 세운 전공을 기리기 위해서 그를 육 군 원수로 진급시키려고 했을 때도 그는 손을 저으면서 거절했다. 육군 원수Field Marshal 마셜Marshall이라는 말이 너무 우습게 들린다고 생각했거니와, 그것 말고도 자기를 늘 지도해주고 조언해주었던 멘토 퍼싱 장군이 죽음을 눈앞에 두고 있었기 때문이었다. 마셜은 그보다 높은 계급으로 올라감으로써 그에게 마음의 상처를 주고 싶지 않았다.

과연 당신이라면 이렇게 할 수 있었을까? 이 모든 경우에서 보 듯이 그는 명예를 추구하는 것이 오히려 명예를 떨어뜨리는 것으 로 생각했고, 자기에게 돌아올 영명을 다른 사람들에게 돌리곤 했 다. 물론 그도 다른 평범한 사람들처럼 명화를 바라긴 했지만, 오로 지 올바른 방식으로 얻는 명예만을 바랐다. 보다 더 중요하게는, 아 무리 제 이름을 높이는 일이 멋지다고 하더라도 다른 사람이 누리지 못하는 마당에 명성이 없어도 상관없다고 그는 생각했던 것이다. 에고는 남으로부터 인정받기 위해서 명예를 필요로 한다. 하지만 진짜 자신감은 누가 자기를 인정하든 하지 않든 상관하지 않고 기다릴 줄 알며, 또 자기에게 주어진 일에 초점을 맞출 줄 안다.

사람은 보통 젊은 시절에는 이런 희생이나 포기를 쉽게 생각할 수 있다. 예컨대 벤처회사를 세우려고 번듯한 대학교의 졸업장을 마다하고 중퇴할 수 있다. 그러나 이렇게 해서 성공을 하고 나면 마음가짐이 '내 것은 내가 확실하게 챙긴다'라는 식으로 바뀐다. 보상받고 인정받는 것이 자기를 그 성공으로 이끌어준 동기가 아님에도 불구하고 중요한 요소가 되어버린다. 어떤 돈, 직책이나 호칭, 언론의 관심 같은 것이 필요해진다. 그것도 팀이나 명분을 위해서가 아니라 순전히 자기 자신을 위해서 말이다. 그리고 이때 내세우는 이유는 **자기가 이미 성공했다는 사실이다.**

그런데 여기에서 한 가지를 분명하게 정리할 필요가 있다. 탐욕스러울 권리 혹은 다른 사람을 희생하면서 자기의 이익을 추구할 권리가 우리에게는 없다.

마셜은 이와 관련해 극단적인 수준의 시험을 받았다. 인류 역사상 가장 큰 규모로 진행될 연합군의 합동 침공 작전을 앞두고 디데이에 이 작전을 지휘할 권한을 누구에게 줄 것인지 정해야 했다. 어떤 장군이 역사에서 어떤 자리를 차지할 것인지는 그가 전투에서 거둔 위업에 따라 결정되는 만큼 중요한 사안이었다. 루스벨트 대통령은 마셜이 원하기만 하면 그에게 그 지휘권을 주겠다고 했다.

하지만 그는 대통령의 호의를 받아들이려고 하지 않았다. 사실 그 일은 아이젠하워가 최고의 적임자였고, 결국 지휘권은 그에게 돌아 갔다. 실제로 아이젠하워는 그 작전을 멋지게 성공시켰고 전쟁을 종식하는 데 결정적으로 기여했다. 이것보다 더 멋진 양보가 역사 에 또 있을까?

그런데 마셜이 했던 이런 거절을 대부분의 사람들은 살아가는 동 안 거의 하지 못한다. 우리의 에고는 자기 공적을 내세울 수 없는 일이라면 아무리 큰 과업이라도 외면한다. 소설가 셰릴 스트레이드 는 한 젊은 독자에게 이렇게 말했다. "사람이 누구나 자기가 되고자 하는 바로 그 사람이 되어간다. 그러니 누구든 머저리가 되고자 하 는 생각은 하지 않는 게 좋다"라고. 이것은 성공의 여러 위험한 역 설들 가운데 하나이다. 성공은 어떤 사람이 애초에 전혀 생각도 하 지 않았던 인물로 만들어놓을 수 있다. '나'라는 질병은 가장 순수 한 상승을 완전히 부패시킬 수 있다.

마셜을 함부로 대한 장군이 있었다. 마셜이 젊은 시절에 이런저 런 미미한 자리를 전전하도록 했던 사람이었다. 그런데 나중에 마 셜은 이 사람보다 높은 자리로 진급했고, 마음만 먹으면 얼마든지 앙갚음해줄 수도 있었지만 마셜은 그렇게 하지 않았다. 그 사람은 비록 적지 않은 결점을 가지고 있었음에도 여전히 군대에서 필요로 하는 인물이었고, 그 사람이 없을 경우 미국으로서는 조금이라도 더 큰 손실을 입는다고 판단했기 때문이었다. 자신의 에고를 이렇 게 조용하게 억누름으로써 그는 어떤 보상을 누릴 수 있었을까? 그저 또 하나의 일을 잘 해내는 것, 그것뿐이었다. 그것 말고는 별다른 게 없었다.

마셜이 보였던 이런 행동은 '관대하다'고 할 수 있다. 물론 이것은 좋은 처세 전략이기도 하지만 무엇보다도 마셜은 그것이 옳은 것이기 때문에 자비롭고 너그럽고 관대하게 처신하는 길을 택했다. 트루먼 대통령을 비롯해서 그를 가까이에서 지켜본 고위직 인사들이 전하는 말에 따르면 마셜이 군대나 정치권에 있던 거의 모든 사람과 달랐던 결정적인 사실은 그는 단 한 번도 자기 자신의 유불리를 따지지 않았다는 것이다.

또 이런 일화도 전해진다. 그는 군 장성이었기에 이런저런 이유로 초상화를 남겨야 해서 화가 앞에 앉아야 할 경우가 많았다. 한번은 화가가 그의 초상화를 완성하자 마셜은 자리에서 일어나 곧바로 밖으로 나가려 했고, 화가는 그림을 보지도 않고 가느냐고 그에게 물었다. 그러자 마셜은 "예, 됐습니다"라고만 하고 자리를 떴다.

이 일화가 말하고 싶었던 바가 이미지 관리는 중요하지 않다는 것일까? 물론 그렇지 않다. 사회생활 초기에 사람들은 자기 이미지를 위해서 주어지는 모든 기회를 붙잡으려고 달려든다. 하지만 나중에는 그런 기회들 가운데 많은 것들이 실제 일에 도움을 주기보다 오히려 집중력을 잃게 만든다는 것을 깨닫는다. 기자들을 상대하거나 시상식장에서 보낸 시간 그리고 자기 자신을 홍보하느라 보낸 시간들은 모두 자기가 진정 중요하게 여기는 것에 쏟아야 했지만 낭비되고만 시간이었음을 깨달을 것이다. 마셜은 완성된 자기

초상화를 바라볼 시간도 아깝게 여겼던 사람이었다.

나중에 마셜의 아내가 지적했듯이 조지 마셜을 그저 소박하다거나 조용한 사람이라고 생각한다면 그가 가지고 있었던 진짜 특별함을 미처 바라보지 못하는 일이다. 모든 사람이 가지고 있는 인간의 특성인 에고, 이기심, 자존심, 체면, 야망 등을 그도 역시 가지고 있었다. 다만 이런 것들이 '겸손함과 사심 없는 헌신으로 담금질됐던 것'이다.

어떤 사람이 이름을 드높이기 위해서 혹은 정상의 자리에 오르고 싶어서, 자기 자신과 가족에게 좋은 걸 주고 싶어서 일한다고 해도 그 사람을 나쁘다고 할 수는 없다. 단지 우리에게 필요한 것은 바로 균형이다. 축구 감독인 토니 아담스가 이것을 멋진 말로 잘 표현했다. "셔츠 앞에 적힌 팀의 이름을 위해서 경기를 해라. 그러면 사람들은 그 셔츠 뒤에 적힌 당신의 이름을 기억할 것이다."

사심이 없는 성실함은 약점이 되어 성공으로 나아가지 못하도록 발목을 잡을 수 있다는 낡은 생각은 마셜 앞에서 초라해진다. 물론 마셜에 대해서 이러쿵저러쿵 떠드는 사람들도 있다. 하지만 이 사람들은 모두 마셜이 만들고자 했던 바로 그 세상, 그가 책임을 지고서 기본적인 꼴을 갖추려고 했던 바로 그 세상에서 살고 있다.

그걸 누가 알아주느냐고? 과연 누가 알아주는 게 중요할까?

무한 속의
작은 존재일 뿐

수도사는 모든 사람들과 분리되어 있는 사람인 동시에
조화를 이루는 사람이다.
—에바그리우스 폰티쿠스 EVAGRIUS PONTIGUS

1879년 환경운동가이자 탐험가인 존 뮤어가 알래스카로 첫 번째 여행을 떠났다. 지금은 글레이셔 만으로 유명한 알래스카의 풍경과 피오르드의 장관을 바라보던 중에 그는 갑자기 어떤 강력한 느낌에 사로잡혔다. 뮤어는 늘 자연을 사랑해왔던 사람이었지만 그 먼 북쪽에서 보내는 그 특별한 여름이, 마침 바로 그 순간에, 갑자기 모든 세상이 하나로 조화를 이루는 것 같았다. 전체 생태계와 모든 생명 주기가 생생하게 눈에 보이는 것 같았다. 그의 맥박이 빠르게 뛰기 시작했다. 뮤어는 그 순간에 대해 "나와 일행은 몸이 따뜻하게 데워지면서 모든 것에 공감할 수 있는 상태로 빠르게 빠져들었다. 우리 모두의 고향인 자연의 심장 속으로 되돌아간 느낌이었다"라고 설명했다. 또한 고맙게도 자기 주변에 펼쳐졌던 아름다운 유대감을 알아차리고 이것을 멋진 기록으로 남겼다.

우리는 인생과 우리 주변에서 일어나는 움직임 그리고 우주적인 아름다움을 느낀다. 조류는 언제나 지칠 줄 모르고 밀려왔다가 다시 밀려나가면서 아름다운 해변을 쓸고, 또 물고기가 뛰어노는 드넓은 바다 목장의 자주색 덜스(홍조류의 식용 식물)를 이리저리 흔든다. 늘 마르지 않고 늘 노래하는 개천들은 수천 개의 산에서 지류를 만들고 흰색 물줄기의 폭포들을 장관으로 만들어낸다. 광대한 숲은 흠뻑 쏟아지는 햇살을 먹고 자라며, 이 숲에서 자라는 모든 세포 하나하나가 기쁨의 소용돌이 속에서 일렁거린다. 물기를 머금은 곤충 떼가 허공을 어지럽게 날고, 야생의 양과 염소는 수풀 위쪽의 산등성이 풀밭에서 노닌다. 곰은 산딸기가 수북하게 피어 있는 곳에서 바쁘고, 밍크와 비버와 수달이 수없이 많은 강과 호수에서 장난을 친다. 원주민들과 탐험가들은 각자 외롭게 자기 길을 찾아간다. 새들은 어린 새끼들을 돌본다. 어디에서든 어디를 가든 아름다움과 생명이 있고, 기쁨과 환희가 펼쳐진다.

이 순간 그는 고대 그리스의 스토아학파 철학자들이 말하던 '심파테이아sympatheia' 즉 우주와의 공감을 경험했다. 프랑스 철학자 피에르 하돗은 이것을 '대양적인 느낌'이라고 말했다. 보다 큰 어떤 것 안에 속해 있다는 느낌, '인간은 무한 속의 지극히 작은 존재'라는 인식이다. 우리가 자유로움을 느낄 뿐만 아니라 **'나는 누구인가? 나는 무엇을 하고 있는가? 이 세상에서 나에게 주어진 역할은 무엇인가?'**와 같은 중요한 의문들을 향해서 이끌리는 것은 바로 이런 순간이다.

우리가 늘 바쁘고 스트레스를 받고 온갖 것에 정신이 팔리고 업무에 치일 때, 그리고 우리가 돈이 많은 부자이거나 중요하고 막강한 영향력을 가진 사람이라는 말을 들을 때, 우리를 물질적인 성공과 같은 온갖 관심사에서 떼어놓을 수 있는 것은 아무 것도 없다. 이때 에고는 우리에게 의미는 행동에서 비롯된다고, 또 관심의 초점이 되는 것이 가장 중요한 일이라고 속삭인다.

우리는 우리보다 훨씬 더 큰 무언가와 연결되어 있다고 느끼지 못할 때 우리 영혼의 한 조각이 어디론가 사라져버린 것처럼 느낀다. 또한 각자 어떤 산업이나 운동 종목, 형제나 자매, 가족 등 우리가 속해 있는 근원으로부터 단절되어버린 것처럼 느끼기도 한다. 에고는 우리가 세상의 아름다움과 역사를 보고 느끼지 못하고 거기에 닿지 못하도록 차단하며, 그것을 향해 나아가는 길을 두 팔을 벌리고 막아선다.

성공을 거둔 뒤에 그 성공이 공허하기만 하다는 사실을 깨닫는 일이나 기진맥진하고 만다는 것도 놀랍지 않다. 단조롭기 그지없다고 느끼는 것도, 또 한때 우리를 가슴 뛰게 만들었던 에너지를 더는 찾을 수 없게 되어버리는 것도 마찬가지이다.

당신이 고대의 전투 현장이나 역사적으로 중요한 유적지를 찾아갔다고 상상해보자. 당신은 과거의 사람들을 묘사한 조각상이나 초상화를 볼 때 그들이 당신과 매우 비슷하다고 느낄 것이고, 그 오랜 세월 동안에 바뀐 게 거의 없음을, 따라서 앞으로도 달라질 것이 많지 않을 거라는 사실을 깨달을 것이다. 바로 그 자리에 위대한 어떤 사람이 서 있었다. 또 어느 자리에서는 한 용감한 여자가 죽었다. 또 궁궐처럼 으리으리한 어떤 저택에서는 잔인한 부자가 살았다. 당신 이전에, 오랜 세대 이전에 그런 사람들이 살다가 죽었다는 것을 상상해보고 느껴봐라.

그런 순간들 속에서 우리는 에고와 달리 세상의 무한함을 느낄 수 있다. 랄프 왈도 에머슨은 '모든 사람은 그의 모든 조상에게서 빌려온 인용구이다'라고 말했다. 조상은 우리의 한 부분이고 우리는 그 흐름 속의 한 부분이다. 이 위치가 발휘하는 힘을 받아들이고 거기에서 배움을 얻어야 한다. 아마도 뮤어가 알래스카에서 느꼈던 감정과 다르지 않을 것이다. 우리는 지극히 미미한 존재이며, 이 거대한 우주와 전체 과정의 작은 한 부분일 뿐이다.

천체 물리학자 닐 디그래스 타이슨은 이 이중성을 멋지게 표현했는데, 우주와의 관련성과 무관함 두 가지를 동시에 누리는 일이 가능하다고 했다. "고개를 들어 우주를 바라볼 때 나는 내가 미미한 존재임을 깨닫는다. 그런데 나는 또한 거대한 존재이기도 하다. 내가 저 우주와 연결되어 있고 저 우주가 나와 연결되어 있기 때문이다." 우리는 무엇이 자기보다 큰지 그리고 무엇이 훨씬 오랫동안 존재해왔는지 결코 잊어버려서는 안 된다.

역사 속의 위대한 지도자들이나 사상가들이 '현실적인 영향력을 잃어버린 채 재야로 사라져 갔지만' 마침내 세상을 바꾸는 영감, 계획, 경험을 가지고 다시 되돌아왔다. '재야로 사라짐'으로써 그들은 어떤 비전을 발견했고, 복잡한 일상에서는 불가능했던 방식으로 더 큰 그림을 이해했기 때문에 위대한 인물이 되어 돌아올 수 있었다. 그들은 자기 주변의 소음을 조용히 잠재우면서 마침내 자기가 들어야 하는 목소리를 들을 수 있었다. 창의성은 감수성과 인식의 문제이다. 세상이 당신을 중심으로 돌아간다고 믿고 있는 한 당신은 절대로 창의적일 수 없다.

설령 일시적이라고 할지라도 에고를 제어함으로써 뚜렷하게 남겨진 것에 접근할 수 있다. 관점을 확장할 때 보다 더 많은 것이 시야에 들어온다.

사람들이 대부분 과거나 미래로부터 단절되어 있다는 사실은 슬픈 일이다. 우리는 클레오파트라가 피라미드들이 세워지던 시대보다 지금과 더 가까운 때에 살았다는 것을 모른다. 영국 노동자들이 넬슨 기념비와 저 유명한 돌 사자 상을 세우기 위해 트라팔가르 광장의 땅을 파헤쳤을 때, 수천 년 전 실제로 그 지점을 어슬렁거렸을 사자의 뼈를 그곳에서 발견했다. 최근에 어떤 사람은 버락 오바마와 조지 워싱턴이 수백 년의 시간을 거슬러 만날 수 있도록 하는 데는 여섯 사람만 악수를 나누면 된다고 계산하기도 했다. 또 유튜브에는 1956년에 방송되었던 CBS 인기 프로그램 〈비밀이 있어요〉의 동영상이 있는데, 이 프로그램에 루실 볼이라는 유명한 여배우와 함께 출연한 남자는 링컨이 암살되던 바로 그 순간에 그 현장이었던 포드 극장에 있었다. 영국 정부는 남해 거품 사건(1720년 봄부터 가을에 걸쳐 영국에서 나타난 투기 과열에 따른 주가 급등락과 혼란 — 옮긴이), 나폴레옹 전쟁, 대영제국의 노예제 폐지 그리고 아일랜드의 감자 기근 등과 같은 일련의 사건들로 1720년까지 거슬러 올라가는 오랜 과거의 빚을 최근에야 갚았다. 이런 일들은 21세기를 살아가는 지금도 18, 19세기와 연결되는 일들이 여전히 많다는 사실을 보여준다.

우리는 권력이나 재능이 커질수록 자기가 특별한 존재라고, 유례 없이 축복 받은 멋진 세상 살고 있다고 생각하고 싶어진다. 이런 경향은 불과 50년 전에 찍은 사진들이 여전히 흑백이라는 사실, 그래서 그때의 세상은 컬러가 흑과 백 두 가지밖에 존재하지 않았던 까마득한 먼 옛날이라고 생각하기 쉽기 때문에 더욱 강해진다. 하지만 당연하게도 그게 진실은 아니다. 그때의 하늘은 지금과 같은 색이었고 (몇몇 지역에서는 아마도 오늘날보다 더 선명한 색깔이었을 것이다), 그때 살았던 사람들도 우리와 똑같은 방식으로 피를 흘렸을 것이다. 우리는 과거의 그들과 같고 미래의 사람들과도 같다.

"나처럼 위대해지면 겸손해지기 어렵다." 전설적인 흑인 권투선수 무하마드 알리가 했던 말이다. 맞는 말이다. 그렇기 때문에 위대한 사람들은 이 역풍에 맞서서 싸우기 위해 한층 더 열심히 일해야 했고 또 노력해야 했다. 고독한 감각 차단 탱크sensory deprivation tank(한 가지 혹은 그 이상의 감각으로부터 계획적으로 자극을 줄이거나 제거하는 것을 감각 차단이라고 하는데, 감각 차단 탱크는 사람이 들어가서 그 상태를 경험할 수 있도록 만든 차음·차폐 도구이다 ─옮긴이) 안에서는 자기 자신에게 온전히 몰두하거나 자기의 존재에 대해 확신하기 어렵다. 늦은 밤, 끝이 없는 검은 바다에서 밀려온 파도가 바로 옆의 땅을 큰 소리로 부서뜨리는 와중에 홀로 그 해변을 걸으면서 오로지 겸손한 마음만 먹기는 어려울 것이다.

영국의 시인 윌리엄 블레이크의 유명한 시가 있다.

한 알의 모래에서 온전한 세상 하나를 보고
한 송이 들꽃에서 천국을 본다.
그대의 손바닥 안에서 무한함을 움켜쥐고
한 순간 속에서 영원을 붙잡아라.

이것이 바로 우리가 추구하는 것이다. 바로 우리의 하찮은 에고가 날뛰지 못하도록 만드는 초월적인 경험이다. 우리는 이 우주적인 공감을 찾아내려고 적극적으로 나서야 한다.

온갖 요소와 힘, 주변 환경에 대해 전혀 보호받지 못한다고 느껴보라. 이런 상황에서 쓸데없이 분노하고 싸우고 자기 주변에 있는 사람들보다 한 걸음 앞서려고 애쓰는 것이 얼마나 부질없는 짓인가? 이제 성큼성큼 걸어나가서 무한해지고 세상과 의식적으로 단절하려는 시도를 멈추고 실제 삶의 현실로 가까이 들어가서 그 현실과 화해하라. 당신은 얼마나 많은 것들이 당신 앞에 나타나는지 그리고 어째서 그 가운데 아주 적은 부분만 남게 되는지 깨달아야 한다.

우리는 지극히 미미한 존재이며,
이 거대한 우주와 전체 과정의 작은 한 부분일 뿐이다.

냉철하게
깨어 있어라

문명의 높이는 단순함을 향해 치닫는다.
―브루스 리 BRUCE LEE

    독일 총리 앙겔라 메르켈은 사람들이 일반적으로 한 국가의 수반에 대해서, 특히 독일 사람에 대해서 가지고 있는 대부분의 예상과는 반대되는 사람이다. 그녀는 소박하고 수수하다. 남에게 자기가 어떻게 보이는지나 세간의 관심에 거의 신경을 쓰지 않는다. 격렬한 감정을 토로하는 연설도 하지 않는다. 자기를 부풀리거나 남을 지배하는 데는 전혀 관심이 없고 말도 많지 않다.

    메르켈은 **냉철하다.** 많은 지도자들이 자기의 에고와 자기의 권력과 지위로 들떠 있을 때조차도 냉정함을 유지한다. 그 덕분에 그녀는 2005년부터 지금까지 계속 독일 총리로 재임해왔고 역설적이게도 오늘날 유럽의 자유와 평화를 추구하는 강력하고 광범위한 힘을 발휘하는 인물이다.

    메르켈이 어린 소녀일 때 들었던 수영 수업에 대한 일화가 하나 있다. 그녀는 다이빙대로 걸어가서 과연 뛰어내려야 할지 말아야 할지 생각하면서 서 있었다. 그렇게 몇 분이 흘렀고 또 그렇게 더 많은 시간이 흘렀다. 그러다가 마침내 수업 종료를 알리는 종이 울리자 그 순간에 뛰어내렸다. 메르켈은 다이빙대에서 뛰어내리는 것이 두려웠던 것일까, 아니면 단지 신중했던 것뿐일까? 그로부터 오랜 세월이 흐른 뒤 유럽이 심각한 위기를 맞고 있을 때 메르켈은 유럽의 다른 정상들에게 이렇게 말했다. "공포는 나쁜 보좌관입니다."

다이빙대에 선 어린 소녀는 공포에 사로잡혀 있었던 게 아니라 **올바른 판단**을 내리기 위해서 자기에게 허용되었던 모든 시간을 알뜰하게 사용한 것이 아니었을까?

우리는 대부분 순수한 에너지와 열정을 다 쏟을 때 비로소 성공할 수 있다고 생각한다. 그리고 에고야말로 어떤 일을 성공시키는 데 가장 중요한 핵심이라고 생각하면서 에고의 모든 것을 용서한다. 물론 어쩌면 에고의 그 고압적인 특성 덕분에 당신이 지금 서 있는 바로 그 성공의 자리에 다다를 수 있었는지도 모른다. 하지만 이런 질문을 던져보자.

"당신의 성공이 과연 앞으로 수십 년 동안 지속될 수 있을까? 당신은 영원히 모든 사람들보다 진짜 잘난 사람일 수 있을까?"

에고는 우리가 무적이라고 말한다. 우리가 결코 꺾이지 않는 궁극적인 힘을 가지고 있다고 속삭인다. 그러나 위대한 인물이 되는데 진정 필요한 것은 끝이 없는 에너지가 아니다.

메르켈은 이솝 우화에 나오는 거북이와 같은 인물이다. 느리지만 꾸준한 사람이다. 베를린 장벽이 무너지던 1989년의 그 역사적인 밤에 그녀는 서른다섯 살이었다. 그날 밤 그녀는 맥주를 한 잔 마시고 잠자리에 든 뒤에 다음 날 아침 일찍 직장에 출근했다. 그리고 몇 년 뒤에 존경받긴 하지만 그다지 사람들 눈에 띄지 않는 물리학자가 되었고, 그 뒤에 정치계에 발을 들였다. 그리고 오십 대에 이르러 총리가 되었다. 거기까지 이르는 여정은 부지런하고도 끈기 있는 과정이었다.

보통 우리는 될 수 있으면 빠르게 정상의 자리에 도달하고 싶어한다. 기다릴 줄 아는 끈기가 없다. 높은 자리에 올라갈수록 더욱 더 도취된다. 그리고 목표하던 위치에 이르고 나면 그 자리에 계속 머물 수 있는 유일한 방법은 에고와 에너지에 있다고 생각한다.

러시아 대통령 블라디미르 푸틴이 대형 사냥개 한 마리를 회의장 안으로 난입하게 만들어서 메르켈을 위협하려고 한 적이 있었다. 그녀가 개를 좋아하지 않는다는 소문에 근거해 벌인 일이었다. 하지만 메르켈은 조금도 겁을 내지 않았고, 나중에는 이것을 소재로 농담하기도 했다. 결국 망신을 당하면서 어리석은 인물로 비친 쪽은 푸틴이었다. 메르켈이 정치적으로 성장하던 기간, 특히 총리로 재직하는 동안에 그녀는 온갖 스트레스 요인들과 자극에 개의치 않고 마음의 평정과 명석함을 놓치지 않고 유지해왔다.

우리가 메르켈과 같은 위치에 있다면 아마도 그 자리에 오른 순간부터 에고와 함께 '대담한' 행동들을 하기 시작해서 지금까지 계속하고 있을지도 모른다. 자기 자신의 이익을 지키기 위해 불같이

화를 냈을 테고 또 어떤 것은 무조건 금지했을 수도 있다. 하지만 정말 그게 옳은 일일까? 메르켈은 모든 것에 대해서 기꺼이 타협할 자세가 되어 있지만 한 가지 원칙만은 예외였고 이것만큼은 절대로 양보하지 않았다.

그것은 냉철함이자 자제력이었다.

그녀가 서구 사회에서 가장 강력한 여성 지도자가 된 것은 결코 우연이 아니다. 게다가 특히 중요한 사실은, 그녀가 동일한 원칙을 가지고서 세 번째 임기를 수행중이라는 점이다.

고대 로마의 철학자 마르쿠스 아우렐리우스는 이런 점을 매우 잘 알았다. 본인은 원하지 않았지만 자기 의지와는 다르게, 십 대 시절부터 죽을 때까지 점점 더 높은 자리로 올라가면서 로마 시민들을 위해 일했다. 그에게는 늘 긴급한 사안들이 기다리고 있었다. 그가 들어야 할 청원과 싸워야 할 전쟁과 의결해야 할 법률과 봐주어야 할 편의가 그를 기다렸다. 그는 자기가 직접 이름을 붙인 이른바 '제국화imperialization'로부터, 자기 이전의 황제들을 침몰시켰던 절대 권력의 오점에서 벗어나려고 애썼다.

선승禪僧인 서암 스님이 아침마다 뜬금없이 자기를 '주인님!'이라고 부르고 또 거기에 스스로 '예'라고 대답한 이유도 바로 여기에 있다.

"주인님!"

"예."

"깨어 있어야 합니다."

"알겠습니다."

"남에게 속아서는 안 됩니다."

"예."

(이 일화는 중국 남송의 선승 무문혜개無門慧開가 불교의 48개의 화두를 모은 책인 『무문관無門關』이라는 책에 나온다.—옮긴이)

다른 사람들의 감언이설에 휘둘리지 않으려는 노력이었다. 여기에 우리는 다음과 같은 다짐을 하나 더 덧붙일 수도 있겠다. "타인으로부터 얻는 인정이나 은행계좌에 들어있는 돈의 액수에 속아서는 안 된다."

에고 주변에서 온갖 수많은 힘들이 소용돌이치지만 우리는 여기에 휩쓸리지 않고 냉정함을 유지하기 위해 분투해야 한다. 역사학자 셸비 푸트는 "권력은 그다지 많이 부패하지 않는다. 너무도 단순하다. 모든 사람들을 단편적으로 만들어버리고, 그들의 선택권을 막아버리며 최면을 걸어서 홀려버린다"라고 말했다.

이것이 바로 에고가 하는 일이다. 에고는 사람의 마음이 맑고 선명해야 할 때 구름을 드리운다. 반면 냉철함은 균형을 잡아주는 힘이고 일종의 숙취 치료제와 같다. 더 낫게는 예방 대책이기도 하다.

다른 정치인들은 대담하고 또 카리스마가 넘치지만 메르켈이 지적했듯이, '카리스마를 가지고서는 주어진 많은 과제들을 해결할 수 없다.' 그녀는 이성적이고 분석적이다. 자기 자신을 중요시하지 않고 상황을 파악한다. 그녀가 과학계에 종사했었다는 배경은 분명 이런 태도에 도움이 됐을 것이다. 정치인들은 흔히 허황되고 자기 이미지에 집착하는 경향이 있지만 메르켈은 이 점에 관한 한 지나칠 정도로 객관적이다. 결과가 중요할 뿐 그 밖의 것들에 대해서는 거의 신경 쓰지 않는다. 어떤 독일 작가는 그녀의 50번째 생일에 바친 축사에서 메르켈의 가장 중요한 무기는 '**가식 없음**'이라고 했다.

퓰리처상 수상자인 베트남전 종군기자 데이비드 핼버스탬은 미식축구 팀인 뉴잉글랜드 패트리어츠 감독 빌 벨리칙을 묘사하면서 '스테이크 사업에 종사하면서 시즐(어떤 제품의 광고 효과를 위해 그 제품의 핵심 포인트가 될 만한 소리를 활용하는 광고 기법 ―옮긴이)을 경멸한다'라고 했는데, 똑같은 말을 메르켈에게도 할 수 있다. 벨리칙이나 메르켈과 같은 지도자들은 스테이크와 같은 실제 내용물이 경기에 이기게 하고 국가를 앞으로 나아가게 만드는 것임을 알고 있다. 이에 비해서 시즐과 같은 포장은 다른 사람들과 어떻게 소통할 것인지, 어떤 선수들을 뛰게 할 것인지, 어떤 평가나 비판에 귀를 기울일 것인지, 어떤 전략을 써야 할지 등의 문제에 대해 올바른 판단을 내리기 어렵게 만든다.

처칠 시대의 유럽은 단 한 가지 유형의 지도자를 요구했다. 하지만 모든 것이 서로 긴밀하게 연결되어 있는 오늘날은 그렇지 않다. 분류해야 할 정보가 워낙 많고 경쟁도 치열하며 변화도 많기 때문에 머리를 맑게 유지하지 않으면 모든 것이 엉망진창이 되어버리고 만다.

그렇다고 해서 약물이나 술을 멀리하자는 금욕주의를 말하는 게 아니다. 에고가 없는 냉철함에는 불필요한 것과 파괴적인 것을 배제하는 자제력과 관련된 부분이 분명히 깃들어 있다. 자기 이미지에 집착하지 않을 것, 자기보다 아래에 있거나 위에 있는 사람을 경멸하지 않을 것, 특별대우를 바라지 말 것, 분노하고 싸우거나 우쭐대거나 군림하거나 생색내거나 자기 스스로를 엄청나게 중요한 인물로 인식하지 말 것, 바로 이런 것을 추구하자는 말이다. 냉철함은 우리의 성공에 균형을 잡아주는 평형추와 같다.

행복하게 살고 싶으면 숨어서 살라는 옛말이 있다. 맞는 말이다. 그런데 문제는, 본보기로 삼을 만한 사람들이 모두 숨어 산다면 좋은 표상이 될 만한 인물을 찾아보기 어렵다는 점이다. 그나마 다행스럽게도 메르켈과 같은 사람이 공직에 있어서 언제든 모범으로 삼을 수 있다.

번듯하게 성공했으면서도 수수하고 소박하게 사는 사람들이 있다. 이들은 인위적인 것을 꺼리고 또 평범한 옷을 입는다. 가장 성공한 사람들은 당신이 이름을 한 번도 들어본 적이 없는 사람들이다. 그 사람들은 그렇게 세상에 드러나려 애쓰지 않고, 그렇기에 냉철함을 잃지 않는다. 바로 그 냉철함이 그들이 자기 일을 성공적으로 해나가는 힘이다.

에고는 사람의 마음이 맑고 선명해야 할 때
구름을 드리운다.
반면 냉철함은 균형을 잡아주는 힘이다.

성공,
그 다음을 위하여

만약 지금 성공의 정점에 서 있다면 당신은 지금까지 무엇을 깨달 았는가? 정상에 서기 전에는 거기에만 올라서면 한결 쉬워질 것이 라고 생각하지만 오히려 한층 더 어려워진다. 그리고 애써 이룬 성 공을 유지하려면 누구보다 자기 자신을 잘 관리해야 한다.

철학자 아리스토텔레스의 제자 가운데 가장 유명한 사람은 알렉 산더 대왕인데, 그는 스승의 가르침에 힘입어서 그때까지 알려져 있던 모든 세상을 정복했다. 알렉산더는 용감하고 재기가 번뜩였 으며, 또한 관대하고 현명하게 처신한 적도 여러 번 있었다. 하지만 그는 아리스토텔레스가 가르쳤던 가장 중요한 교훈을 무시했다. 알 렉산더는 고향에서 멀리 떨어진 곳에서 서른두 살의 젊은 나이에 자기 부하들의 손에 살해되었는데, 이것도 바로 그런 이유 때문이 었다. 그는 죽음을 눈앞에 두고서야 비로소 '이제 충분하구나'라고 말했다.

거대한 야망을 가진다는 것 자체가 잘못된 것은 아니다. 알렉산더는 아리스토텔레스가 말했던 '중용'이 뜻하는 것을 끝내 깨닫지 못했다. 아리스토텔레스는 여러 차례에 걸쳐서 어떤 미덕이나 탁월함은 하나의 스펙트럼 위에 존재한다고 말했다. 예를 들어 용기는 소심함과 무모함 사이의 어떤 지점에 있고, 사람들이 모두 칭송하는 관대함이 실제로 유용할 수 있으려면 인색하지도 낭비하지도 않아야 한다는 말이다. 중용을 가르는 경계가 파악하기 어려울 때 이것을 제대로 알려고 하지 않고 무작정 덤벼들다가는 극단으로 치닫는 위험에 빠진다. 아리스토텔레스는 어떤 것에 탁월하기가 어려운 것도 바로 이 때문이라고 말했다. 다만 우리는 그가 말하는 중용을 이용해서 우리의 에고와 성취욕을 제어할 수 있다.

끝없는 야망을 가지기란 쉽다. 야망의 가속 페달을 밟는 것은 누구라도 할 수 있다. 무사안일의 마음을 가지기도 너무 쉽다. 가속 페달에서 발을 떼기만 하면 된다. 박수갈채를 동반하는 자기 만족뿐만 아니라, 경영전략가인 짐 콜린스가 '원칙 없는 사업 확장'이라고 불렀던 것을 피해야 한다. (그가 말한 기업 패망의 5단계 중 두 번째 단계로, 이 단계에 놓인 기업은 성공에 대한 자만심으로 낯선 사업에도 쉽게 뛰어든다.) 아리스토텔레스의 말을 다시 한 번 더 빌리자면 적당한 양의 압박을 적절한 시기에 적절한 방식으로, 적절한 기간에 적당한 차를 타고 적절한 방향으로 몰고 가기란 어렵다. 하지만 이렇게 하지 않을 경우 참담한 결과가 빚어질 수 있다.

알렉산더처럼 비참한 최후를 맞이했던 나폴레옹이 했던 유명한 말이 있다. "위대한 야망을 가진 사람들이 행복을 추구해왔다. (…) 그리고 그들은 행복이 아닌 명성을 얻었다."

그가 하고자 했던 말은 모든 목표 뒤에는 행복하고 싶고 충족감을 얻고 싶은 욕구가 놓여 있는데, 에고에 사로잡힌 사람은 자기가 설정했던 목표를 도중에 잃어버리고 전혀 의도하지 않았던 결과를 맞이한다는 것이었다. 유럽은 나폴레옹이 죽고 불과 몇 년 만에 그가 명성을 떨치기 시작하던 때와 본질적으로 동일한 상태로 되돌아갔다. 그렇다면 그 수많은 죽음과 노력, 탐욕과 그 명예들은 무엇을 위한 것이었단 말인가? 따지고 보면 얻은 게 아무 것도 없는 셈이다. 나폴레옹은 자기 군대의 대포에서 나오던 연기처럼 그렇게 빠르게 사라져버렸다.

하워드 휴즈의 삶이 역사나 영화 속에서 아무리 대단했다 하더라도 실제로 그는 행복한 사람은 아니었다. 휴즈가 숨을 거두기 직전에 그의 측근 한 사람이 고통으로 몸부림치는 그를 달래주려고 이렇게 물었다.

"사장님이 얼마나 어마어마한 삶을 살아 왔는지 아십니까?"

하지만 휴즈는 고개를 저었다. 그리고 삶이 얼마 남지 않은 사람의 슬프고도 정직한 목소리로 대답했다.

"만일 자네가 나하고 인생을 바꾸어서 살았다면, 딱 한 주도 못 채우고 약속을 없던 것으로 다시 무르자고 나한테 애원했을 걸? 아마 내기를 한다고 해도 내가 이길 거야."

우리는 나폴레옹이나 휴즈가 걸어갔던 길을 따라가서는 안 된다. 불명예스럽고 심지어 애처롭기까지 한 그 종말을 피하고자 한다면 어떤 결정을 내려야 하는지 우리는 잘 안다. 우리의 냉철함을 유지하고 탐욕과 집착을 삼가며, 언제나 겸손하고 늘 목적의식을 가지고 자기 주변의 더 큰 세상과 연결되어 있어야 한다.

자기 관리를 아무리 잘 한다고 하더라도 성공은 그 다음에 어떤 일이 일어날지 아무 것도 보장하지 못한다. 세상은 우리를 뒤집어 엎으려고 음모를 꾸미고, 자연 법칙은 모든 것은 평균을 향해서 수렴한다고 말한다. 프로 스포츠의 세계만 보더라도 그렇다. 지난 시즌 우승팀은 훈련 스케줄이 더 힘겨워지고, 지난 시즌에 성적이 좋지 않았던 팀들이 촉망받는 신인을 먼저 차지하며, 강한 전력을 갖춘 팀은 연봉 상한제 때문에 팀을 한층 강력하게 유지하기가 더 어려워진다. 유명인사라면 술주정뱅이다, 동성애자다, 위선자다 등의 사실과 다른 온갖 구설수를 감수해야 한다. 군중은 약자 편을 들려고 하고 승자에게는 반발한다.

바로 이런 게 인생이다. 이 모든 것에 대해 극기와 자제를 더해야 하는데 누가 그런 여유를 가질 수 있을까?

권력이 스스로를 환상에 빠지도록 해서는 안 된다. 또한 자기가 가진 것을 당연하게 여겨서도 안 된다. 자기 인생에서 필연적으로 일어날 수밖에 없는 운명의 온갖 변화들, 역경과 실패와 어려움에 대비하기 위해서 우리가 가진 시간을 써야 한다.

바로 다음 모퉁이에 극적인 실패가 기다리고 있을지 누가 알겠는가? 게다가 어쩌면 당신이 그 실패를 자초했을지도 모를 일이다. 당신이 예전에 어떤 일을 성공적으로 잘 해냈다고 해서 앞으로도 영원히 무슨 일이든 간에 잘할 것이라는 보장은 없다.

모든 것이 그렇듯이 돌고 돈다. 역전과 퇴행은 인생의 당연한 한 부분이다. 다만 우리는 그것 역시도 관리할 수 있다는 사실을 잊지 말아야 한다.

나폴레옹이나 휴즈와 같은 종말을 피하고자 한다면
냉철함을 유지하고 탐욕과 집착을 삼가며,
언제나 겸손하고 늘 목적의식을 가지고
자기 주변의 더 큰 세상과 연결되어 있어야 한다.

EGO IS THE ENEMY

III

실패,
또 다른 시작

지금 우리는 어떤 여정에서든 반드시 마주치는 시련을 겪고 있다. 어쩌면 우리는 실패했을 수도 있고, 우리가 정한 목표가 예상했던 것보다 훨씬 더 이루기 힘들다는 사실을 확인했을 수도 있다. 분명한 사실은 그 누구도 영원히 성공만 할 수는 없다는 것이다. 그리고 또 모든 사람이 다 첫 번째 시도에서 성공하지는 않는다. 어떤 일을 하든 우리는 모두 도중에 역류를 만나는데 어떻게든 이를 이겨내야 한다. 에고는 우리가 이런 시련을 미처 대비하지 못하도록 만들 뿐만 아니라 때로는 이런 고약한 상황이 나타나도록 방조하기도 한다. 우리가 그 여정을 무사히 이어나가고 다시 한 번 더 성장하려면 지속적인 배움과 한층 더 철저한 자기인식이 필요하다. 우리에게 필요한 것은 동정이나 연민이 아니다. 우리에게 진정 필요한 것은 목적과 균형 그리고 끈기이다.

> 사람들이 부유함을 과시하고 가난함을 숨기는 것은 인간이 슬픔보다는
> 기쁨에 더 많이 공감하는 성향을 가지고 있기 때문이다.
> 자기의 비참한 처지를 드러내야 하는 상황보다 자기의 처지가
> 모두에게 알려졌음에도 불구하고 그 누구도 자기가 받는
> 고통의 절반도 상상하지 못한다고 느끼는 일만큼 괴로운 것은 없다.
>
> ── **아담 스미스** ADAM SMITH

캐서린 그레이엄의 경우 인생 초반의 절반은 평탄했다. 모든 것이 좋았다. 그녀의 아버지 유진 메이어는 주식 시장에서 큰돈을 번 재무 분야의 천재였고 어머니는 아름다운 사교계의 명사였다. 어린 시절 캐서린은 최고의 것들만 누렸다. 최고로 좋은 학교에 다녔고 좋은 교사로부터 배웠으며 큰 집에서 살았고 많은 하녀와 하인이 그녀의 시중을 들었다.

1933년에 그녀의 아버지는 〈워싱턴포스트〉를 인수했다. 〈워싱턴포스트〉는 당시 재정난으로 허덕이긴 했지만 중요한 신문사였는데, 그는 결국 이 신문사를 적자의 수렁에서 건져냈다. 신문을 비롯해 언론에 진지한 관심을 가지고 있던 캐서린 그레이엄은 나중에 아버지로부터 〈워싱턴포스트〉를 물려받았고, 남편 필립 그레이엄에게 신문사 경영권을 넘겼다.

그녀는 하워드 휴즈처럼 가문의 재산을 낭비하지 않았다. 또한 다른 부잣집의 자녀들처럼 쉬운 길을 걸어갈 수도 있었지만 그렇게 하지 않았다. 그들처럼 사는 게 손쉬운 인생이었음은 누가 봐도 분명했다. 아닌 게 아니라 그녀는 스스로 말한 대로 그때까지 남편과 아버지라는 연에 달린 꼬리가 되어 사는 데 만족했었다.

그러던 그녀의 인생이 한순간에 바뀌었다. 남편 필립이 점점 더 이상하게 변한 것이 시련의 출발점이었다. 필립은 술을 심할 정도로 많이 마셨고 경영과 관련해서는 무모한 의사결정을 내렸으며, 자신의 경제력으로는 쉽게 감당할 수 없는 것들을 사들이기도 했다. 게다가 바람을 피우기 시작했다. 또 이 부부를 모두 잘 아는 사람들 앞에서 아내인 캐서린에게 공개적으로 모욕을 주었다. 그러나 나중에 필립이 심각한 정신질환을 앓고 있음이 밝혀졌고, 그녀는 남편을 예전의 건강하던 모습으로 돌려놓으려고 애를 썼지만 결국 뜻을 이루지 못했다. 필립이 그녀가 옆방에서 잠시 낮잠을 자는 사이 사냥총으로 자기 머리를 쏘아서 자살을 한 것이다.

1963년, 세 자녀의 어머니이자 신문사 경영에 대해서 아무런 경험도 없던 마흔여섯 살의 캐서린 그레이엄은 수천 명의 직원을 거느린 대형 신문사의 최고 경영자가 되었다. 그녀는 전혀 준비가 되어 있지 않았고, 소심했고, 세상물정을 몰랐다.

비록 이런 일련의 사건들이 비극적이긴 해도 천지개벽할 만한 실패라고 할 수는 없었다. 그녀는 여전히 부유했고 백인이었으며, 여전히 특권을 누리고 있었기 때문이다. 다만 그 상황은 그녀가 계획

했던 인생의 한 부분이 아니었다. 이 점이 중요하다. 사람마다 각자 겪는 실패와 역경은 상대적으로 다르고 또 모든 사람에게 특별하다. 인생은 우리가 세운 계획을 빼앗아서 찢어버린다. 이런 일이 어떤 사람에게는 한 번만 일어나지만 어떤 사람에게는 여러 번 일어나기도 한다. 이런 게 바로 인생이다.

"우리는 마치 멋진 무도회장에 있는 것 같다. 모든 잔에서 샴페인의 기포가 터지고 가벼운 웃음이 여름밤 공기를 흔드는 그런 유쾌하고 기분 좋은 무도회장 말이다. 하지만 어느 순간에 말을 탄 야만인들이 문을 부수고 들어와서 잔인한 살육을 벌일 것이라는 걸 알고 있다. 자리를 일찍 뜨는 사람은 분명 목숨을 건진다. 하지만 그 무도회장이 워낙 눈부시게 아름답다 보니 아직 시간이 충분히 남아 있을 때 그곳을 떠나고 싶은 사람은 아무도 없다. 그래서 모든 사람이 지금이 몇 시냐고 계속 묻지만, 어떤 시계에도 바늘이 달려 있지 않기 때문에 아무도 정확한 시간을 알지 못한다."

금융 철학자이자 경제 전문가인 조지 굿먼이 임박한 경제 위기를 묘사하면서 쓴 글이다. 우리는 인생을 살면서 그가 말을 탄 야만인의 살육이라고 비유한 시련이나 실패를 단 한 번이 아니라 여러 차례 맞을 수도 있다. 지금은 모든 일이 술술 잘 풀리고 어쩌면 거대한 목표도 쉽게 이룰 수 있을 것 같지만 어떤 순간에서든 운명은 역전될 수 있다.

성공이 에고에 취한 것이라면 실패는 대단히 파괴적인 에고에 세게 두드려 맞는 것과 같다. 에고는 살짝 미끄러져 넘어진 일을 되돌릴 수 없는 추락으로 만들고 사소한 문제들을 거대한 난관으로 만들기 때문이다. 에고는 보통 위대한 성공이 낳은 부작용에 그치지만 실패의 와중에는 치명적인 위험으로 바뀔 수 있다.

파괴, 불공정, 역경, 비극 등 어떤 이름을 달고 있든 간에 이것이 시련이라는 사실은 분명하고, 우리는 이런 고난을 좋아하지 않는다. 어떤 사람들은 시련 때문에 몰락하고 또 누군가는 이것을 딛고 일어선다. 하지만 어떤 경우든 누구든 간에 각자 맞닥뜨린 시련을 견디고 극복해야 한다.

5천 년 전 바빌로니아의 문학작품 『길가메시 서사시』에 나오는 젊은 왕의 운명은 오늘날의 우리를 위한 것이기도 하다.

그는 알지 못하는 전투에 맞닥뜨릴 것이니,
그는 알지 못하는 길을 가야 할 것이니.

바로 이런 일이 캐서린 그레이엄에게 일어났다. 그녀가 신문사를 떠맡아서 운영하기로 한 일은 그 뒤 20여 년 동안 이어지는 온갖 시련들 가운데 맨 첫 번째 일이었을 뿐이다.

그녀는 〈워싱턴포스트〉의 경영권을 가진 뒤에 신문사의 보수적인 이사회가 회사의 발전에 사사건건 장애가 된다는 사실을 알았다. 이사회 구성원들은 그녀를 가르치려 들었고 위험을 회피했으며 전체적으로는 신문사가 앞으로 나아가지 못하도록 발목을 붙잡고 있었다. 성공하려면 그녀는 자기만의 나침반을 개발해야 했다. 자기의 방식을 포기하고 다른 사람의 의견과 판단을 따라가기만 해서는 안 되는 일이었다. 결국 그녀는 새로운 편집장이 필요하다는 결론에 도달했고 이사회의 만류를 뿌리치고 결정을 내렸다. 이름깨나 알려져 있던 사람 대신 무명이나 다름없던 40대 중반의 기자 벤자민 브래들리를 편집장으로 내세운 것이다. 그 조치로 모든 반대는 평정되었고 신문 제작과 관련해서 더 이상의 압박은 없었다.

그런데 편집장과 기자들이 비밀리에 유출된 수상한 정부 문서를 입수한 다음 그레이엄에게 그 내용을 보도하고 관련 사항을 추가로 취재해도 좋을지 물었다. 그녀는 이 문제를 회사의 고문 변호사들과 상의했고 이사회에서도 의논했는데 모든 사람들이 취재에 대해 반대했다. 하지만 그레이엄은 그 문서의 내용을 신문에 싣고 추가 취재를 통해서 관련된 사실을 샅샅이 밝히기로 했다. 그녀가 내린 이 결정은 전례가 없는 것이었다. 문서의 내용으로 판단하건데 잘못하다간 회사를 신규 상장하는 일이 물거품이 될 수도 있고 몇 년씩이나 질질 끄는 소송에 휘말릴 수도 있었다. 나중에 밝혀지지만 이 문서는 베트남 전쟁과 관련된 국방부 기밀문서였고, 통킹만 사건이 미국이 조작한 것임을 밝히는 내용이었다.

1년 뒤 〈워싱턴포스트〉는 익명의 제보를 바탕으로 민주당 전국위원회가 임대한 사무실에서 발생한 절도 사건을 파헤치기 시작했는데, 이 일로 신문사는 자칫 백악관과 미국 정치계의 거물들과 영원히 등을 지게 될 수도 있었다. 〈워싱턴포스트〉 소유의 여러 텔레비전 방송국들이 필요로 하던 정부 승인을 못 받게 될 것임은 말할 것도 없었다. 아니나 다를까 닉슨의 최측근이자 법무부 장관이던 존 미첼은 그레이엄이 너무 멀리 나갔다면서 그녀를 협박하기도 했다. 닉슨의 또 다른 보좌관은 백악관이 〈워싱턴포스트〉의 문을 닫게 만들 방안을 논의하는 중이라며 위협했다. 자, 만일 당신이 그레이엄이었다고 상상해보자. 세상에서 가장 강력한 집단이 어떻게 하면 신문사 문을 닫도록 하면 좋을지 논의한다고 노골적으로 협박하는 상황에서 당신이라면 어떻게 하겠는가?

그뿐만이 아니라 〈워싱턴포스트〉의 주가는 잘나가는 축에 들지 못했고 주식시장에서도 활기를 찾아볼 수 없었다. 그런데 1974년에 어떤 투자자가 회사의 주식을 공격적으로 사 모으기 시작했다. 이 사회는 깜짝 놀랐다. 적대적 인수합병이 시작된 것일 수도 있기 때문이었다. 그레이엄은 서둘러 그 투자자를 만났다. 그리고 다음 해, 신문사의 노동조합이 파업을 시작했고 이 파업은 오랫동안 계속 이어졌다. 조합원들은 캐서린의 남편 필립 그레이엄이 본인이 아니라 아내를 쏘았어야 했다며 조롱하기도 했지만 그녀는 물러서지 않았고, 조합원들은 회사의 기계를 파괴하고 무고한 직원을 구타하며 불까지 질렀다. 한 신문사에서 파업이 일어나면 다른 신문사들이 인력과 기계를 지원해서 돕는 것이 그 당시의 관례였지만 그레이엄의 경쟁자들은 이런 관례까지 깼고, 그 바람에 〈워싱턴포스트〉는 하루에 광고 수입만으로도 30만 달러씩 손해를 보았다.

그런데 한 무리의 대주주들이 자기 주식을 시장에 내다팔기 시작했다. 〈워싱턴포스트〉가 가망이 없다고 판단한 것이다. 그레이엄은 예전에 만난 적이 있는 투자자의 조언에 따라 막대한 규모의 회사 자금을 풀어 자사 주식을 사들였다. 당시에는 워낙 위험해서 거의 아무도 하지 않던 대응 방식이었다. 그 밖에도 헤아릴 수 없을 만큼의 많은 문제들이 그레이엄의 앞을 가로막았지만 그녀는 끈기를 가지고 참아냈다. 그리고 그 어떤 사람이 예측한 것보다 훌륭하게 돌파해냈다.

캐서린 그레이엄이 공개한 기밀문건은 국방부가 작성한 것으로 드러났고 이 일은 언론 역사상 가장 중요한 사건들 가운데 하나로 꼽혔다. 이 워터게이트 보도는 닉슨 대통령을 격앙시켰지만 결국 미국의 역사를 바꾸고 행정부를 완전히 해체해버렸다. 〈워싱턴포스트〉는 이 보도로 퓰리처상을 받았다. 다른 사람들을 두려움에 떨게 만들었던 그 투자자는 젊은 워렌 버핏이었다. 그는 그녀의 멘토가 되었고 회사의 막강한 후원자이자 조언자가 되었다. 버핏은 그레이엄 가문의 회사에 많지 않은 돈을 투자했지만, 이 돈은 나중에 수억 달러의 자산 가치로 성장했다. 그녀는 노동조합과 협상에 나섰고 마침내 파업도 끝났다. 〈워싱턴포스트〉의 주요 경쟁사이자 그녀를 돕길 한사코 거부했던 〈스타〉는 갑자기 두 손을 들고 〈워싱턴포스트〉에 합병되었다. 그녀가 자기 회사의 주식을 되산 덕분에 회사의 자산 가치는 수조 달러로 뛰어올랐다. 그녀의 이런 행보는 기업계의 통상적인 관념뿐만 아니라 시장의 판단과도 반대되는 것이었다.

그녀가 견뎌내었던 그 긴 고투의 과정, 반복되었던 실패와 위기들 그리고 외부에서 가해지던 공격들이 모두 어느 한 지점을 향하고 있었다. 1971년 〈워싱턴포스트〉가 주식 상장을 할 때 1백 달러를 투자한 사람은 그녀가 물러나던 1993년에 그 1백 달러를 8천 9백 달러로 불렸다. 한편 그 1백 달러를 언론업계에 투자했다면 1천 4백 달러로, S&P 500에 투자했다면 5백 달러로밖에 불리지 못했을 테니 〈워싱턴포스트〉에 투자한 것이 얼마나 큰 수익을 올린 선택이었는지 쉽게 알 수 있다. 그 덕분에 캐서린 그레이엄은 자기 세대의 가장 성공한 여성 CEO이자 〈포춘〉 선정 500대 기업을 운영하는 최초의 여성 CEO가 되었다. 뿐만 아니라 역대 최고의 CEO 반열에 올라섰다.

금수저를 물고 태어난 그녀에게 경영 일선의 처음 15년은 혹독한 시련이었다. 그야말로 고난의 연속이었다. 차라리 애초에 신문사를 팔아버리고 결코 적지 않았을 재산을 가지고 유유자적하면서 사는 게 훨씬 나았을 것 같다고 생각한 적도 여러 번이었다. 남편의 자살이 그녀의 탓은 아니었지만 그녀는 갑자기 혼자서 신문사 경영이라는 짐을 떠맡아야 했다. 그레이엄은 워터게이트 사건과 국방부 기밀 문건을 원하지 않았지만 그것들이 그녀에게 떨어지는 바람에 그 무서운 불길 속을 헤쳐나가야 했다. 1980년대에 인수합병의 바람이 거세게 불었지만 그녀는 그런 흐름을 초연하게 바라보기만 했다. 월스트리트가 그녀의 회사를 약골 취급했으나 자기 자신과 회사에 집중했다. 얼마든지 훨씬 더 쉬운 길을 택할 수 있었지만 그렇게 하지 않았다.

어떤 순간이든 실패의 가능성이나 걸림돌이 등장한다. 미식축구 감독 빌 월시는 말했다. 언제나 승리로 나아가는 길은 '실패'라 불리는 어떤 지점을 통과해야 한다고. 실패의 나락에 떨어진 상태에서 다시 한 번 더 성공의 기쁨을 맛보려면 지금 혹은 최근 몇 년 동안의 그 시련으로 자기를 이끌고 온 것이 무엇인지, 무엇이 잘못되었는지, 그리고 그 이유가 무엇인지 알아야 한다. 시련의 시기를 통과하기 위해서는 눈앞에 놓인 상황에 잘 대처해야 하고, **그 힘겨운 상황을 받아들이고 또 돌파할 필요가 있다.**

이런 점에서 그레이엄은 거의 독보적이었다. 그녀는 어둠 속에서 느낌만으로 자기가 가야 할 길을 더듬어 나아가면서, 예전에는 상상조차 해본 적이 없는 그 시련의 정체를 파악하려고 노력했다. 깊은 수렁에 빠져 있으면서도 거의 모든 것을 올바르게 처리해낸 생생하고도 모범적인 사례이다.

사람들은 극단적으로 자기중심적인 사람들만 실패의 나락에 떨어진다고 생각한다. 예를 들면 닉슨은 충분히 그럴만하다. 하지만 그레이엄이 그렇게나 자기중심적이었던가? 선한 사람들도 실패를 한다는 것이 혹은 다른 사람들이 이 선한 사람들에게 실패를 안겨준다는 것이 현실이자 불편한 진실이다. 이미 충분히 많은 시련을 겪은 사람도 다시 또 더 많은 시련에 붙잡힐 수 있다. 인생은 공평하지 않다.

에고는 바로 이런 발상 즉 어떤 것이 공정하다거나 혹은 그렇지 않다거나 하는 생각을 사랑한다. 그래서 시련이 닥쳤을 때 그것이 그럴 만한 것인지 따지고 그에 따라 절망하거나 분노한다. 그러나 당신이 지금 겪고 있는 시련이 당신이 잘못해서 빚어진 결과인지 혹은 당신에게 내재된 어떤 문제의 결과인지 하는 것은 중요하지 않다. 왜냐하면 눈앞에 닥친 그 문제는 현실이고 그 문제를 지금 당장 붙잡고 해결해야 하는 것은 당신이기 때문이다. 그레이엄이 만약 그런 에고를 가지고 있었다면 그것은 분명 그녀가 성공하지 못하도록 가로막았을 것이다. 명심하기 바란다. 실패는 언제나 초대하지 않아도 찾아온다는 것을. 너무도 많은 사람들이 자기 주변에 에고가 얼쩡거리게 함으로써 실패를 자초한다는 사실을.

이 모든 과정에서 그레이엄이 필요로 했던 것은 무엇이었을까? 으스대지 않을 것, 허세부리지 않을 것이었다. 그녀는 강해질 필요가 있었고 시련을 견뎌낼 수 있는 자신감과 의지가 필요했다. 옳은 것과 그른 것을 가릴 줄 아는 감각이 필요했고 앞으로 나아갈 **목적**이 필요했다. 그것은 **그녀 자신에 대한 것이 아니었다.** 자기 가문과 신문사를 지켜내는 일에 대한 것이었고 자기 일에 대한 것이었다.

자, 그렇다면 당신은 어떤가? 일이 잘 풀리지 않을 때 당신의 에고는 당신을 배반할까? 아니면, 당신은 에고 없이 잘 헤쳐나갈 수 있을까?

사람은 어려움에 직면할 때, 특히 스캔들이나 의심, 이별과 같은 시련을 맞을 때 에고가 본성을 드러낸다. 에고는 부정적인 평가나 조언을 흡수해서 굳이 그 힘들고 번거로운 것들을 감수할 필요가 없다고 말한다. "난 진작 네가 하지 못할 줄 알았어. 뭣 때문에 그렇게 애를 쓰며 하려고 했어? 이건 그럴 가치가 없어. 네가 이 일을 하는 건 공정하지 않아. 다른 사람이 해결해야 할 문제라고. **그럴듯한 핑계를 대고 그만 손을 떼지 그래?**" 문제는 우리가 아니라고 이야기하는 것이다.

그리스의 철학자 에피쿠로스에 의하면 자아도취적인 경향이 있는 사람은 '성벽이 둘러쳐져 있지 않은 도시' 안에 살고 있다. 부서지기 쉬운 자아감은 끊임없이 위협을 받는다. 당신이 균형을 잡으려고 할 때 이를 위협하는 신호들을 감지해내는 특수한 안테나가 제 기능을 못하면 당신이 이룬 업적은 당신을 위한 요새가 되어주지 못한다.

월시가 최악의 팀인 포티나이너스를 맡기 한 해 전에 이 팀은 2승 14패를 기록했다. 월시가 감독이자 구단 대표로 이 팀에 합류한 그해의 전적도 역시 2승 14패였다. 자, 얼마나 실망스러웠을지 충분히 상상할 수 있을 것이다. 한 해 동안 그 많은 변화를 시도하고 그 많은 노력을 기울였는데도 성적이 전년도와 똑같았으니 감독으로서 얼마나 무능하게 느껴졌을까? 하지만 우리 같은 보통 사람들만 이렇게 생각한다. 그리고 다른 사람들을 비난하고 나선다.

그러나 월시는 달랐다. 그는 팀이 나아지고 있다는 증거를 '성적이 아닌 다른 데서 찾아야 한다'는 사실을 알고 있었다. 그는 경기를 풀어나가는 방식, 좋은 의사 결정들 그리고 변화들이 팀 내부에서 진행되고 있다고 보았던 것이다. 그리고 두 시즌 뒤에 포티나이너스는 슈퍼볼 우승컵을 차지했으며 그 뒤로도 이 컵을 여러 번 거머쥐었다.

괴테가 말했듯이 '자기를 실제 자기 모습보다 더 크게 보는 것과 자기의 진정한 가치보다 낮게 평가하는 것'이야말로 가장 큰 실패이다. 이 점과 관련해서는 캐서린 그레이엄이 1970년대 중반과 1980년대에 했던 자사주 매입이 좋은 비유가 될 수 있다. 그것에 대해서는 여전히 논란이 많다. 자사주 매입은 대개 성장이 둔화되거나 중단된 기업에서 나온다. CEO는 자사주를 매입하면서 신빙성이 없는 말을 한다. 시장 상황이 나쁘고 자기 회사에 대한 가치 평가가 몹시 잘못되어 있으며 또 앞으로 회사가 어디로 나아가야 할지 명확하게 알 수 없는 상황이므로, 자사가 보유하고 있는 현금을 저평가받고 있는 자사 주식에 투자하겠다고 말한다.

그런데 정직하지 못하거나 자기중심적인 CEO들은 환상에 사로잡혀 있거나 자사주의 가격을 인위적으로 끌어올릴 목적으로 자사 주식을 매입하는 경우가 많다. 반대로 멍청하거나 줏대가 없는 CEO는 자기 회사에 투자할 생각조차 하지 않는다. 그레이엄의 경우, 그녀는 자기 회사가 가지고 있는 가치를 보고 정확히 판단을 내렸다. 워렌 버핏의 도움을 받아서 시장이 자기 회사의 자산 가치를 낮게 평가하고 있음을 객관적으로 바라볼 수 있었다. 자기 회사에 대한 평판들 즉, 학습 곡선(축적되는 생산경험과 비용절감의 체계적 관계 —옮긴이) 때문에 회사 주가가 실제 가치보다 낮게 매겨져 있으며, 그 바람에 자기의 개인 재산이 상당한 수준으로 줄어들게 됐지만 다른 한편으로는 회사가 엄청나게 좋은 기회를 맞이하고 있음을 간파했다. 그래서 상대적으로 짧은 기간 동안에 거의 40퍼센트에 가까운 자사주를 매입했던 것이다. 물론 이때의 매입 가격은 나중의 가격과 비교하면 그야말로 형편없이 낮았다. 그녀가 자사주를 매입할 당시의 주가는 20달러였지만 그로부터 채 10년도 지나지 않아서 3백 달러를 훌쩍 넘어섰으니까 말이다.

그레이엄과 월시가 했던 것은 조직 내부의 여러 지표에 초점을 맞추는 것이었다. 그 지표를 통해 다른 사람들이 미처 집중하지 못해서 실패와 약점으로만 바라보던 여러 가지 진전들을 정확히 측정하고 평가할 수 있었다. 바로 이런 것이 우리가 시련을 돌파할 수 있도록 길잡이가 되어준다.

당신은 아마도 당신이 맨 처음 마음에 두었던 대학교에 입학하지 못했을 것이다. 당신이 원하던 프로젝트를 맡지 못했을 것이고, 혹은 또 승진에서 탈락했을지도 모른다. 직업에서, 꿈에 그리던 집을 장만하는 데서, 혹은 모든 것이 달려 있다고 생각하는 어떤 기회를 포착하는 데서 누군가가 당신보다 앞서나갈 수도 있다. 이런 일은 당장 내일 일어날 수도 있고, 혹은 20년 뒤에 일어날 수도 있다. 또한 이런 상황은 딱 2분 동안 지속되다 말 수도 있고 20년 동안 계속될 수도 있다. 모든 사람이 실패와 역경을 경험한다는 것을, 우리는 모두 중력법칙과 평균법칙의 지배를 받는다는 것을 우리는 잘 안다.

그리스의 철학자 플루타르코스는 우리는 미래에 우리가 전혀 알지 못하는 그 모든 운들이 우리 각자에게 무섭게 돌진하는 상황을 맞을 것이라고 말했다. 겸손하고 강한 사람은 자기중심적인 사람들이 맞닥뜨리는 어려움에 부딪치지 않는다. 이들은 불평은 덜하고 자기 자신을 제물로 삼지 않는다. 대신 금욕적인, 어쩌면 즐겁기까지 한 회복력을 가지고 있다. 또 남들이 아무리 인정해주지 않는다고 하더라도 얼마든지 잘 헤쳐나간다.

　바로 이것이 우리가 추구하는 바이고 단순한 성공 이상의 것이다. 특히나 중요한 점은 인생이 우리에게 던져주는 시련들이 어마무시하게 보이지만 사실 우리에게 그 고난들을 대응할 수 있는 힘이 있다는 사실이다.

살아 있는 시간,
죽어버린 시간

시간을 낭비하지 말고 살아라.
—**파리 시의 구호** PARISIAN POLITICAL SLOGAN

말콤 엑스는 범죄자였다. 그가 말콤 엑스가 아니라 디트로이트
레드Detroit Red라고 불리던 시절이었다. 그는 도박에 관여했고 마약
을 팔았다. 매춘부들을 관리하는 일도 했다. 그러다 무장 강도가 되
어 독자적인 자기 조직을 가졌다. 자신은 상대가 누구든 죽일 수 있
으며 또 언제든 죽을 각오가 되어 있다는 것을 과시함으로써 조직을
지배하고 도시 뒷골목을 누볐다. 하지만 결국 값비싼 시계를 훔쳐서
팔려다가 체포되었다. 당시 그는 권총을 휴대하고 다녔지만 평소에
장담했던 것처럼 체포되던 순간에 경찰관들에게 총격을 가하지는
않았다. 경찰은 그의 아파트에서 보석과 모피, 다수의 총기 그리고
강도 행각에 사용되었던 온갖 도구들을 찾아냈다.

그는 10년형을 선고받았다. 1946년 2월이었고, 그때 그의 나이
겨우 스물한 살이었다.

미국의 부끄러운 인종차별 수준이나 당시 법률의 부당함을 고려한다고 하더라도 말콤 엑스가 나쁜 짓을 한 것은 분명하다. 그가 감옥에 가는 것도 당연했다. 그가 체포되어 감옥에 가지 않았더라면 계속해서 그 세계에서 살면서 얼마나 많은 나쁜 짓을 했을지, 혹은 심지어 살인까지 저지르게 되었을지 누가 알겠는가?

누군가가 정당한 재판 절차를 통해서 유죄 판결을 받고 오랜 세월 감옥에 갇혔다면, 이 사람의 인생은 확실하게 꼬였다고 말할 수 있다. 자기 자신을 놓고 보더라도 실패한 인생일 뿐만 아니라 사회의 기본적인 기준과 도덕성을 놓고 보더라도 그렇다. 말콤 엑스가 바로 그런 경우였다. 그렇게 그는 수감되었고 거의 10년 가까운 세월 동안 그의 몸은 새장 속에 갇힌 것과 같았다. 말콤이 감옥에서 보낸 7년이 궁극적으로 그에게 어떤 역할을 했을까? 말콤은 무엇을 하면서 이 긴 시간을 보냈을까?

그는 작가 로버트 그린이 나중에 '살아 있는 시간인가 아니면 이미 죽어버린 시간인가'라고 부르는 상황에 맞닥뜨렸다. 그린은 사람의 삶에 존재하는 시간의 유형을 죽은 시간과 살아 있는 시간, 두 가지로 분류했다. 죽은 시간은 사람이 수동적으로 무엇인가를 기다리기만 하면서 보내는 시간이고, 살아 있는 시간은 무엇이든 배우고 행동하며 1분 1초라도 활용하려고 노력하면서 보내는 시간이다. 모든 실패의 순간, 본인이 의도적으로 선택하거나 통제하지 않는 모든 상황은 우리에게 이 선택을 요구한다. 살아 있는 시간을 원하는가 아니면 이미 죽어버린 시간을 원하는가? 당신이라면 어느 쪽을 선택하겠는가?

말콤은 **살아 있는 시간**을 선택했다. 그는 공부를 하기 시작했다. 종교를 탐구했으며, 책을 읽을 때는 연필과 사전으로 모든 문장과 개념을 일일이 확인했다. 처음부터 끝까지 세심하게 읽었다. 거기에서 그치지 않고 자기가 읽은 책을 앞에서부터 마지막까지 필사했다. 한 번도 들은 적 없고 본 적도 없는 단어들이 모두 그의 머릿속에 차곡차곡 정리되었다. 그는 그때부터 출소할 때까지 시간이 조금이라도 주어지면 책을 읽었다. 도서관에서 읽지 않으면 자신의 침상에서 읽었다. 역사를 읽었고 사회학을 읽었고 종교를 읽었고 고전을 읽었고 또 칸트와 스피노자의 철학을 읽었다. 나중에 어떤 기자가 그에게 물었다.

"출신학교가 어디입니까?"

그 질문에 말콤은 딱 한 마디로 대답했다.

"책입니다."

감옥은 그에게 대학교였다. 그는 책에 빠져들어 교도소에 구금되어 있다는 현실조차 초월했다. 그는 훗날 회고하기를 교도소에 갇혀 있다는 생각을 조금도 하지 않은 채로 몇 달이 훌쩍 지나가버린 적도 있었다고 했다. 인생을 살면서 그때보다 더 진정으로 자유로웠던 적은 한 번도 없었다.

대부분의 사람들은 말콤 엑스가 출소한 뒤에 무엇을 했는지 잘 안다. 그러나 어떻게 교도소라는 환경이 그가 그런 일을 할 수 있도록 만들어줬는지는 알지 못한다. 어떻게 해서 변화를 추동하는 수

용과 겸손, 그 모든 힘이 하나로 합쳐졌는지 모른다. 또한 이런 일이 역사 속에서 얼마나 흔하게 일어나는지, 얼마나 많은 사람들이 겉으로 보기에 끔찍한 상황들, 예컨대 투옥이나 유배, 경기 침체, 강제 징병 등에 부딪치지만 태도를 바꾸고 접근법을 달리해서 그 지독한 상황을 위대함의 밑거름으로 삼았는지 알지 못한다.

변호사이자 시인이었던 프랜시스 스콧 키는 프랑스 혁명이 끝난 후 1812년 영국과 프랑스 항쟁에 휘말린 미국-영국의 전쟁에서 영국군에 잡혀서 포로가 되었다. 그는 포로 교환이 이루어지던 배 위에서 시를 한 편 썼는데 이 시가 나중에 미국 국가의 가사가 되었다. 심리학자 빅터 프랭클은 나치의 유대인 수용소에서 생사의 고비를 수없이 넘으면서, 삶의 고통과 의미라는 자기만의 독자적인 심리학 체계를 한층 정교하게 다듬었다.

그런데 이런 기회들은 늘 그렇게 심각한 상황에서만 찾아오는 게 아니다. 영국의 인기 첩보소설 작가 이안 플레밍은 집필 활동을 쉬고 침대에 누워서 휴식을 취하라는 의사의 지시를 받았다. 그가 또 다른 제임스 본드 소설을 쓴다며 몸을 혹사할까 염려해서 내린 처방이었다. 이런 상황에서도 플레밍은 의사가 금지시킨 타이프 라이터를 사용하는 대신 손으로 『치티 치티 뱅 뱅』이라는 소설을 써냈다. 그는 비록 힘든 시간을 보냈음에도 이 소설로 월트디즈니의 지원을 받아서 애니메이션으로까지 활동 영역을 확장할 수 있었다.

화를 내고 억울해 하고 우울해 하는 것이 순간적으로는 훨씬 더 좋다고 느낄 수 있다. 부당함이나 운명의 변덕이 어떤 사람을 덮칠

때 이 사람에게서 우리가 통상적으로 기대하는 반응은 욕을 하거나, 싸우거나 저항하는 것이다. 우리는 이 사람이 어떤 감정에 휩싸여 있는지 잘 안다. 그의 내면은 이렇게 소리친다. **나는 이것을 원하지 않는다. 내가 원하는 것은 누가 뭐래도 _____ 이다. 나는 내 방식대로 하고 싶다.** 하지만 이건 짧은 생각이다.

취소된 약속, 당신이 다루고 싶어 하지 않는 문제들, 손을 대봐야 가망없어 보이는 어려운 제도상의 문제들……. 당신이 이런 것들과 마주한다고 생각해보라. 죽은 시간을 우리가 오래 전부터 꼭 해야 할 일을 할 기회로 활용할 때, 이 죽은 시간은 부활한다.

사람들이 말하듯이 이 순간이 당신의 인생 전체가 아니다. 하지만 당신의 인생의 어떤 한 순간임은 분명하다. 당신은 이 순간을 어떻게 사용하겠는가?

죽은 시간이 죽어 있는 이유는 시간의 소유자가 게으르고 자기만족에 빠져 있기 때문이다. 말콤은 교도소에 수감되어 있는 시간을 보다 더 유능한 범죄자가 되거나 범죄 세계의 인맥을 확대하는 데 그리고 다음 범죄를 계획하는 데 사용할 수도 있었다. 설령 그렇게 하는 과정에서 자기가 살아 있다고 느낄 수 있을지 모르겠지만 그것은 자기 자신을 서서히 죽이는 행위에 지나지 않는다. 다행히 말콤은 수감되어 있는 동안 교도소에 올 수밖에 없었던 자신의 인생 경로를 집중적으로 성찰했다.

로버트 그린이 말하기를, 감옥에서는 생각하는 일 말고는 달리 할 일이 없기 때문에 많은 중요한 사상가들이 감옥에서 배출되었다고 했다. 그러나 슬프게도 문자 그대로의 감옥이든 혹은 비유적인 의미의 감옥이든 간에 교도소는 패배자와 포기자를 훨씬 더 많이 배출해왔다. 재소자들에게는 생각하는 일 말고 달리 할 일이 없겠지만 무슨 생각을 하느냐에 따라서 그들은 더 나빠질 수도 있고 또 반대로 더 좋아질 수도 있다.

사실 우리 가운데서도 너무도 많은 사람들이 어리석은 재소자처럼 실패했거나 어려움을 당하고 있을 때 스스로를 더 나쁜 상황으로 몰아넣는다. 자기 자신을 냉정하게 살펴보지 못해서 지금의 고통 속으로 자기를 몰아넣은 그 잘못들을 그대로 반복하는 데 모든 힘을 쏟는다.

이런 모습은 여러 가지 형태로 나타난다. 미래에 대해 게으르게 몽상만 한다든가, 복수를 하겠다고 계획을 세운다든가, 온갖 산만한 사안들 속으로 도피를 한다든가 하는 것이다. 하지만 우리는 이런 상태에 빠지지 말고 본질적으로 다른 무엇인가를 해야 한다.

만일 우리가 이런 말을 하고 나선다면 어떻게 될까?

"이것은 나에게 좋은 기회야. 나는 내가 정한 목적을 달성하는 데 이 기회를 이용할 거야. 이것을 죽은 시간으로 그냥 내버려두지 않을 거야."

죽은 시간은 우리가 에고의 통제를 받고 있을 때의 얘기다. 우리가 이렇게 생각하고 말하고 행동한다면 결과는 달라진다. 우리는 살아 있을 수 있다.

당신은 지금 당신이 놓여 있는 환경이 감옥이라고 느낄지도 모른다. 예컨대 당신은 대학생이면서도 기초 학력이 모자라서 고등학교 수준의 보충 수업을 듣고 있을 수도 있다. 혹은 어떤 결정이 보류된 상태로 무작정 대기하고 있을 수도 있다. 결혼 생활에 문제가 있어서 잠시 별거를 하는 중일 수도 있고, 어떤 계약이나 복무 기간이 끝나길 간절하게 기다리는 중일 수도 있다. 그리고 이런 상황은 당신이 자초한 결과일 수도 있고, 또 어쩌면 순전히 운이 나빴기 때문일 수도 있다.

인생을 살면서 사람은 누구나 죽은 시간에 붙잡힐 때가 있다. 그 자체는 우리가 어떻게 해볼 수 있는 영역이 아니다. 하지만 이 시간을 어떻게 이용할 것인지는 얼마든지 선택할 수 있다.

당신이 처한 상황과 주변에 있는 것들을 활용해보라. 괜히 고집을 부리고 억지를 써서 현재의 상황을 더 나쁘게 만들지 마라. 노예 출신의 흑인 인권운동가 부커 워싱턴은 말했다.

"지금 있는 그 자리에서 당장 두레박을 드리워서 물을 퍼 올려라."

죽은 시간은 사람이 수동적으로
무엇인가를 기다리기만 하면서 보내는 시간이고,
살아 있는 시간은 무엇이든 배우고 행동하며
1분 1초라도 활용하려고 노력하면서 보내는 시간이다.
당신이라면 둘 중 어느 쪽을 선택하겠는가?

최선을 다하고
흘러가게 두어라

적극적인 사람에게 중요한 것은 옳은 일을 '하는 것'이다.
이런 사람은 과연 옳은 일이 생길 것인지 어떤지는 신경 쓰지 않는다.
— 괴테 GOETHE

동로마 제국의 벨리사리우스는 정말 위대한 장군임에도 불구하고 그리 잘 알려져 있지 않다. 그의 이름이 역사에서 얼마나 철저하게 무시되고 잊혀졌는지는 실제보다 엄청나게 저평가된 마셜 장군조차도 그에게 미안해서 고개를 숙여야 할 정도이다. 적어도 마셜이라는 이름은 '마셜 플랜'으로는 남아 있으니까 말이다.

비잔틴 제국의 유스티니아누스 황제 아래 최고 사령관이었던 벨리사리우스는 적어도 세 차례에 걸쳐서 서구 문명을 지켜냈다. 로마 제국이 콘스탄티노플로 수도를 옮겼을 때 암흑의 시대이던 당시 벨리사리우스는 기독교인에게는 유일하게 밝은 빛이었다.

그는 다라, 카르타고, 나폴리, 시실리 그리고 콘스탄티노플에서 빛나는 승리를 거두었다. 거센 반란이 일어나서 왕이 왕위를 포기하려고 할 때조차도 그는 얼마 되지 않는 근위대를 이끌고 수만 명의 적군에 맞서서 싸우면서 왕좌를 지켜냈다. 또 병력이 부족하고 자원도 변변찮았지만 놀라운 지도력을 발휘해서 몇 년 동안 방치되고 잃어버렸던 영토를 되찾기도 했다. 다른 민족이 로마 제국을 차지한 뒤로 맨 처음으로 잃어버린 영토를 되찾고 로마를 지킨 장군도 바로 그였다. 그리고 이 모든 일이 그의 나이 마흔 살 이전에 일어났다.

그러나 그는 응분의 보상을 받지 못했다. 공식적으로는 그 어떤 공적도 인정받지 못했다. 오히려 황제 유스티니아누스로부터 역모를 꾸민다는 의심을 끊임없이 받았다. 그가 거둔 승리들과 그가 바친 희생들은 어리석은 협정들과 잘못된 믿음 때문에 무효가 되어버렸고 지휘권조차 박탈당했다. 그에게 유일하게 남아 있던 호칭은 '왕립 마구간 사령관'이었는데, 그에게 모욕을 안겨주려는 황제의 의도였다. 그리고 그는 결국 모든 재산마저 빼앗겼다. 내려오는 이야기에 따르면 유스티니아누스가 그를 장님으로 만들었고 또 거리에서 구걸을 하며 목숨을 이어가도록 했다고 한다.

역사가들과 학자들, 예술가들은 이런 그를 안타깝게 여겼고 그가 부당한 처우를 받았다고 수백 년 동안 주장했다. 이들은 이 위대하고 비범한 장군이 맞닥뜨려야만 했던 그 어리석음과 배은망덕과 부당함에 분노했다. 그런데 정작 벨리사리우스 본인은 이에 대해 단 한 마디도 불평하지 않았다. 인생의 마지막 순간에도, 그리고 개인적인 편지에서조차 그렇게 하지 않았다.

역설적이게도 그가 황제의 자리에 오를 수 있었던 기회는 여러 차례 있었지만 그가 그 자리에 유혹을 느낀 적은 한 번도 없었다. 유스티니아누스 황제는 절대 권력의 모든 악덕(통제, 편집증, 이기심, 탐욕)에 탐닉해 있었지만 벨리사리우스에게서는 그런 것들을 거의 찾아볼 수 없었다. 그로서는 어디까지나 자기가 해야 할 일을 다할 뿐이었다. 그는 그 일들이 자기에게 주어진 성스러운 임무라고 믿었으며, 자기가 그 의무를 충실하게 해냈음을 알았고 옳은 일을 했음을 알았다. 그리고 그것으로 족했다.

인생을 살다보면 모든 것을 올바르고도 완벽하게 처리해내지만 그 결과가 나쁠 때도 있다. 실패하고 존중받지 못하고, 질투의 대상이 되고 또 심지어 세상 사람들로부터 심드렁한 반응을 받기도 한다. 이때 무엇이 우리에게 동기부여를 하는지만을 생각하면 이런 반응은 치명적일 수 있다. 에고가 지배하면 우리는 스스로를 1백 퍼센트 인정해주는 것 외에는 아무 것도 수용할 수 없다. 이것은 위험한 태도이다. 어떤 사람이 맡은 프로젝트가 무엇이든 간에 그 일은 그 사람의 손을 떠나서 **다른 사람들에 의해서** 판단되고 받아들여진다. 그때부터 그 일은 더는 그가 통제하는 것이 아니고 다른 사람들에 의해 좌우된다.

벨리사리우스는 전투에서 이길 수 있었고 부하들을 이끌 수 있었다. 개인적인 윤리는 스스로 결정할 수 있지만 자기가 한 일이 남들에게서 높은 평가를 받을 것인지 혹은 역모의 의심을 불러일으킬 것인지는 통제할 수 없었다. 어떤 강력한 독재자라고 하더라도 모든 사람들이 자기를 관대하고 우호적으로 대하도록 만들 능력은 가지고 있지 않기 때문이다.

그렇다면 벨리사리우스는 어떤 특별한 미덕을 가지고 있었기에 옳은 일을 하는 것만으로 충분하다는 진리를 받아들였을까? 어떻게 조국과 신에 복무하고 자기 의무를 충실하게 다하는 것이야말로 무엇보다 가장 중요하다는 태도를 취할 수 있었을까? 어떤 역경이든 간에 얼마든지 참아낼 수 있다고 믿었고 또 어떤 보상이든 간에 그저 덤일 뿐이라는 태도를 가질 수 있었을까?

그의 행동은 훌륭한 일을 하고도 적절한 보상을 받지 못하는 경우가 자주 있었기 때문만이 아니라 오히려 그 일로 처벌을 받았다는 사실 때문에 더욱 더 빛이 난다. 옳은 일을 하고도 벌을 받는다면 화가 나는 게 당연하고, 우리는 그런 일이 본인이나 주변의 지인에게 일어날 때 당연히 분개한다. 그렇다면 벨리사리우스가 선택할 수 있었던 대안은 무엇이었을까?

사람은 누구나 자기가 세운 목표를 추구하다 보면 그와 같은 시련에 맞닥뜨리게 된다. 그럴 때 우리는 나중에 성과를 빼앗겨버릴 수 있는데도 열심히 일을 해야 할까? 결과가 보장되지 않는다고 하더라도 시간과 에너지를 기꺼이 들여야 할까? 우리가 올바른 동기를 가지고 있다면 우리는 기꺼이 그렇게 할 것이다. 그러나 에고가 전면에 나선다면 아마도 그렇게 하지 않을 것이다.

자기가 설정한 대의에 충실하며 이를 위해 헌신하는 진보적인 활동가들을 생각해보자. 몇몇 지도자들은 자기가 추구하던 일이 결실을 맺기도 전에 암살당하거나 사회적으로 매장당한다. 그리고 '시대를 앞서가는' 대의는 바로 그 사실 때문에 폄훼 당하고 또 이를 맨 처음 주장한 사람들은 바싹바싹 마르고 또 시들어 버린다. 사회의 기본적인 체계에 따르면 이 사람들은 자기가 한 일에 대해서 보상을 받지 못했다. 그렇다면 이 사람들은 **그 일을 하지 말았어야 옳을까?**

에고의 관점에서 보자면 우리는 보상이 주어지지 않는 일은 하지 않아야 한다. 그러나 만일 당신의 태도가 이렇다면 당신은 힘든 시기를 어떻게 참고 버티어나갈 생각인가? 만일 당신이 시대를 앞서가는 사람이라면 또 어떻게 할 것인가? 만일 시장이 잘못된 추세에 동조해서 움직인다면, 상사나 고객이 이해하지 못한다면 어떻게 할 것인가?

좋은 일을 하는 것이 그것만으로 충분할 때 당신은 그렇게 하면 된다. 이게 훨씬 낫다. 다시 말해서 당신이 무언가를 위해 최선을 다해 노력할 때 그 자체만으로도 자존감과 자긍심이 충만해진다면, 그 결과의 좋고 나쁨에 관계없이 충분하다는 말이다.

그런데 에고는 다른 사람들로부터 인정받고 보상받을 필요가 있다고 말한다. 특히 문제가 되는 것은 이따금씩 실제로 보상을 받는다는 사실이다. 우리는 칭찬을 받고 보상을 받고 나면 이 둘이 언제나 함께한다고 생각하기 시작한다. 그리고 여기에는 이른바 '충족되지 않는 고통스러운 기대감expectation hangover'이 필연적으로 뒤따른다.

알렉산더 대왕과 유명한 그리스 철학자 디오게네스의 유명한 일화가 있다. 디오게네스를 우연히 만난 알렉산더는 따스한 햇볕을 즐기며 누워 있는 그 앞으로 다가가서, 세계에서 가장 강력한 힘을 가지고 있는 자기가 가난한 철학자에게 무엇을 해주면 좋을지 물었다. 알렉산더는 디오게네스가 그 어떤 것을 요구해도 들어줄 마음이었다. 그런데 이 철학자가 바란 것은 한 가지뿐이었다.

"내가 쬐는 햇볕을 가리지 말고 비켜주시오."

그로부터 2천 년이 지난 지금도 우리는 알렉산더 대왕이 자기가 중요한 존재라는 것을 늘 인정받길 바랐던 사람임을 알 수 있다.

그렇다. 이런 일은 반드시 일어날 것이고 당신은 여기에 대비해야 한다. 어쩌면 당신의 부모는 당신의 성공에 전혀 감동받지 않을 수 있다. 당신의 연인은 당신이 이룩한 일에 신경 쓰지 않을 수도 있다. 투자자가 당신이 거둔 성과에 관심 없을 수도 있고 청중들이 박수치지 않을 수도 있다. 그러나 우리는 타인의 반응에 상관없이 앞으로 나아가야만 한다. 이런 상황이나 조건이 우리를 움직이는 동기로 작동하도록 내버려둘 수는 없다.

벨리사리우스에게 마지막 기회가 주어졌다. 마침내 무죄가 입증되었고 명예가 회복된 것이다. 머리카락이 하얗게 센 늙은 장수였지만 로마 제국을 구하기에는 아직 늦지 않았다. 그러나 그는 다시 한 번 더 모반의 음모를 꾸미고 있다는 의심을 받았다. 이 불쌍한 장군을 노래한 롱펠로우의 유명한 시에서 그는 생의 마지막 순간에서조차 비참한 처지가 되었다. 앞을 보지 못하게 된 데다 거지 신세로 전락한 것이다. 하지만 그럼에도 시인은 벨리사리우스를 위대한 힘을 가진 사람으로 이야기한다.

이것 역시 참을 수 있노니, 나는
여전히 벨리사리우스이노라!

    당신은 정당하게 평가받지 못할 수 있다. 무너뜨려야 할 대상이 되어 피해를 입을 수도 있고 충격적인 실패를 경험할 수도 있다. 당신의 기대는 물거품이 되고 패배할 수 있다. 인생은 동화가 아니다.

    존 케네디 툴은 위대한 소설 『바보들의 결탁』을 완성했지만 출판사마다 퇴짜를 놓았다. 이 슬픈 소식에 가슴이 찢어졌던 소설가는 텅 빈 거리의 자동차 안에서 자살을 하고 말았다. 그가 죽은 뒤에 그의 어머니가 이 원고를 발견하고 끈질기게 노력해서 이 원고는 그가 죽은 지 11년 만에 출판되었는데, 어찌된 일인지 퓰리처상까지 받는 성공을 거두었다.

    툴이 출판사에 줬던 원고와 그의 어머니가 줬던 원고가 달랐을까? 다르지 않았다. 동일한 소설의 동일한 원고였다. 만약 툴이 타인의 평가에 연연하지 않았더라면 자기 목숨을 버리는 일은 없었을 것이다. 하지만 그는 그것을 깨닫지 못했고, 대신 우리는 그의 고통스러운 사례에서 인생의 수많은 굴곡들이 얼마나 우연적인 것인지 알 수 있게 되었다.

    어떤 것의 가치 유무를 외부적인 요소들이 결정하지 못하도록 해야 하는 이유가 바로 여기에 있다. 그 판단과 결정은 언제나 우리 자신이 내려야 한다. 마르쿠스 아우렐리우스는 야망은 자기 자신의 행복을 다른 사람들이 말하거나 실천하는 것에 묶는 것이고 온전함은 그것을 자기 자신의 행동에다 묶는 것이라고 했다.

세상은 우리가 무엇을 원하는지 아무런 관심도 가지지 않는다. 우리가 세상에 줄기차게 계속 무언가를 바라고 또 필요로 한다면, 그것은 자기 자신을 분노나 지금보다 더 나쁜 상황으로 내모는 행위로 이어질 뿐이다.

당신에게 주어진 일을 하고 그 일을 잘 해라. 그런 다음 흘러가게 두고 신의 뜻을 기다려라. 필요한 것은 그것뿐이다. 인정받고 보상받는 것은 그저 부수적인 요소일 뿐이다. 그저 일을 하는 것, 그 자체만으로도 충분하다.

부서져야만 하는
순간들

만일 네가 입을 닫고 진실을 땅속에 묻는다 하더라도 그 진실은 계속 자랄 것이다.
그리고 엄청난 폭발력을 가질 때까지 점점 더 커지고 결국에는 터져버려서
자기가 나아가는 길에 방해가 되는 모든 것들을 날려버릴 것이다.
—에밀 졸라 EMILE ZOLA

　소설 『해리포터』의 저자 조앤 롤링은 대학교를 졸업한 뒤 7년 만에 결혼에 실패한 무직자이자 싱글맘 신세가 되었다. 아이들을 먹여 살릴 수 없을 정도로 가난하기도 했다. 거의 노숙자나 다름없는 신세였다. 미국의 재즈 알토색소폰 연주자인 찰리 파커는 십 대 시절에 무대 위에서 밴드의 다른 멤버들과 함께 마음껏 즐기며 연주한다고 생각했지만 밴드에서 쫓겨나면서 이런 상황은 끝나고 말았다. 미국 대통령이었던 린든 존슨은 젊은 시절에 여자 하나를 두고 벌어진 다툼 때문에 힐카운티의 어떤 농장 일꾼에게 먼지가 나도록 두들겨 맞은 뒤에 '저 잘난 맛에 살던 독불장군'의 자기 이미지를 스스로 깨버렸다. 거의 모든 사람이 인생의 어떤 시점에서 자기만의 방식으로 나락에 떨어져 바닥을 친다.

　소설 『파이트 클럽』에서 주인공 잭은 자기가 살던 아파트가 폭파

되고 그가 가지고 있던 모든 것, 특히 그가 사랑하던 '모든 가구'들이 날아가 버린다. 나중에 드러나는 사실이지만 이런 짓을 저지른 사람은 잭 본인이었다. 그는 다중 인격을 가지고 있었으며, 그 인격 가운데 하나인 '타일러 더든'이 잭이 슬픈 무기력에서 깨어나도록 충격을 주려고 그런 짓을 저지른 것이다. 그 결과 잭은 자기 인생의 완전히 다른 부분, 충동적이고 어두운 부분으로 빠져드는 여정을 시작한다.

그리스 신화에서 등장인물들은 흔히 '카타바시스katabasis'를 경험한다. 카타바시스는 '아래로 내려가기' 혹은 '밑바닥으로 떨어지기'이다. 이렇게 그들은 실패의 쓴잔을 마시고 어떤 경우에는 실제로 지하세계로 떨어지기도 한다. 그리고 나중에는 예전보다 훨씬 많은 지식과 지혜를 가지고 세상으로 돌아온다. 오늘날 우리 역시 때로 지옥 같은 그 밑바닥에서 상당한 시간을 보낸다.

우리 주변에는 온갖 헛소리들이 윙윙거리고 수많은 것들이 우리를 에워싸고 정신을 산만하게 만든다. 우리를 행복하게 하는 것에 대한, 인생에서 중요하다고 생각하는 것들에 대한 거짓말들이 우리 주변에 둥둥 떠다닌다. 우리는 결코 되지 말아야 할 사람이 되고, 파괴적이고 끔찍한 행동을 예사롭게 한다. 이렇게 에고에 휘둘리는 건강하지 못한 상태가 점점 굳어져서 결국에는 고착된다. 그러다가 마침내 카타바시스를 경험한다.

에고가 크면 클수록 추락은 한층 더 깊고 크다.

굳이 그런 실패를 겪지 않으면 더 좋을 것이다. 누군가 슬쩍 옆구리를 찔러준 덕분에 자기의 잘못을 금방 알아차리고 멋지게 교정할 수 있다면 더 좋을 것이다. 조용한 경고만으로 헛된 환상을 물리칠 수 있다면, 앞길을 가로막아 서는 에고를 피할 수 있다면 더 좋을 것이다. 하지만 이런 바람은 그저 바람일 뿐이다. 120년 전 한 목사는 굴욕을 참아내지 않고서는 겸손해질 수 없다고 했다. 이런 경험은 때로 장님이 눈을 뜰 수 있는 유일한 길이기도 하다.

사실 인생의 많은 의미 있는 변화들은 우리가 철저하게 파괴되는 순간들, 다시 말해서 자기가 알고 있다고 생각하던 것들이 허상이었음이 적나라하게 드러나는 순간들에서 비롯된다. 나는 이것을 '파이트 클럽 순간들'이라고 부른다. 이런 순간들은 때로 스스로 만들어내는 것이기도 하고 또 때로는 외부로부터 가해지는 것이기도 하지만, 어쨌든 우리가 겁에 질려서 감히 감행하지 못하는 변화의 촉매가 될 수 있다.

당신 인생의 어떤 한 순간을 선택해라. 현재 겪고 있는 순간이라도 상관없다. 다른 직원들이 지켜보는 가운데서 상사에게 호되게 질책 당하던 순간, 사랑했던 사람과 나란히 앉아 있던 순간, 결코 오지 않기를 바랐던 메시지가 도착했다고 알림이 울리던 순간, 악독한 채권자가 전화를 해오던 순간, 당신이 놀라서 아무 말도 하지 못한 채 자리에 털썩 주저앉게 되었던 순간……. 모두 당신이 어떤 진실과 정면으로 마주할 수밖에 없었던 바로 그 순간들이다. 이에 직면하면 당신은 더는 무언가를 숨기거나 가장할 수 없게 된다.

이때 온갖 의문이 마구 터져 나온다. **이것을 어떻게 이해해야 할까?**

이제 어떻게 앞으로 나아가야 하지? 이게 정말 바닥일까, 아니면 앞으로도 더 추락할까? 내가 가진 문제들을 지적받는데 어떻게 고쳐야 할까? 어떻게 하다가 나는 이런 일이 벌어지도록 방치하고 말았을까? 어떻게 하면 이런 일이 다시는 일어나지 않도록 할까?

기존의 여러 가지 사례를 놓고 보면 이런 일들은 세 가지 특징을 가지고 있다.

(1) 거의 언제나 외부의 어떤 힘이나 개인에 의해서 일어난다.

(2) 우리가 자기 자신에 대해서 이미 알고 있었지만 무서워서 감히 인정할 수 없었던 일들을 포함한다.

(3) 완벽한 파괴에 이르고 나서야 비로소 커다란 발전과 개선이 시작된다.

그런데 모든 사람이 다 이 기회를 충분히 이용할까? 물론 그렇지 않다. 에고가 문제를 일으키고도 우리가 그것을 개선하는 일을 가로막고 나서기 때문이다.

서브프라임모기지 사태로부터 촉발된 2008년의 금융위기는 많은 사람들에게 모든 것이 발가벗겨졌던 순간이 아니었을까? 지불능력 부족, 빚으로 살아가는 삶의 방식, 탐욕과 부도덕, 거짓 등이 세상에 민낯을 드러낸 순간이 바로 2008년 금융위기였다. 어떤 사람들에게는 이 사건이 강력한 경고였지만 다른 어떤 사람들은 이 위기를 겪고도 몇 년 뒤에는 다시 예전의 그 모습으로 돌아갔다.

소설가 헤밍웨이는 젊은 시절에 바닥까지 추락한 뒤에 얻은 깨달음을 소설 『무기여 잘 있거라』에 남겼다. 그는 소설에 "세상은 모든 사람을 깨부수지만 많은 사람들은 그렇게 부서졌던 바로 그 자리에서 한층 더 강해진다. 그러나 그렇게 깨지지 않았던 사람들은 죽고 만다"라고 썼다. 세상이 당신에게 진실을 보여줄 수는 있지만 그 누구도 당신이 그 진실을 받아들이도록 강제하지는 못한다. 그것을 받아들이느냐 마느냐는 당신에게 달린 일이다.

우리에게는 너무도 친숙한 '부정否定, denial'으로 고개를 돌리고 그것을 따르고 싶은 유혹은 늘 매력적이다. 그러나 이 부정은 당신이 믿고 싶지 않은 것이 진실일 수도 있다는 사실을 한사코 거부하는 당신의 에고이다.

심리학자들은 흔히 자기중심주의가 위협받을 때 지구상에서 가장 위험하다고 말한다. 명예에 흠집이 난 갱단의 조직원, 남들에게 거부당한 자아도취자, 약자를 괴롭히다가 결국 수치심을 느끼는 깡패, 악행이 드러난 사기꾼, 남의 이야기를 가져다 쓴 표절 작가 등이 그런 위험한 존재이다. 당신이 되고자 하는 사람은 이렇게 궁지에 몰린 사람이 결코 아닐 것이다. 또한 그런 궁지로 자기 자신을 몰아넣기를 바라지도 않을 것이다. 바로 이 점이 중요하다. **어떻게 이런 사람들이 나에게 이런 식으로 말을 하지? 이 사람들은 자기를 도대체 어떻게 생각할까? 나는 그 사람들이 모두 대가를 치르도록 만들고 말 테야.** 이런 식으로 우리는 참을 수 없는 것에 대해 생각하지 못했던 행동을 한다. 이렇게 해서 우리의 상황은 점점 더 악화된다. 이것이 가장 순수하고 가장 유독한 형태의 에고이다.

사이클 선수 랜스 암스트롱은 부정을 저질렀지만 사태가 정말 나빠진 것은 이 부정행위가 대중에 공표되고 자기가 부정행위자라는 진실을 (설령 아주 짧은 시간 동안이라고 하더라도) 직면해야만 하는 바로 그 순간이었다. 그는 모든 증거가 명백했음에도 불구하고 자기의 잘못을 계속해서 부인했다. 그리고 다른 사람들을 계속해서 황폐하게 만들었다. 우리는 자기 자신에 대한 자부심 혹은 자기에 대한 타인의 존경심을 잃어버리는 걸 너무 두려워한 나머지 더 끔찍한 짓을 생각하게 되고 상황을 악화시킨다.

"악을 저지르는 자는 누구나 빛을 미워하고 빛으로 나아가지 않는다. 자기가 한 일이 드러나지 않게 하려는 것이다." 요한복음 3장 20절의 구절이다. 사람들은 누구나 크든 작든 간에 이런 행동을 한다. 그런 스포트라이트를 받는 일은, 그것이 일상적인 자기기만을 폭로하는 것이든 혹은 진정으로 사악한 악행을 폭로하는 것이든 간에 결코 기분 좋은 일은 아니다. 그러나 그것을 피한다고 해봐야 그 순간을 뒤로 늦추는 것일 뿐, 그 유예 기간이 얼마나 되겠는가?

좋지 않은 조짐이 있다면 이것과 직면해야 한다. 병을 발견했다면 치료해야 한다. 그런데 에고가 이것을 어렵게 만든다. 자기 삶에서 필요한 변화들을 유예하고 축소하고 또 이것을 정면으로 마주하기를 의도적으로 회피하는 게 훨씬 더 쉽기 때문이다. 그러나 변화는 비판에 귀를 기울이는 데서부터 시작한다. 설령 그 말들이 우리를 분노하게 하고 상처주는 것이라고 하더라도 그렇다. 그런 비판의 말을 중요하게 여겨야 하며 중요하지 않은 것들을 과감하게 버리고 자기가 한 행동을 성찰해야 한다.

소설『파이트 클럽』에서 주인공 잭은 최종적인 탈출구를 찾으려고 자기 아파트를 폭파한다. 이런 순간들은 우리에게도 필연적으로 나타나며 또 그 과정은 고통스러울 수밖에 없다. 자, 당신은 어떻게 할 참인가. 고통을 감수하고 변화할 것인가 아니면 부정할 것인가?

미식축구계의 명감독이었던 빈스 롬바르디는 팀은 사람과 마찬가지로 일단 무릎을 꿇어봐야 다시 일어설 수 있다고 했다. 그렇다. 바닥을 친다는 것은 말만큼이나 대단한 일이다. 오바마 대통령도 두 차례의 힘들었던 임기가 마지막을 향해 다가가고 있을 때 이런 말을 했다.

"나는 나이아가라 폭포에서 떨어지는 병 속에 들어 있었다. 그리고 마침내 떠올랐고, 살아났다. 그때의 그 해방감은 대단했다."

할 수만 있다면 에고가 강요하는 환상의 고통을 단 한 차례도 겪지 않는 것이 가장 좋을 것이다. 비통한 마음으로 무릎을 꿇거나 미쳐버리는 일이 없다면 더 낫겠다. 이것이야말로 지금까지 이 책에서 많은 이야기를 하면서 다루어온 주제이다. 만일 그 싸움에서 지게 되면 우리의 미래는 없을 것이다.

결국 자기가 성취한 발전을 높이 평가할 수 있는 유일한 길은 자기 자신을 묻었던 구덩이 옆에 서서 그 안을 들여다보는 것이다. 구덩이에 남아 있는, 당신이 손에 피를 흘리면서 힘겹게 기어 나온 흔적을 애정 어린 눈으로 바라보면서.

세상은 모든 사람을 깨부수지만 많은 사람들은
그렇게 부서졌던 바로 그 자리에서 한층 더 강해진다.
그러나 그렇게 깨지지 않았던 사람들은 죽고 만다.

실패에
내재되어 있는
가치

너의 성격을 망치는 일이 너의 인생을 망칠 수도 있다.
―마르쿠스 아우렐리우스 MARCUS AURELIUS

드로리언 모터 컴퍼니의 설립자인 존 드로리언은 과도한 야망과 부주의와 자아도취, 탐욕과 잘못된 경영으로 회사를 파산으로 몰아넣었다. 나쁜 소식이 점점 쌓이고 비관적인 전망이 점점 분명해지던 상황에서 과연 그는 어떻게 대응했을까? 체념하고 받아들였을까? 부하직원들이 계속 지적하던 그의 잘못된 선택이나 실수를 인정했을까? 자기 자신과 투자자들, 직원들을 그처럼 어렵게 만들어버린 의사결정들과 실수에 대해 반성하는 빛을 보였을까?

물론 그렇지 않았다. 대신 그는 6천만 달러 규모의 마약 거래와 체포로 이어지고 마는 일련의 사고들을 저질렀다. 회사의 몰락은 거의 전적으로 그의 비전문적인 경영 방식 때문이었음에도 불구하고 그는 회사를 구할 수 있는 최고의 방법은 220파운드, 약 1백 킬로그램의 코카인을 밀수해서 자금을 확보하는 것이라고 생각했던 것이다. 나중에 그는 자신이 함정수사에 의해 체포되었다는 억지스러운 주장을 펴서 석방되었지만 여전히 자신의 잘못을 깨닫지 못했다.

존 드로리언을 무너뜨린 사람이 누구인지는 논란의 여지가 없을 정도로 명백하다. 그 상황을 한층 더 악화시킨 사람이 누구인지도 마찬가지다. 그것은 바로 드로리언 '본인'이었다. 그는 구덩이에 빠져 있으면서도 계속해서 구덩이를 깊이 팠고, 그 구덩이는 결국 지옥으로 이어졌다.

만일 드로리언이 도중에 멈추었다면 어떻게 되었을까? 어떤 시점에서라도 '지금의 이 모습이 내가 되고자 했던 그 사람일까?'라는 의문을 제기했더라면 어떻게 되었을까?

사람은 늘 실수를 하게 마련이다. 자기가 충분히 관리할 수 있으리라고 생각하는 회사를 설립하고, 또 지나치다 싶을 정도로 원대하고 대담한 비전을 품는다. 여기까지는 모두 아무런 문제가 되지 않는다. 기업가나 창의적인 사람 혹은 심지어 회사의 중역이라면 당연히 보일 수 있는 태도이다. 그런데 우리는 위험을 무릅쓰고 엉망진창으로 만들어 버린다.

문제는 자기의 정체성을 자기가 하는 일과 동일시할 때 일어난다. 이때, 어떤 사람이든 자신의 실패가 그 자체로 자기에 대한 나쁜 평판이 되지 않을까 염려한다. 자신의 실수로 일을 망쳐버렸다는 사실을 인정하고 책임을 져야 한다는 것은 엄청난 공포이다. 이렇게 해서 매몰비용의 오류(일단 어떤 행동을 선택하여 추진하면, 그 선택이 만족스럽지 못하더라도 이전에 투자한 것이 아깝거나 그것을 정당화하기 위해 더욱 악착같이 매달리는 오류 —옮긴이)에 빠지고 만다. 좋지 않은 결과가 나왔음에도 불구하고 계속 거기에 돈과 시간을 퍼붓고, 모든 것을 한층 더 악화시키고 만다는 말이다. 그리고 이때 이 사람은 누군가에게 배신당했다거나 인생을 도둑 맞았다고 느낀다. 이런 인식은 전혀 합리적이지 않고 또 긍정적이지 않기 때문에 이것이 좋은 행동을 유도할 턱이 없다.

에고는 묻는다. **'어째서 이런 일이 나에게 일어났을까? 어떻게 하면 이 상황을 타개해서, 내가 위대한 인간임을 입증할 수 있을까?'** 아무리 사소한 조짐에 대해서도 동물적인 공포를 느낀다. 당신은 지금까지 살면서 이런 것들을 줄곧 보아왔고 본인 스스로도 그렇게 해왔다. 우리는 무언가를 위해서 필사적으로 싸우긴 하지만 이런 노력 자체가 일을 악화시키기도 한다. 이것은 위대함으로 나아가는 길이 아니다.

애플의 스티브 잡스를 예로 들어보자. 그는 자기가 설립한 회사인 애플에서 쫓겨났다. 이 일에 대한 책임은 1백 퍼센트 그에게 있었다. 잡스가 나중에 성공한 바람에 애플이 그를 해고한 결정이 잘못된 리더십의 결과인 것처럼 보이지만, 사실 해고당할 당시의 잡스는 통제가 완전히 불가능한 인물이었다. 그의 에고는 누가 봐도 명백할 정도로 통제 영역을 벗어나 있었다. 만약 당신이 당시 애플의 CEO 존 스컬리였다고 하더라도 스티브 잡스를 해고했을 것이고, 그 판단은 잘못된 것이 아니었다.

이 해고 결정에 대해서 잡스가 보인 반응은 충분히 이해할 수 있다. 그는 울고 고함을 지르고 싸웠다. 하지만 결국 회사와의 싸움에서 지고 발길을 돌릴 때 애플 주식은 단 한 주도 남기지 않고 다 팔았으며 두 번 다시 애플에 발을 들여놓지 않겠다고 맹세했다. 그리고 넥스트라는 새로운 회사를 차려서는 경영과 관련해 자기가 저질렀던 실수에서 최대한 많은 것을 배우려고 노력했다. 그리고 이어서 픽사를 인수해서 새롭게 경영에 나섰다. 장애인 주차 공간에도 아무런 거리낌이 없이 주차를 할 정도로 대단한 자기중심주의자였던 스티브 잡스는 이 결정적인 순간에 놀라운 방식으로 대응했다. 어쨌거나 자신의 천재성을 확신한 CEO로서는 놀랍도록 겸손한 태도를 보였다. 그는 다시 한 번 더 자신의 능력을 입증할 때까지 열심히 일했을 뿐만 아니라, 자신을 추락하게 만들었던 여러 가지 흠결들을 상당한 수준으로 고쳐놓았다.

성공한 사람 혹은 강력한 권력을 가진 사람이 이렇게 하기란 쉽지 않을 뿐만 아니라 흔한 일도 아니다. 설령 통한의 실패를 경험했다고 하더라도 말이다.

아메리칸어패럴의 창립자 도브 차니가 좋은 사례이다. 회사 손실이 3억 달러를 기록하고 본인도 공공연한 여성 비하 발언과 회사 직원들에 대한 성추행 혐의 등으로 온갖 구설수에 올랐을 때 회사는 그에게 두 가지 선택권을 제시했다. 하나는 CEO에서 물러나 컨설턴트로서 상당한 봉급을 받으면서 회사를 돕는 것이었고, 또 하나는 해고당하는 것이었다. 그러자 그는 둘 다 거부하고 한층 더 나쁜 길을 선택했다.

회사의 결정에 불복하는 소송을 제기하는 한편, 회사의 자기 지분을 몽땅 걸고 헤지펀드를 동원해서 적대적인 인수를 시도했다. 하지만 그의 주장은 정당성을 입증받지 못했다. 단정하지 못한 그의 사생활이 언론에 도배되었고 당혹스러운 시시콜콜한 내용들까지 모두 만천하에 드러났다. 차니가 소송 대리인으로 내세운 변호사는 과거에 차니 본인의 성추행과 회계 부정 혐의 때문에 진행되었던 여러 건의 소송에서 상대편을 대표한 적이 있는 인물이었다. 게다가 과거에 차니는 금품 갈취와 허위의 법률적 권리를 주장한 혐의로 이 변호사를 고소했었다. 이런 악연이 있는 두 사람이 이번에는 손을 잡은 것이다.

아메리칸어패럴은 차니와 싸우기 위해서 수중에 가지고 있지도 않은 1천만 달러의 돈을 썼고 판사는 금지명령을 내렸으며, 회사의 매출은 줄어들었다. 그리고 회사는 빚을 지지 않기 위해 구조조정에 나서서 직원들을 해고했다. 차니가 보호하고 대변하기 위해서 싸운다고 했던 바로 그 직원들이 해고된 것이다. 그리고 한 해 뒤, 회사는 파산했고 차니가 가지고 있던 돈도 모두 날아가버렸다. 나는 현장에서 그 모든 광경을 목격했다.

차니의 행적은 그리스의 정치가이자 군인이었던 알키비아데스가 불명예를 안았던 과정과 비슷하다. 펠로폰네소스 전쟁에서 알키비아데스는 처음 자기 조국과 아테네인을 위해서 싸웠다. 하지만 술에 취해서 저질렀을 수도 있고 그렇지 않았을 수도 있는 범죄 행위 때문에 적국인 스파르타로 도망쳐서 망명했다. 하지만 거기에서 스파르타의 왕비와 밀통하였고 이 사실이 들통 나자 아테네와 스파르타 모두의 적이던 페르시아로 도망쳤다. 그리고 그 뒤에 아테네로 복귀했고, 시실리를 침공하겠다는 그의 야심찬 계획들 때문에 아테네는 결국 멸망의 길을 걸었다.

에고는 우리가 사랑하는 것을 죽인다. 때로는 우리 자신을 죽일 수도 있다.

1787년 필라델피아에서 미합중국 헌법을 제정했던 미국 건국의 아버지들 가운데서 가장 비극적이고도 불필요한 죽음을 맞이했던 알렉산더 해밀턴이 특히 이 점에 관해서 교훈을 준다. 그는 정적이던 에런 버의 결투 신청을 받아들여 결투를 했고, 이때 입은 총상으로 다음 날 사망했다. 그런데 그는 자기가 다른 사람에게 했던 충고를 기억하기만 했어도 그 비극을 피할 수 있었다. 해밀턴은 친구가 본인 잘못으로 빚어진 심각한 재정적, 법률적인 문제로 괴로워하자 이 친구에게 다음과 같은 내용으로 편지를 보냈다.

"불굴의 정신과 명예를 가지고서 행동하게. 설령 희망적인 탈출구를 찾지 못한다고 하더라도 더 깊은 수렁으로 빠져들어서는 안 되네. 용기를 가지고서 더는 나빠지지 않도록 완전하게 종지부를 찍게."

완전한 종지부. 이 말은 실패한 사람들은 모든 것을 그만두어야 한다는 뜻이 아니다. 은퇴해야 할 때를 알지 못하는 권투선수는 결국 다치고 만다는 의미이다. 중요한 말이다. 그러니 당신은 보다 큰 그림을 볼 수 있어야 한다.

그러나 에고가 자기를 장악하고 있는 상태에서는 그 누구도 그렇게 하지 못한다.

이런 상상을 해보자. 당신은 실패를 했다. 이 실패는 다른 누구가 아닌 본인의 잘못으로 빚어진 것이다. 온갖 고약한 일들이 당신에게 일어난다. 때로 이런 일은 세상 사람들에게 알려지기도 한다. 결코 즐거운 일이 아니다. 이때 남는 문제들이 있다. 당신은 이 상황을 더 악화시킬 것인가, 아니면 자신의 존엄과 개성을 유지하고 훗날의 재기를 노릴 것인가?

어떤 팀이 곧 치를 경기에서 질 게 분명할 때 이 팀의 감독은 선수들에게 경기에서 이길 수 있다고 거짓말하지 않는다. 대신 그는 선수들에게 자기들이 누구인지 또 그들이 무엇을 할 수 있는지 상기시키고, 경기장에서 그것들을 하라고 촉구한다. 질 게 분명한 경기에서 이길 수 있다거나 기적이 일어날지도 모른다는 생각을 완전히 털어낼 때 이 팀의 선수들은 최선을 다해서 응당 지켜야 할 표준을 지키려고 노력하면서, 후보 선수들과 경기 시간을 함께 나누면서 그 경기를 끝낸다. 그리고 언젠가 이 팀은 승리를 거둔다.

적어도 당신이 한때의 문제를 영속적인 것으로 만들지 않는 한 대부분의 문제는 일시적인 것으로 그친다. 또한 당신의 치료가 질병의 증상을 고치는 게 아니라 질병을 더 심하게 만드는 게 아닌 한 밑바닥까지 추락한 후 회복하는 일은 불가능한 게 아니며 대단한 일도 아니다. 그저 한 걸음 앞으로 나아가는 것이다.

오로지 에고만이 당혹스러움이나 실패를 실제보다 더 크게 생각한다. 역사 속에는 설망적인 굴욕의 고통을 당했지만 마침내 회복해서 인상적인 업적을 쌓은 사람들이 넘쳐난다. 경솔한 행동 때문에 공직을 잃었거나 선거에서 졌던 정치인들이 시간이 흐른 뒤에 다시 정계에 복귀해서 예전 못지않은 영향력을 발휘한 사례는 숱하게 많다. 출연한 영화가 망해버린 배우들, 아이디어가 떠오르지 않아서 애를 먹는 작가들, 실수를 저지른 부모들, 해고된 회사의 중역들, 예선에서 탈락한 운동선수들……. 이 사람들은 모두 우리와 마찬가지로 실패의 벼랑 끝에 서 있는 기분을 안다. 우리가 어떤 일에 실패했을 때 우리 앞에는 몇 개의 선택지가 놓인다. 계속 부정적인 결과를 내는 이 상황을 나를 비롯해 관련된 모든 사람들의 것으로 만들 것인가? 아니면 실패를 인정하고 한 차례의 실패로 매듭을 짓고서 다음을 기약할 것인가?

이렇게까지 해야 하는 이유는 당신은 인생에서 적어도 한 번은 실패를 경험하게 될 것이기 때문이다. 이것은 명백한 진실이다.

에고는 우리 자신은 움직일 수 없고 멈출 수 없다고 말한다. 이런 환상이 그런 문제들을 유발한다. 에고는 실패와 역경을 만날 때 규칙을 깨는 것으로 대응한다. 말도 안 되는 계획에 모든 것을 건다든가, 막후에서 진행되는 권모술수에 초점을 맞춘다든가, 혹은 부질없이 소리 높여 기도한다든가 하는 식이다. 그런 것들이 바로 애초에 자기를 이 고통스러운 지점으로 데리고 온 것임에도 불구하고 말이다.

삶의 주기 속의 어느 한 시점에서 우리는 성공을 열망하거나 그 성공을 성취하거나 혹은 실패할 수 있다. 설령 지금 당장 실패의 늪에 빠져 있다고 하더라도 그렇다. 지혜로운 사람이라면 자기가 서 있는 곳이 일시적으로 머물러 있는 지점이라는 것을 안다. 성공이 당신의 손아귀에서 빠져나가기 시작할 때 어떻게든 붙잡으려고 하지 마라. 너무 세게 움켜쥔 나머지 그 성공이 산산조각 부서지도록 해서는 안 된다. 당신을 다시 한 번 더 열망의 단계로 데려다 놓을 수 있도록 열심히 일해야 한다는 사실을, 첫 장에서 말한 열망의 원칙들과 실천을 다시 한 번 더 해야 한다는 사실을 이해하고 받아들여야 한다.

"죽음을 두려워하는 사람은 살아 있는 사람이 할 가치, 또 누릴 가치가 있는 그 어떤 것도 하지 못한다." 세네카가 했던 말이다. 이것을 나는 다음과 같이 바꾸고 싶다. 어떻게든 실패를 회피하려고 하는 사람은 **실패에 내재되어 있는 가치**를 결코 얻지 못할 것이라고.

진짜 실패는 자기 원칙을 포기하는 것이다. 자기가 사랑하는 것을 차마 버릴 수 없다는 이유로 그것을 죽이고 없애버리는 것은 이기적이고 어리석은 행동이다. 만일 당신의 명예가 당신에게 가해지는 부정적인 견해들을 무리없이 소화해낼 수 없다면, 애초부터 그 명예는 그 어떤 가치도 없는 것이었다.

에고는 우리가 사랑하는 것을 죽인다.
때로는 우리 자신을 죽일 수도 있다.

당신의 점수판은
무엇으로
기록되는가?

나는 내 실수를 찾으려 할 때를 제외하고는 절대로 뒤돌아보지 않는다.
당신이 자랑스럽게 여기는 것들을 되돌아볼 때,
나는 그 행위에서 오로지 위험만을 볼 뿐이다.
— **엘리자베스 노엘레 노이만** ELISABETH NOELLE-NEUMANN

　2000년 4월 16일, NFL의 뉴잉글랜드 패트리어츠가 미시간대학교 출신의 쿼터백 한 명을 드래프트했다. 구단은 이 선수를 한동안 지켜보았고 팀에 도움이 될 것이라고 판단한 다음에 그를 맞아들였다. 여섯 번째 라운드였고, 그 선수의 드래프트 순위는 199번째였다.

　이 어린 쿼터백의 이름은 톰 브래디였다. 그는 NFL에서 맞이한 첫 번째 시즌을 4군에서 보냈고 두 번째 시즌에서야 선발로 뛰었다. 그해에 이 팀은 슈퍼볼 우승컵을 거머쥐었고 브래디는 MVP로 선발되었다.

　NFL 역사상 투자수익률로만 따지면 브래디는 드래프트 지명 순위 대비 최고의 성적을 냈다. 여섯 번 출전해서 네 차례의 슈퍼볼 우승, 14시즌 선발 출전, 172번의 승리, 428번의 터치다운, 세 차례의 슈퍼볼 MVP, 5만 8천 야드 런닝, 10번의 프로볼 참가……. 그리고 그는 역대 다른 어떤 쿼터백보다 많은 지구 우승 타이틀을 가지고 있다. 하지만 이게 다가 아니다. 브래디는 아직도 현역이고 앞으로도 많은 시즌을 현역으로 뛸 것이다.

패트리어츠 구단이 브래디의 이런 활약에 입이 찢어질 정도로 좋아했을 것은 말할 것도 없다. 하지만 동시에 구단 스스로에 대해서는 깊이 실망했다. 브래디와 같은 놀라운 선수를 199번째 순위로 지명했다는 사실은 선수 선발 체제에 문제가 있다는 뜻이었기 때문이다. 구단에서는 드래프트에 나온 각각의 선수들을 철저하게 평가한다고 했지만 브래디가 가지고 있던 자질을 미처 발견하지 못했거나 계산하지 못했던 것이다. 게다가 그들은 이 보석과 같은 존재를 여섯 번째 라운드까지 기다리게 했는데, 이 사실은 다른 팀이 브래디를 데려갈 수도 있었다는 말이었다. 더 중요한 사실은 큰 활약을 할 것이라고 기대하던 드류 블레드소가 부상으로 선발 명단에서 빠지자 어쩔 수 없이 브래디를 선발로 기용했던 것이고 그 바람에 그의 잠재력을 얼떨결에 확인할 수 있었다는 점이다.

패트리어츠 구단은 브래디에 투자한 데 따른 보상을 받긴 했지만 이 정보 분석 실패를 중요한 문제로 심각하게 받아들였다. 이것은 사소한 것을 가지고서 트집을 잡는 것이 아니었고 완벽주의에 빠진 것도 아니었다. 다만 그들이 기준으로 삼고 있던 표준이 상대적으로 더 높았기 때문이었다. 심지어 패트리어츠 구단의 인사 분야 책임자인 스콧 피올리는 자기 책상에 데이브 스타첼스키라는 선수의 사진을 올려두었다. 이 선수는 구단이 다섯 번째 라운드에서 선택했지만 훈련캠프의 일정을 다 마치지도 못했다. 말하자면 그 사진은 그에게 잘못된 선택을 상기시키는 뼈아픈 교훈이었던 셈이다.

미국 농구계에서 신화적인 존재인 존 우든 역시 이 점에 대해서 매우 분명하고 철저했다. 그의 점수판은 자기 팀의 승패 여부를 판단하는 것이 아니었다. 점수 그 자체는 '승리'의 구성요소가 아니다. 위대한 야구 선수이자 미식축구 선수였던 보 잭슨은 홈런을 치거나 터치다운을 했을 때도 크게 좋아하지 않았다. 왜냐하면 **'자기가 그것을 완벽하게 할 수도 있었지만 그렇게 하지 못한 사실'**을 알고 있었기 때문이다. 그는 이런 이유 때문에 메이저리그에서 처음으로 홈런을 쳤을 때도 그 홈런볼을 달라고 하지 않았다. 그에게 그 홈런은 '땅볼 안타나 마찬가지'였다.

이것이 위대한 사람들의 사고방식에서 찾아볼 수 있는 특징이다. 성공에 대해 다른 사람들이 일반적으로 생각하는 기준보다 훨씬 높은 수준을 기준으로 삼는다. 그렇기 때문에 그들은 다른 사람들이 무슨 생각을 하든 그다지 신경을 쓰지 않는다. 오로지 자기가 정한 기준을 충족시켰는지 아닌지에 대해서만 신경을 쓴다.

패트리어츠 구단은 브래디를 선발하게 된 것을 자기들이 똑똑했기 때문이 아니라 운이 좋았기 때문이라고 보았다. 몇몇 사람들은 자기들이 운이 좋다는 점에 만족하지만 그들은 그렇지 않다. 패트리어츠를 비롯한 NFL의 그 어떤 구단도, 그 누구도 에고의 통제에서 벗어나 있다고 말할 수는 없다. 그럼에도 불구하고 패트리어츠 구단은 브래디라는 걸출한 선수가 운 좋게 얻어걸렸다는 사실을 자축하는 게 아니라 어떻게 하면 그보다 **더 잘할 수 있었을까** 하는 데에 초점을 맞추고 고민했다. 바로 이것이 조직적으로나 개인적으로나, 전문가적인 차원에서나 겸손함을 더 강력한 힘으로 만드는 방법이다. 다만 이 과정은 때로 자기에게 고문을 가하는 것처럼 고통스러울 수 있다. 하지만 이렇게 할 때 우리는 계속 앞으로 나아가며 또 개선될 수 있다.

에고는 어떤 쟁점이든 간에 양 측면을 동시에 바라볼 수 없다. 에고는 오로지 남에게 인정받는 것만을 중요하게 보기 때문에 지금보다 더 나아질 수 없다. '허황된 사람은 칭찬 말고는 아무 것도 들으려 하지 않는다'라는 말을 기억해야 한다. 에고는 잘 되고 있는 것만 보며 그렇지 않은 것은 보지 않는다. 자기중심적인 사람들이 일시적으로는 앞서가다가도 결국 그 선두를 오래 유지하지 못하는 이유도 바로 여기에 있다.

우리의 점수판은 하나가 아니다. 투자의 귀재라는 워렌 버핏도 같은 이야기를 하면서 내면의 점수판과 외면의 점수판을 구분했다. 당신이 가지고 있는 잠재력, 당신이 발휘할 수 있는 절대적인 최고 수준의 능력, 당신은 이것을 기준으로 삼아서 스스로를 평가해야 한다. 단지 승리하는 것만으로는 충분하지 않다. 우연히 운이 좋아서 이길 수도 있고 반대로 멍청해서 그럴 수도 있다. 누구나 승리할 수는 있지만 모든 사람이 다 자신의 잠재력을 최대한으로 발휘하고 있지는 않다.

그러므로 이따금씩 실패를 할 때에도 솔직하게 자부심을 가지고 강인해질 수 있어야 한다. 당신이 에고를 배제하면 다른 사람들이 하는 말이나 외부적인 평가는 그다지 중요하게 생각되지 않는다. 몹시 어려운 일이긴 하지만 그래도 이것은 실패를 딛고 일어설 수 있는 궁극적인 방법이다. 경제학자이자 철학자였던 아담 스미스는 현명하고 선한 사람들이 스스로의 행동을 평가하는 방식에 대해서 다음과 같은 논리를 펼쳤다.

사람이 자기 행동을 검토하고 또 그것을 공정한 관찰자의 눈으로 보려고 노력하는 데는 두 가지의 다른 경우가 있다. 첫 번째는 어떤 행동을 하려 할 때이고, 두 번째는 그 행동을 한 다음이다. 우리의 시선은 두 경우 모두에서 매우 편파적일 수 있지만 둘 모두 어느 한 쪽으로 치우치지 않는 것이 가장 중요할 때 그렇게 되기 제일 쉽다. 우리가 어떤 일을 하려고 할 때는 열정에 사로잡혀서 자기가 하고 있는 것에 대해서, 우리와 이해관계가 없는 사람의 솔직한 의견에 대해서 깊이 생각하지 않는다. (…) 그러나 그 일을 하고 난 다음에는 그 행동을 촉발한 열정이 가라앉고, 객관적인 관찰자의 입장에서 더 차분하게 볼 수 있다.

이 '객관적인 관찰자'는 주변 사회가 자주 던지는 근거 없는 박수와 환호에 휘둘리지 않고 자기 행동을 판단할 수 있는 일종의 기준이다. 이것은 단지 누군가로부터 인정을 받느냐 혹은 그렇지 않느냐 하는 문제가 아니다.

자기의 행동을 '엄밀하게 따지면 불법적이지는 않다'라는 논리를 들어 평계를 대는 모든 사람들, 즉 정치인들이나 CEO들을 생각해 보라. 또 당신이 '아무도 모를 거야'라는 말로써 당신이 한 행동을 합리화했던 때를 떠올려보라. 이러한 태도는 우리의 에고가 마음껏 활개를 칠 수 있는 도덕적 회색지대를 마련해주는 셈이다. 당신이 자신의 에고를 어떤 표준에 (당신은 이 표준을 '내면적인' 것 혹은 '객관적인' 것이라고 할 수도 있고, 또 다른 이름으로 부를 수도 있다) 비추어서 통제할 때, 당신의 행동의 과도함이나 잘못을 스스로 관대하게 처리할 여지는 그만큼 더 줄어든다.

이 표준에 근거하여 에고를 다스리는 일은 처음에는 꽤 어렵지만 궁극적으로는 우리를 덜 이기적이고 자기 스스로에 덜 몰입하도록, 자아도취에 덜 빠지도록 만들어준다. 자기만의 엄정한 기준으로 스스로를 판단하는 사람은 다른 사람들의 박수에 신경을 쓰는 사람들보다 스포트라이트를 덜 좇는다. 장기적인 차원에서 생각할 수 있는 사람은 단기적인 실패나 부진에 불안해하지 않는다. 팀을 소중하게 여기는 사람은 성공에 기여한 공을 독차지하려 들지 않으며 자기의 이익을 내려놓는다. 하지만 대부분의 사람들은 감히 엄두도 못 내는 일이다.

자기가 얼마나 잘했는지 그리고 또 얼마나 대단한지 아무리 돌아보고 곱씹는다고 해도 자기의 부족한 점을 개선하는 데는 도움이 되지 않는다. 하지만 우리는 더 멀리 나아가고 싶고 더 많은 것을 가지고 싶고, 더 많은 점을 지속적으로 개선하고 싶다.

에고는 이것을 가로막는다. 그래서 보다 기준을 명확히 하고 에고를 제압해야 한다. 마치 탐욕의 귀신에 시달리기라도 하는 것처럼 보다 많은 것을 끊임없이 추구할 게 아니라 실질적인 개선을 향해서 조금씩 앞으로 나아가야 한다. 개인적인 차원이 아니라 객관적인 규율을 동원해서.

자기만의 엄정한 기준으로 스스로를 판단하는 사람은
다른 사람들의 박수에 신경을 쓰는 사람들보다
스포트라이트를 덜 좇는다.
장기적인 차원에서 생각할 수 있는 사람은
단기적인 실패나 부진에 불안해하지 않는다.

인정과
수용으로부터
시작되는 힘

도대체 왜 우리는 세상에 분노를 느껴야 하는가?
마치 세상이 알아차리기라도 하는 것처럼!
—에우리피데스 EURIPIDES

1939년에 오손 웰스라는 젊은 천재가 할리우드 역사상 유례가
없는 계약을 제안받았다. 메이저 영화사인 RKO는 그에게 두 편의
영화 시나리오를 쓰고, 연기하고 연출할 수 있게 해주겠다고 제안
했다. 웰스는 그 가운데 첫 번째 영화로 자기가 세운 거대한 제국과
생활 방식에 갇혀버린 수수께끼의 신문발행인 이야기를 하기로 마
음먹었다. 그런데 악명 높은 언론계 거물이었던 윌리엄 랜돌프 허
스트가 그 영화가 자기 이야기를 바탕으로 하고 있고, 자기를 공격
하는 내용으로 채워질 것이라고 생각했다. 허스트는 모든 자원을
동원해서 그 영화를 망하게 하려고 공작했다. 그리고 처음에는 이
방해가 어느 정도 성공하는 것처럼 보였다.

그런데 여기에서 흥미로운 점을 볼 수 있다. 첫째, 허스트는 그 영
화를 보지 않았기 때문에 실제로 그 영화가 어떤 내용인지 전혀 알

지 못했다. 둘째, 그 영화는 처음부터 순전히 허스트의 이야기만을 다룰 의도가 아니었다. 실제로 영화 〈시민 케인〉의 주인공 찰스 포스터 케인은 거대 전력회사를 운영하던 새뮤엘 인설과 〈시카고트리뷴〉의 발행인 로버트 매코믹 등을 포함한 여러 명의 인물들을 합쳐놓은 캐릭터였고, 배우 찰리 채플린과 소설가 올더스 헉슬리라는 유명인사의 초상화에서 영감을 얻은 것이었다. 또 영화의 의도도 누군가를 공격하는 게 아니라 그 사람의 인간적인 면모를 추적하는 것이었다. 셋째, 허스트는 당시 세계에서도 손꼽히는 부자였으며 일흔여덟 살로 인생의 종반에 이르고 있었다. 그런 그가 무슨 까닭으로 그다지 중요하지도 않은 초짜 감독의 데뷔작에 그토록 많은 시간과 정력을 쏟았을까? 넷째, 이 영화가 대중에게 인기를 끌도록 해준 것은 바로 그 영화를 막으려고 허스트가 벌였던 여러 가지 일들이었다. 또한 역설적이게도 이 일로 허스트는 과거에 그 어떤 비평가보다도 더 확실하게, 자기의 이미지를 '엄청나게 욕을 먹은 미국인'으로 만들어버렸다.

이런 방식으로 증오와 슬픔의 역설이 작동하고 본인이 정작 원하던 것과는 정반대의 결과를 가져다준다. 우리는 이것을 '스트라이샌드 효과(인터넷에 떠도는 정보를 막거나 없애려다가 오히려 정보가 더 확산되는 현상)'라고 부른다. 가수이자 배우이던 바바라 스트라이샌드가 인터넷에 올라온 자기 집 사진을 없애려고 법률적인 차원에서 노력했는데, 오히려 그 때문에 별 관심이 없던 많은 사람들이 그 사진을 보았던 데서 생겨난 말이다. 증오나 에고에 기인하여 어떤 것을 파괴하려는 시도는 흔히 그 대상이 오히려 튼튼하게 유지되는 결과를 빚어내기도 한다.

허스트는 멈추지 않았다. 막강한 영향력을 가지고 있는 가십 칼럼니스트이던 로렐라 파슨스를 영화사 RKO로 보내서 영화를 보고 기사를 쓰게 했다. 이게 통하지 않자 그는 자기가 가지고 있는 모든 힘을 동원해서 대중이 이 영화를 보지 못하게 만들기로 작정했다. 자기 소유의 언론사들에 지시를 내려서 RKO가 제작한 그 어떤 영화도 기사에서 언급하지 않도록 했다. 특히 감독으로서의 웰스를 다루는 기사를 금지하는 방침은 허스트의 신문사들에 의해 10년 이상 지속되었다. 허스트의 신문사들은 영화에 대한 기사 대신 웰스와 그의 사생활과 관련된 가십을 들춰내기 시작했고, 영화사 RKO의 이사진들에게도 똑같이 하겠다고 위협했다. 심지어 영화 판권을 확보한 다음에 영화를 폐기하려고도 했다. 대부분의 극장들이 영화 상영을 하지 말라는 압박을 받았고, 허스트의 신문사들에서는 이 영화의 광고물은 일절 받지 않았다. 허스트에 동조하는 사람들이 웰스에 관해서 정치적으로 온갖 나쁜 소문을 퍼트리기 시작했고, 마침내 FBI가 1941년에 웰스를 조사하기에 이르렀다.

그 결과 영화는 상업적으로 참담하게 실패했다. 여러 해가 지난 뒤에야 비로소 〈시민 케인〉은 대중문화 속에서 응당 받았어야 할 평가를 받았고 제자리를 찾았다. 결국 허스트는 엄청난 비용과 노력을 들였지만 그 과정을 단지 지연시켰을 뿐이다.

우리는 보다 크게 성공하거나 큰 권력을 가질수록 그만큼 자기 이미지와 영향력을 보호할 필요가 더 많아진다고 생각한다. 그래서 세상이 나를 욕하지 않도록 하려고 막대한 시간을 낭비하는 어리석은 짓을 저지를 수 있다. 혹은 자신을 향한 부정적인 평가에 분노하거나 슬픔에 빠져 긴 시간을 보낼 수도 있다. 어느 쪽이든 분명한 사실은 당신의 소중한 시간이 의미없이 낭비되었다는 것이다.

어떤 공격이나 싫어하는 사소한 행동이 당신에게 가해질 때 어떻게 하는 것이 보다 나은 대응인지 당신은 이미 잘 알고 있다. 인정하고 받아들이는 것이다. 소음 공해를 일으키는 이웃에게, 당신을 따돌리는 무리에게, 당신의 작품을 신랄하게 욕하는 비평가에게, 당신의 사업 아이디어를 훔쳐간 동업자에게, 당신을 배신한 연인을 향해서 당신이 할 수 있는 대응은 분노나 증오가 아니라 이미 일어난 일을 받아들이는 것이다. 노래 가사에도 있듯이 '증오는 늘 당신을 따라다닐 것이기' 때문이다. (나다 서프의 노래 〈언제나 사랑〉—옮긴이)

어쩌면 이런 태도는 너무 어렵고 힘든 것일 수도 있다. 하지만 당신은 적어도 노력할 수 있지 않을까? 머리를 흔들면서 그냥 한 번 웃어버릴 수도 있지 않을까? 그러지 않으면 누군가를 위대하게 만든 힘이 거꾸로 이 사람을 위험에 빠뜨리는 커다란 약점으로 바뀔 수 있다. 에고는 자기가 겪는 사소한 불편이나 불행을 어마어마한 비극으로 생각한다.

바로 이것이 닉슨을 대통령 자리에 올려놓았으며 또한 슬프게도 그 자리에서 불명예스럽게 내려오도록 만든 주인공이다. 닉슨은 훗날 '적대적인 세상과 거침없이 맞서 싸우는 전사'라는 자기 이미지가 결국 실패의 원인이었다고 인정했다. 그 이미지가 다른 '거친 사람들'이 그의 주변을 둘러싸게 만들었던 것이다. 사람들은 닉슨이 워터게이트 사건이 터진 뒤에 압도적인 표 차이로 당선되었음을 잊어버렸다. 닉슨은 자기 자신을 주체할 수 없었고 계속해서 싸웠으며 기자들을 박해했고, 자기를 조금이라도 의심한다 싶은 사람은 모두 쳐냈다. 이런 그의 행동이 그 사건의 덩치를 점점 키웠고, 결국 그를 삼켜버리고 말았다. 비슷한 유형의 다른 많은 사람들과 마찬가지로 그는 누구보다 본인 스스로를 공격하고 다치게 만들었다. 이런 일의 근원은 바로 그가 가지고 있던 증오와 분노였다. 이것은 가장 막강한 권력을 가진 미국 대통령조차도 바꿀 수도 없고 피해 갈 수도 없는 보편적인 진리다.

　노예 출신의 흑인 인권운동가 부커 워싱턴은 노예제 반대론자이던 프레드릭 더글러스에게서 들었던 이야기를 했다. 더글러스는 여행 중에 흑인이라는 이유만으로 승객칸이 아닌 화물칸에 타라는 요구를 받았다. 그러자 그를 지지하던 한 백인이 달려와서 이 끔찍한 도발을 대신 사과했다. 하지만 더글러스는 아무렇지도 않았다. 화가 나지도 않았고 상처받지도 않았다. 그는 그 백인 남자에게 이렇게 말했다.

　"그들은 나에게 모욕을 줄 수 없습니다. 그 누구도 내 안에 있는 영혼에 모욕을 줄 수 없어요. 나는 이런 대우를 받는다고 해서 모욕을 받는 사람이 아닙니다. 하지만 나에게 그런 무례를 가한 사람은 그 행위 그 자체로 모욕을 받겠지요."

물론 보통 사람이라면 쉽게 유지할 수 없을 정도로 몹시 어려운 태도이다. 현실에서는 타인을 증오하는 것이 더글러스의 이런 태도를 가지는 것보다 훨씬 쉽다.

여기에서 우리는 더글러스와 같은 위대한 지도자들은 적을 증오하는 대신 적에게 동정심과 연민을 느낀다는 점을 알 수 있다. 예를 들어, 텍사스 주의 첫 아프리카계 미국인 여성 상원의원이었던 바바라 조던은 1992년의 민주당 전당대회에서 '…… 사랑, 사랑, 사랑'이라는 의안을 제시했다. 마틴 루터 킹 주니어 목사는 증오는 짐이고 사랑은 자유라는 내용의 설교를 수도 없이 많이 했고 그 유명한 연설에서 다음과 같이 말하기도 했다.

"우리는 총체적인 삶에서의 자기와 개인적인 삶에서의 자기 자신을 돌아봄으로써, 우리의 적과 우리를 증오하는 사람들을 사랑하기 시작합니다. (…) 증오는 어떤 곳에서든 간에 우리 삶과 우리 존재의 핵심적인 활력을 갉아먹는 암이자 삶의 가장 멋진 부분과 핵심을 녹슬게 만드는 해로운 정신입니다."

이것이 그가 말한 에고를 벗어던져야 하는 이유다. 에고는 우리를 보호한다는 명분을 내세우지만 우리 안의 불필요한 부정적 감정을 자극하며 우리를 질식시킨다.

허스트가 십수 년에 걸쳐서 했던 악의적인 공격 때문에 웰스의 영화적 천재성을 세상이 인정하기까지는 제법 많은 시간이 필요했다. 하지만 웰스는 여기에 상관하지 않고 꾸준하게 다른 영화들을 만들었다. 어떤 점을 놓고 보더라도 그는 충족되고 행복한 삶을 살았다. 그리고 결국 〈시민 케인〉은 불멸의 작품으로 인정받았다.

웰스가 인내했던 일들은 물론 공정한 게 아니다. 그러나 적어도 그는 그 일들이 자기 인생을 망치도록 내버려두지 않았다. 웰스의 여자 친구는 웰스를 기리는 자리에서 비록 허스트를 직접적으로 언급하지는 않았지만, 웰스가 악명 높은 영화계에서 오랜 세월 일하면서 받았던 온갖 멸시와 냉대를 이야기하면서 '그런 것들이 결코 그를 비참하게 만들지는 못했다고 분명하게 말씀드린다'라고 했다. 다른 말로 하면 웰스는 결코 허스트 같은 사람이 되지 않았다는 뜻이었다.

모든 사람이 오슨 웰스처럼 대응할 수 있을 만큼 그릇이 크지는 않을 것이다. 사람이 살면서 가지는 용서와 이해의 그릇의 크기는 그 사람이 살아온 인생의 마디마다 다를 것이다. 심지어 상당한 크기의 그릇을 가지고 있다 하더라도 대부분은 쓸데없는 원한의 짐도 함께 짊어지고 간다. 그룹 메탈리카의 기타리스트가 된 커크 해밋을 기억하는가? 그 바람에 메탈리카에서 쫓겨났던 데이브 머스테인은 다른 밴드인 메가데스를 결성했다. 그 뒤에 머스테인은 믿을 수 없을 정도로 큰 성공을 거두었지만 오래 전에 당한 치욕 때문에 분노와 증오에 사로잡혀 있었고, 결국 그것들에 잡아먹히고 말았다. 그는 약물 중독자가 되었고 목숨을 잃을 뻔한 지경까지 갔다. 그러다 그 원한의 사건이 일어난 지 18년이 지난 뒤에야 비로소 그 과거와 화해하기 시작했다. 그러면서 자기가 당한 수모와 따돌림이 마치 어제 일처럼 생생하다고도 말했다. 그가 이 이야기를 카메라

앞에서 예전의 밴드 멤버들에게 할 때, 그 이야기는 마치 노숙자의 말처럼 들렸다. 실제로 수백만 장의 음반을 팔았으며 위대한 음반을 제작했고, 록 스타의 삶을 살아온 사람임에도 불구하고 말이다.

　사람은 누구나 이런 종류의 고통을 느끼면서 살아간다. 놓쳐버린 기회와 같은 과거에 사로잡히는 집착은 에고의 또 다른 모습이다. 모든 사람이 변하고 앞으로 나아갈 때 당신은 자기 자신의 길 외에 다른 것은 아무 것도 보지 않기 때문에 답보 상태에 있다. 의도적이든 아니든 간에 누군가가 당신에게 상처를 줄 수 있다는 사실을 상상하지 못한다. 그러니 실제로 그와 같은 일이 일어났을 때 당신은 오로지 증오만 할 뿐이다.

　실패를 했거나 시련을 당하고 있는 상황에서는 누군가를 미워하기란 쉽다. 증오는 누군가를 핑계로 대며 그 사람에게 책임을 떠넘김으로써 자신을 향한 비난을 회피할 수 있게 해준다. 또한 원한을 품고 있거나 자기에게 일어난 안 좋은 일들을 끊임없이 생각하면 그것 외에 다른 일은 하지 못한다.

　우리가 증오와 분노와 같은 감정에 빠져 있다면 되고자 하는 존재 혹은 가고자 하는 위치에 보다 가깝게 다가갈 수 있을까? 천만에! 우리는 그 자리에 계속 발이 묶여 있을 뿐이다. 더 나쁘게는 영영 그 자리에서 벗어날 수 없을지도 모른다. 허스트처럼 이미 성공의 자리에 올라앉아 있을 경우, 증오는 그가 이룩한 유산에 더러운 때를 묻히고 황금기가 되어야 할 순간들을 구질구질한 것으로 만들어버린다.

에고를 버리고 증오와 분노를 내려놓아야 한다. 그것은 스스로를 세상으로부터 격리시키고 자기 인생을 근본적으로 밑바닥에 속박 시킨다. 증오와 분노 대신 당신을 향한 모든 시선과 모든 말들을 열린 마음으로 받아들일 때 그 모든 것들이 자양분이 되어 당신의 삶을 앞으로 나아가게 할 것이다.

에고는 우리를 보호한다는 명분을 내세우지만
우리 안의 불필요한 부정적 감정을 자극하며
우리를 질식시킨다. 당신은 증오나 분노가 아니라
이미 일어난 일을 인정하고 받아들여야 한다.

실패,
그 다음을 위하여

나는 일을 좋아하지 않는다. 누가 일을 좋아하겠는가.
그러나 나는 일 속에 들어가 있는 것을 좋아한다.
그것은 바로 나 자신을 발견할 기회이기 때문이다.
— 조셉 콘래드 JOSEPH CONRAD

윌리엄 맨체스터가 쓴 윈스턴 처칠의 서사적인 전기는 3편으로 이루어져 있는데, 2편의 제목이 『얼론Alone』이다. 처칠은 80년이라는 긴 세월 내내 근시안을 가진 동료들이나 점점 커져가던 파시즘의 위협에 맞서서 혼자서 분투했고 이 위협은 심지어 서방 국가들 안에서도 존재했다. 그러나 결국 그는 다시 승리를 거두었고 또 역경을 만났다. 그리고 다시 위대함을 인정받았다.

캐서린 그레이엄은 〈워싱턴포스트〉의 경영을 떠안을 때 혼자 힘으로 서야 했다. 그녀의 아들 도널드 그레이엄 역시 언론 산업 전체가 급격하게 기울어가던 시기인 2000년대 중반에 회사를 유지하기 위해서 엄청난 압박감에 시달렸다. 하지만 이 모자는 해냈다. 그러니 당신이라고 못할 이유가 없다.

우리는 인생을 살면서 수많은 어려움을 겪는다. 누구나 실패의 쓴맛을 본다. 이것을 피할 방법은 없다. 벤자민 프랭클린이 말했듯이 컵에 든 음료를 바닥까지 마시는 사람은 컵 바닥에 가라앉아 있는 앙금을 맛볼 수밖에 없다.

그런데 만일 그 앙금이 그다지 나쁜 것이 아니라면 어떨까? 해럴드 그린은 사람은 자기가 저지른 실패에서 교훈을 배우지만 성공에서 무언가를 배우는 경우는 거의 없다고 말했다. 심지어 고대 켈트족에게는 다음과 같은 속담도 있다.

"많이 보고 많이 공부하고 많은 고통을 당해라. 이것이 지혜로 나아가는 길이다."

지혜냐 혹은 무지냐의 갈림길에서 결정을 내리는 것이 에고이다.

열망은 우리를 성공으로 그리고 또 역경으로 나아가는 길로 안내한다. 성공은 자기 안에 내재되어 있던 역경을 현실화하고, 새로운 야망도 현실화한다. 그리고 역경은 더 큰 성공으로 나아가는 길로 안내한다. 이것은 인생에서 끊임없이 이어지는 순환 과정이다. 그리고 우리는 누구나 이 순환의 연속선 위에 놓여 있다. 각자 인생의 다양한 시기에서 이 선의 여러 다른 지점들 위에 선다. 이때 실패를 하면 힘들어진다. 이것은 의심할 여지가 없는 사실이다.

다음에 우리가 맞이할 것이 무엇이든 간에 우리가 피해야 하는 한 가지는 확실하다. 그것은 바로 에고이다. 에고는 모든 단계를 어렵게 만든다. 우리가 지금 당장 바로 여기에서 자기가 저지른 실수로부터 교훈을 배우지 않는다면, 지금 이 순간을 자기 자신과 자기 마음을 보다 더 잘 이해하기 위한 기회로 활용하지 않는다면 에고는 족집게처럼 실패할 길을 찾아내서 우리에게 들이밀 것이다.

위대한 사람은 모두 온갖 어려움을 돌파하고 지금 그 자리에 다다랐지만, 이들 역시 모두 실수를 저질렀다. 다만 그 경험 속에서 무언가 유익한 것을 찾아냈다. 설령 그것이 자기도 얼마든지 잘못을 저지를 수 있는 약한 인간이며 모든 것이 자기가 바라는 대로 이루어지지 않는다는 단순한 깨달음이라고 하더라도 말이다. 또한 실수의 경험을 통해서 자기의 실체를 인식하는 것이 실패로부터 탈출할 수 있는 길임을 알아냈다. 이런 자기성찰이 없었다면 그들은 더 나아지지 못했을 것이며 실패의 나락에 떨어진 뒤에 재기할 수 없었을 것이다.

바로 이것이 우리가 인생의 여정 속 모든 국면에서 살아남고 또 앞으로 나아갈 수 있도록, 그 위대한 사람들의 주문을 지침으로 삼아야 하는 이유이다. 그 주문은 단순하다. 비록, 늘 그렇듯이 행하기에 결코 쉽지 않은 것이긴 하지만 말이다.

에고의 마음으로 성공을 열망하거나 찾지 마라.

에고 없이 성공하라.

실패를 만났을 때는 에고가 아니라 당신의 근원적 힘으로써 돌파하라.

다음에 우리가 맞이할 것이 무엇이든 간에
우리가 피해야 하는 한 가지는 확실하다.
그것은 바로 에고이다.

에필로그

우리 모두의 삶 속에는 남북전쟁과 같은 전투가 벌어지고 있다.
우리 영혼의 북부에 끈질기게 저항하는 영혼의 남부가 있고,
모든 개개인의 삶의 구조 속에는 바로 이 연속적인 투쟁이 진행되고 있다.
—마틴 루터 킹 주니어 MARTIN LUTHER KING JR.

당신이 이 에필로그를 읽고 있다면 이미 여기까지 온 것만으로도 에고에 커다란 타격을 하나 날린 셈이다. 솔직히 나는 당신이 도중에 포기할까봐 두려웠다. 더 솔직히 말하자면 나 자신이 여기까지 올 수 있을 거라고 확신하지 못했다.

지금까지 이야기해온 대로 자기의 에고와 정면으로 맞서서 싸우기란 결코 쉬운 일이 아니다. 무엇보다 먼저 에고가 내 안에 있다는 사실을 인정해야 하고, 그 다음에 에고를 정밀하고 객관적으로 들여다보아야 한다. 그러나 엄격한 자기성찰이란 불편하기 짝이 없는 일이고, 대부분의 사람들은 이를 제대로 잘하지 못한다. 오히려 내가 아닌 다른 것을 대상으로 삼는 것이 더 쉬울 것이다.

철학자이자 무술가이며, 나의 친구인 다니엘 보렐리가 나에게 무술에 대한 유용한 비유 하나를 말해주었다. 무술을 연마하는 것은

마룻바닥을 청소하는 것과 같다는 것이다. 청소를 한 차례 한다고 해서 바닥이 영원히 깨끗할 수는 없다. 날마다 먼지가 날아들고 때가 묻기 때문이다. 그래서 날마다 청소를 해야 한다. 무술 역시 한 번 기량을 닦아 놓았다고 해서 연습 없이도 그 기량이 유지되지 않는다. 매일 일정 수준 이상의 연습을 꾸준히 해주어야만 한다.

에고도 마찬가지이다. 어떤 종류의 먼지나 때가 오랜 시간에 걸쳐 어떤 방식으로 우리에게 손상을 입힐지 모른다. 또 그것이 얼마나 빠르게 쌓여서 순식간에 통제 불가능한 거대한 괴물로 변해버릴지도 알 수 없다.

도브 차니가 나에게 전화를 해온 것은 그가 아메리칸어패럴의 이사회로부터 해고 통보를 받고 시일이 좀 지난 뒤였다. 새벽 세 시, 전화기 너머에서 차니는 의기소침했다가 화가 나서 길길이 날뛰었다가를 반복했다. 그러면서 자기가 그렇게 된 것에는 스스로 져야 할 책임은 전혀 없다고 확고하게 믿고 있었다. 나는 그에게 물었다.

"그래서 이제 무엇을 할 겁니까? 당신 안의 스티브 잡스를 끌어내서 새로운 회사를 세울 건가요? 재기할 겁니까?"

잠시 침묵이 흐른 뒤 전화기 너머로 피로가 짙게 깔린 대답이 돌아왔다. 비록 전화 통화라 목소리밖에 들을 수 없었지만 그의 진심을 고스란히 느낄 수 있었다.

"라이언, 내 안의 스티브 잡스는 이미 죽었어."

그 혼란스러운 상황 속에서 실패라는 충격은 그에게 죽음과 동일한 것처럼 느껴졌다. 그렇게 한밤에 나눈 대화가 우리 두 사람이 마지막으로 나눈 대화였다. 그리고 그 뒤 몇 달 동안 나는 그가 힘들게 쌓아올린 회사를 자기 손으로 사정없이 부수는 모습을 두렵고도 안타까운 마음으로 지켜보았다. 슬픈 순간이었고, 그 순간은 지금까지도 내 안에 남아 있다.

신의 은총이 없었다면 나도 그와 같이 되었을 것이다.
신의 은총이 없었다면 누구든 그와 같이 될 수 있을 것이다.

그때 차니를 보며 했던 생각이다. 사람은 모두 인생을 살아가면서 성공도 경험하고 실패도 경험한다. 나 역시 이 책의 원고를 쓰는 과정에서만 해도 힘들게 썼던 제안서를 네 번이나 퇴짜 맞았다. 또 본문 원고도 수십 꼭지나 지적을 받았다. 그 와중에 나는 이전에 여러 차례 작업하면서 받은 긴장감 때문에 내가 망가져버렸다고 확신했다. 그래서 어쩌면 나는 집필 작업을 포기해버릴 수도 있었고 다른 출판사를 찾아보려 시도해볼 수도 있었다. 아니면 내 의견대로 하겠다고 고집을 부리면서 책의 내용을 손상시켰을 수도 있다.

하지만 다행히도 나는 내 고약한 마음을 다스릴 방법을 우연히 찾았다. 원고를 한 꼭지씩 쓴 뒤에 이것을 갈기갈기 찢어 차고에 있던 퇴비 통 속의 벌레에 던져주는 것이었다. 그렇게 몇 달이 지나면 내 고통스러운 결과물들이 마당의 영양을 주는 퇴비가 되었고 나는 맨발로 그 마당을 걸어 다녔다. 그러면서 내가 거대한 어떤 실체와 연결되어 있다고 느꼈다. 내가 죽고 나면 갈가리 찢어져 썩어버린 그 출력물들과 똑같은 과정을 거칠 거라고 생각했고, 그게 나쁘지 않았다. 내가 죽고 나면 나는 자연으로 돌아갈 것이다.

이런 생각을 글로 쓰는 동안 어떤 깨달음이 찾아왔다. 우리 삶이, 위대한 순간들이 영원히 지속된다고 믿는 해로운 환상이 정말 존재한다는 것이다. 야망을 가진 사람이라면 잘 알 것이다. 나는 위대한 일을 해야 하고 내 길을 가야 한다, 그렇게 하지 않으면 나는 실패자가 될 것이고, 세상은 내가 가는 길을 방해하고 나를 쓰러뜨리려 애쓸 거라는, 그런 생각들이 엄청난 압박이 되어 우리를 내리누른 나머지 우리는 무너지거나 부러지고 만다.

물론 모두 각자 자신만의 잠재력을 가지고 있다. 또한 이루고자 하는 목표를 가지고 있다. 그 목표가 회사를 세우는 것이든 창의적인 일을 해내는 것이든, 우승컵을 손에 쥐는 것이든 자기 분야에서 정상의 자리에 오르는 것이든 간에 말이다. 모두 가치가 있는 목표들이다. 하지만 무너지거나 부러진 사람은 거기에 다다를 수 없다.

우리가 이와 같은 목표를 추구하는 일을 방해하는 것이 바로 에고다. 에고는 우리가 그 목표를 향한 여정을 시작할 때 우리 귀에 거짓말을 속삭이고 또 그 목표를 달성했을 때에도 헛된 말들로 우리를 휘두른다. 심지어 우리가 그 길 위에서 비틀거릴 때조차 우리를 흔들어댄다. 그것은 마약처럼 처음에는 보다 쉽게 시작해볼 목적으로 가볍게 다가서지만 곧 그 자체로 목적이 되어버린다.

나는 지금까지 일을 해오면서, 또 길지 않은 생을 살아오면서 에고가 빚어내는 대부분의 결과가 내가 좋아하는 책 중 하나인 버드 셜버그의 소설 『무엇이 새미를 달리게 하는가?』의 결말과 비슷하다는 것을 알았다. 이 소설의 주인공은 새뮤얼 골드윈이나 데이비드 셀즈닉과 같은 연예 산업 종사자들의 실제 삶을 바탕으로 창조된 인물이다. 소설 속에서 화자는 계산적이고 자기중심적인 할리우드 거물의 으리으리한 집으로 초대받는다. 이 사람은 갑작스럽게 성공한 인물이었고, 화자는 동경과 혼란이 뒤섞인 마음으로 그를 바라봐왔지만 끝내 그에게 환멸을 느낀다.

바로 그 순간, 이 사람의 약함이 드러나는 순간에 화자는 그 남자 인생의 진정한 한 단면을 목격한다. 외롭고 공허한 결혼 생활, 공포와 불안, 잠시라도 평온하게 있을 수 없는 초조함……. 그는 그 남자가 온갖 속임수를 쓰고 지켜야 할 바를 지키지 않은 만큼 당연히 그에 대한 실제적인 업보를 받을 거라고 생각했지만 그는 그런 인과응보의 논리로부터 벗어나 있다는 사실을 깨닫는다. 그 업보가 이미 그의 삶 속에 내재해 있던 것이다.

나는 결정적이고 치명적인 어떤 것을 기대했었지만 그에게 다가오고 있는 것은 갑작스럽게 주어지는 것이 아니라는 걸 깨달았다. 그것은 하나의 과정, 그가 태어난 곳을 휩쓸고 지나간 질병과 같은 것이었다. 성공의 희열과 외로움, 공포와 같은 증상들은 점점 심해져서 그를 갉아먹고 있는 암과 같았다. 새미 글릭과 같이 새롭고 신선한, 쾌활하기까지 한 젊은 사람들에 대한 두려움이 그의 안에서 그를 괴롭히고 위협하려고 튀어나왔고 결국 그를 실제로 앞질러 버렸다.

이것이 에고가 자기를 드러내는 방식이다. 그런데 이것은 우리가 우리 자신이 이렇게 될까봐 싫어하고 두려워하던 그 모습이 아닌가?

고백하자면 나도 소설 속 그 남자와 같은 모습이 되지 않기를 바랐으나 어쩌다 시간이 흐르고 돌고 돌다 보니 나 역시 그와 다르지 않게 되어버렸다. 내가 열아홉 살 때, 연예계에서 어린 나이에 성공한 노련한 한 멘토가 나에게 이 소설을 추천해줬고 나는 그때 이 소설을 읽은 뒤 몇 년 동안 소설 속 인물들처럼 미친 듯이 일에 집중했다. 그리고 그 화자처럼 으리으리한 저택에 초대받았다. 나는 거기에서 내가 존경하던 사람의 피할 수 없는, 그러나 당연히 예상됐던 한 인간의 붕괴를 목격했을 뿐만 아니라 나 자신 역시 위험할 정도로 그 수준에 가깝게 다가가 있다는 사실을 깨달았다.

독일의 수상 비스마르크가 어떤 바보라도 경험에서 배울 수 있다고 말했다. 그러나 비결은 다른 사람의 경험에서 배우는 것이다. 이 책은 대체로 봐서 후자의 관점에서 출발했지만 놀랍게도 책을 다 쓰고 보니 전자와 관련된 양이 상당이 많았다. 에고를 연구하는 것으로 출발했는데 나 자신의 에고 속으로, 내가 오랜 세월 존경해왔던 사람들의 에고 속으로 들어가고 말았다.

어쨌든 나는 당신이 지금까지 읽은 모든 것을 지탱해주는 발상을 가지고 이 책을 마무리하고 싶다. 우리는 보다 나은 사업가나 운동선수, 혹은 인생의 승리자가 되고 싶어 한다. 우리는 보다 나은 방식으로 정보를 제공받고 싶고 재정적으로도 보다 여유롭고 싶다. 아울러 지금까지 몇 번이나 말했듯이 위대한 일을 하기를 원한다. 그런 마음을 가지는 것은 바람직하고 실제로 그래야 한다. 나 역시 내가 그렇게 하고 있음을 알고 있다.

그러나 다음 것들 역시 인상적인 성취이다. 보다 나은 사람이 되는 것, 보다 행복한 사람이 되는 것, 균형 감각을 가진 사람이 되는 것. 또한 만족하는 사람이 되고 겸손한 사람이 되는 것, 자기중심적이지 않은 사람이 되는 것. 혹은 나아가 이 모든 것을 동시에 이루면 더욱 좋은 일이다.

여기에서 가장 중요한 점은 누구든 간에 전문가로서 성공하기 위해서는 개인적으로 꾸준히 맡은 바를 완벽히 해나가는 일이다. 그러나 이 점이 무시되지 않는 경우가 드물다. 습관적으로 하는 생각들을 세련되게 다듬는 일, 파괴적인 충동을 억누르는 일 등은 어떤 고귀한 성품을 가진 사람들에게만 도덕적으로 필요한 요소가 아니다. 이것은 우리 모두에게 필요하고, 우리를 보다 더 앞으로 나아가게 도와줄 것이다.

지금까지 당신은 다른 사람들과 내가 겪었던 경험을 들었다. 또 에고 때문에 빚어진 온갖 문제들도 목격하고 분석해보았다. 그럼 이제 또 무엇이 남았을까?

　바로 당신의 선택이다. 지금 당장이 아니라 미래를 바라볼 때 당신은 이 책을 통해 알게 된 것으로 무엇을 어떻게 해나갈 것인가? 앞으로 당신이 살아갈 인생의 여정에서 당신은 책 속의 인물들처럼 열망과 성공, 실패라는 세 개의 국면 가운데 하나에 서게 될 것이다. 어쩌면 날마다 매 순간마다 그럴지도 모른다. 그리고 각각의 상황마다 도사리고 있는 에고를 발견하게 될 것이다. 에고와 싸우는 순간마다 때로는 승리를, 때로는 패배를 거듭할지도 모른다. 그러므로 당신이 해야 하는 것은 단순하고도 명확하다. 날마다, 아니 그보다 더 자주 지속적으로 당신의 마룻바닥을 청소해야 한다.

　당신이 쓸고 닦은 마룻바닥이 반짝거릴 만큼 빛이 나는가?
　다시 한 번 더 들여다보고
　그 위에 먼지가 쌓이지 않도록,
　다시 한 번 더 청소해라.
　그렇게 당신의 에고를 다스려라.
　모든 순간에 에고는 당신의 적이다.

무엇을 더
읽어야 할까?

책을 사랑하는 독자들을 위해 에고를 연구하면서 참고했던 단행본이나 출전을 정리해서 이 책에 담고 싶었지만 그러기에는 분량이 너무 많았다. 그래서 그 목록을 독자가 쉽게 링크해서 검색할 수 있는 형태로 정리해서 직접 보내줄 생각이다. 그 참고문헌을 원하는 사람은 이메일을 EgoIsTheEnemy@gmail.com으로 보내주거나 웹페이지 www.EgoIsTheEnemy/books를 방문하면 된다. 더 많은 책을 추천받는 것도 가능하다. 월간 추천 도서 이메일을 받아보겠다고 등록하면 된다. 이 서비스에 등록하면 한 달에 한 번 내가 개인적인 차원에서 하는 독서를 바탕으로 한 추천 도서 목록을 이메일로 받아볼 수 있다. Reading List E-mail이라는 제목으로 ryanoliday@gmail.com으로 메일을 보내거나 ryanholiday.net/reading-newsletter에 등록하기만 하면 된다.

감사의
말

    끝으로 감사의 말을 전한다. 이 책을 만들기까지 많은 사람들과 멘토들에게 도움을 받았다. 그리고 오랜 세월 많은 저자와 사상가들에게도 많은 빚을 졌다. 이 책에서 조금이라도 가치가 있는 이야기들은 모두 그들에게서 나온 것이지 내 것이 아니다. 독자들이 이 점을 꼭 기억해주었으면 한다. 또한 편집자인 닐스 파커와 니키 파파도포올로스의 소중한 도움말과 편집 기술이 없었으면 지금의 모습을 갖추지 못했을 것이다. 또한 원고를 읽고 비평과 주석을 해준 스티븐 프레스 필드, 톰 빌루에 그리고 조이 로스에게도 무척 고맙다는 인사를 전한다.

    원고를 쓰는 동안 가장 헌신적인 독자로 도움을 주었던 아내에게도 감사하다. 처음부터 나를 대신해 일을 진행해준 에이전트 스티브 한셀먼, 제안서를 만드는 과정에서 도움을 주었던 마이클 터니,

연구조사 작업과 조수 역할을 맡아준 흐리스토 바실리에프, 그리고 자잘한 일들을 도맡아준 케빈 쿠리에도 고맙다. 더불어 내가 생각지도 못했던 통찰과 지원을 준 패트리어츠 구단의 마이크 롬바르디, 팀 페리스에게는 큰 빚을 진 셈이다. 나를 작가로 만들어준 로버트 그린, 철학의 세계로 안내해준 드루 박사에게도 고마울 뿐이다. 그리고 아메리칸어패럴에서 혼란과 혼동의 시간을 보내고 있을 때 따뜻한 대화로 나를 지도하고 이끌었던 존 러트렐과 토비아스 켈러에게도 감사의 마음을 전한다.

인생의 전환점에서 버려야 할 한 가지

에고라는 적

초판 1쇄 발행 2017년 4월 3일
초판 23쇄 발행 2025년 1월 13일

지은이 라이언 홀리데이
옮긴이 이경식
펴낸이 유정연

이사 김귀분
기획편집 신성식 조현주 유리슬아 서옥수 황서연 정유진 **디자인** 안수진 기경란
마케팅 반지영 박중혁 하유정 **제작** 임정호 **경영지원** 박소영

펴낸곳 흐름출판(주) **출판등록** 제313-2003-199호(2003년 5월 28일)
주소 서울시 마포구 월드컵북로5길 48-9(서교동)
전화 (02)325-4944 **팩스** (02)325-4945 **이메일** book@hbooks.co.kr
홈페이지 http://www.hbooks.co.kr **블로그** blog.naver.com/nextwave7
출력·인쇄·제본 삼광프린팅 **용지** 월드페이퍼(주) **후가공** (주)이지앤비(특허 제10-1081185호)

ISBN 978-89-6596-209-0 03190